HAYMON verlag

Hannes Leidinger, Lenz Mosbacher

Habsburgs langes Sterben

Eine kurze Geschichte vom schleichenden Untergang der Donaumonarchie

Mit einem Vorwort von Manfried Rauchensteiner
und Nachbemerkungen von Verena Moritz,
Elisabeth Schweeger und Nadia Rapp-Wimberger

Inhaltsverzeichnis

Gedanken zum Geleit

ENTLANG DES TRAUERZUGS STEHEN FRIERENDE KINDER SPALIER: „ES WAR EINE DEMONSTRATION DER SCHWÄRZE“, ERINNERT SICH DER DAMALS SECHSJÄHRIGE BRUNO KREISKY AN DAS BEGRÄBNIS VON KAISER FRANZ JOSEPH.

Dämmerstimmung

Hannes Leidinger/Lenz Mosbacher

Theatralischer könnte es nicht sein. In den nebeligen Regentagen des Novembers entschwindet mit der absterbenden Natur die alte politische Ordnung. Zuerst ist es der betagte Monarch, der im spätherbstlichen Schönbrunn für immer die Augen schließt. Dann, gerade einmal zwei Jahre später, verlässt sein Nachfolger die barocke Schlossanlage. Das Dunkel der Nacht umhüllt den letzten Kaiser und die kleine Schar seiner Getreuen. Im Dämmerzustand der Hoffnung auf Wiederkehr treten sie aus der Herrschaftsgeschichte Europas aus.

Der Moment stellt eine tiefgreifende Zäsur dar: durch das Ende des Ersten Weltkrieges und durch das plötzliche Verschwinden bislang scheinbar ewig bestehender Imperien. Der Bruch ist für den alten Kontinent so groß wie für Österreich, das für sich selbst eine neue Definition sucht.

Dabei konnten die Untertanen des verblichenen k.u.k. Doppelstaates nicht völlig überrascht sein von den einschneidenden Veränderungen. Das untergegangene Reich stand immer wieder vor dem Aus, erlebte regelmäßig existenzielle Krisen, empfand sein Weiterbestehen nur zu oft als Provisorium und Prekariat.

Zugleich schien der „Alte Mann an der Donau" Siechtum und Zähigkeit gleichermaßen zu verkörpern. Das fragile und vielgestaltige Gemeinwesen verfügte trotz aller Widrigkeiten über beachtliche Kräfte des Zusammenhalts. Sie relativierten die scharfe Zeitgrenze von 1918. Der Doppeladler hatte sich Lebensenergien bewahrt, das Reich lebte weiter: in den Köpfen und Herzen, in den Empfindungen und Vorlieben, in den Sitten und Normen seiner ehemaligen Bewohner.

Der Abschied verzögerte sich. Im Grunde dauert er bis heute an. Habsburgs schleichender Tod vollzog sich in Etappen, mit Anbindung an die Gegenwart.

Die folgenden Seiten erzählen davon, in Texten und Illustrationen. Begleitet wird die Zeitreise von Manfried Rauchensteiner, der einleitend den entscheidenden Moment, den Ersten Weltkrieg und die Auflösung Österreich-Ungarns, zwischen Kritik und Verklärung ansiedelt.

Abschließend betrachten Verena Moritz, Elisabeth Schweeger und Nadia Rapp-Wimberger das habsburgische Erbe aus heutiger Sicht. Die kritische Annäherung an historische Langzeitwirkungen und unterschiedliche Formen des Gedenkens endet in der Gegenwart, fragt nach der Relevanz – nicht nur für Österreich, sondern für Europa.

Die Kulturhauptstadt Salzkammergut mit der „Kaiserstadt" Bad Ischl gerät in den Mittelpunkt der Aufmerksamkeit. Der idyllische Ort ist Zentrum des k.u.k. Mythos, der romantisierenden Verklärung, erinnert aber auch an fatale Entscheidungen. In Bad Ischl entschloss sich Franz Joseph I. im Sommer 1914 für den Waffengang. Er wurde zum „Weltbrand" und zur „Urkatastrophe" des 20. Jahrhunderts.

Die Kulturhauptstadt Europas widmet sich dem schwierigen Vermächtnis. Unter anderem vermitteln Informations-Stelen mit Ton- und Bilddokumenten sowie Erzähltexten und Zeichnungen das vielschichtige Geschehen vor und nach 1918. Das Buch bewahrt diese Intervention im öffentlichen Raum: Ein Portal führt in eine virtuelle Ausstellung[1] ...

Ein Hauch von Joseph Roth

Das Ende der Habsburgermonarchie zwischen Kritik und Verklärung

Manfried Rauchensteiner

„Ich habe es geliebt, dieses Vaterland, das mir erlaubte, ein Patriot und ein Weltbürger zugleich zu sein, ein Österreicher und ein Deutscher unter allen österreichischen Völkern.

Ein grausamer Wille der Geschichte hat mein altes Vaterland, die österreichisch-ungarische Monarchie, zertrümmert." So schilderte der aus Brody in Galizien, einem Teil der heutigen Ukraine, stammende Schriftsteller Joseph Roth in einem Begleittext zu seinem Roman „Radetzkymarsch" seine Gefühlslage bei der Abfassung seines Textes. Es war ein berührender Nachruf auf die Habsburgermonarchie. Nicht der einzige, den Roth geschrieben hat und dabei bemüht war, Stärken und Schwächen eines entschwundenen Reichs sichtbar werden zu lassen. In einem aber irrte er ganz offensichtlich: Es war kein „grausamer Wille der Geschichte", der den Zerfall der Donaumonarchie herbeigeführt hat, sondern Mutwille, Fehleinschätzungen, Massenpsychose, Siegeszuversicht, militärisches Unvermögen und schließlich der Triumph der Sieger. Ab dem November 1918 gehörte Österreich-Ungarn der Geschichte an. Für den Weg dahin scheint das alte Begriffspaar Triumph und Tragödie zu passen.

Schon lange vor dem Ersten Weltkrieg war die Habsburgermonarchie ein zerbrechliches Gebilde und stellte eine Existenz auf Abruf dar. Der seit 1848 regierende Kaiser Franz Joseph bezeichnete gegenüber dem Schweizer Diplomaten Carl Jacob Burckhardt sein Reich sehr zutreffend als „Anomalie". Durch ein Bündnis mit dem

Deutschen Reich 1879 und vier Jahre später mit Italien hatte es scheinbar an Stabilität gewonnen. Doch es blieb ein Staatswesen, dessen Zeit abgelaufen war. Der endliche Zerfall hatte aber nicht nur seine äußeren und bündnispolitischen Gründe. Der „Wurm“ fraß das Reich von innen auf.

1867 hatte man noch glauben können, dass der sogenannte „Ausgleich“ mit Ungarn die Spannungen zwischen den beiden größten Volksgruppen der Monarchie, den deutschen Österreichern und den Magyaren, dauerhaft beseitigt hätte. Doch der ungarische Wunsch nach Unabhängigkeit konnte nicht beseitigt werden. Außerdem lebten in der Habsburgermonarchie elf Nationalitäten, die rechtlich zwar gleichgestellt waren, aber keinen gleichen Anteil an den staatlichen Einrichtungen hatten und daher von einer selbstbestimmten Zukunft träumten.

Seit dem ausgehenden 19. Jahrhundert war keine große Reichsreform mehr zu erwarten gewesen. Kaiser Franz Joseph war mit der „Anomalie“ zufrieden. Daher konzentrierten sich Interessen und Hoffnungen mehr und mehr auf den österreichisch-ungarischen Thronfolger, Erzherzog Franz Ferdinand. Der hatte zwar auch nur recht vage Vorstellungen, wie man die Habsburgermonarchie zukunftsfähig machen könnte. Doch so viel war klar: Er war trotz seines martialischen Auftretens kein Kriegstreiber. Vielmehr beabsichtigte er, dem fragilen Reich dadurch Stabilität zu geben, dass er zusammen mit Deutschland und Russland das Dreikaiserbündnis des 19. Jahrhunderts reaktivieren und dann mit der entsprechenden außenpolitischen Absicherung an die Reichsreform gehen, den Dualismus beseitigen und eine Neustrukturierung der Habsburgermonarchie versuchen wollte. Das wäre nicht ohne schwere Konflikte und möglicherweise einen Bürgerkrieg abgegangen. Doch wenn sich Russland gewinnen ließ, konnte der Neubeginn – theoretisch – gelingen. Es sollte anders kommen.

Was dann am 28. Juni 1914 geschah, ist hinlänglich bekannt. Der Doppelmord von Sarajevo änderte alles und wurde in Wien als eine Art Kriegserklärung Serbiens aufgefasst. Nicht zuletzt Kaiser Franz Joseph sah nur mehr die Niederwerfung Serbiens als Lösung der anstehenden innen- wie außenpolitischen Probleme. Am 29. Juli fielen an der Donau die ersten Schüsse. Und wie bei einer Kettenreaktion folgte eine Kriegserklärung der anderen und es traten außer Serbien und Montenegro auch Russland, Großbritannien und Frankreich gegen Österreich-Ungarn und Deutschland in den Krieg ein. Andere Staaten taten es ihnen gleich. Statt wie von den Pazifisten gefordert den Krieg zu bestreiken, sprach man gelegentlich von „Erlösung" durch den Krieg, denn jetzt musste man nicht mehr verhandeln und um Kompromisse ringen; jetzt ging es um einen Siegfrieden, den Österreich-Ungarn genauso wie seine Verbündeten und Gegner mit Millionenheeren zu erringen suchte.

Anfangs zogen die Soldaten aller kriegführenden Länder mit „grausamer Entschiedenheit" (Joseph Roth) an die Fronten im Süden, Westen und Osten. Schon wenige Monate später mochte den Staatsführern wohl die Erkenntnis gedämmert haben, dass sich der gedachte mit dem tatsächlichen Krieg nicht vergleichen ließ. Aber niemand wollte den entscheidenden Schritt zurück machen. Am ehesten wäre das vielleicht von Österreich-Ungarn zu erwarten gewesen, denn die k.u.k. Armee war schon nach wenigen Wochen nicht mehr kriegsfähig. Drei Offensiven gegen Serbien waren gescheitert, und den Russen gelang es, die Truppen der Donaumonarchie bis an die Karpaten zurückzudrängen. Die Reaktion darauf bestand aber nicht darin, dass die Suche nach einem Waffenstillstand begonnen hätte, sondern darin, dass in großen Teilen der Habsburgermonarchie das Kriegsrecht ausgeweitet wurde. Vor allem in den nördlichen und östlichen Kronländern zeichnete sich eine Militärdiktatur ab.

An der russischen Front ergaben sich ganze Truppenkörper, doch die Leidensfähigkeit der österreichisch-ungarischen Soldaten, aber auch der Zivilisten im Hinterland überdeckte zunächst noch jegliches Krisensymptom. Der Krieg ging weiter. Die Soldaten schafften es, schwere Rückschläge hinzunehmen. Sie zeigten ebenso Durchhaltevermögen wie die rund 50 Millionen Menschen in der Heimat, die das Ihre dazu beitrugen, die militärische Maschinerie am Laufen zu erhalten. Sie kurbelten die Produktion an Rüstungsgütern so an, dass man mit gutem Grund sagen konnte, Österreich-Ungarn habe seine Gegner zeitweilig niedergerüstet. Mittels Kriegsanleihen wurden die finanziellen Mittel aufgebracht, um die Liquidität zu erhalten. Und wenn es an den Fronten oder im Hinterland kriselte, bat das k.u.k Armeeoberkommando das verbündete Deutschland um Hilfe. Und bekam sie. Im Übrigen hielt die Vision, das Reich könnte nach einem verlorenen Krieg zerfallen, die Völker des Reichs entgegen manchen Erwartungen doch noch zusammen. Es war aber auch der alte Kaiser, der als Symbol einer mehr als sechshundertjährigen Gemeinsamkeit die emotionalen Bindungen festigte.

Als sich im Mai 1915 auch das bis dahin mit Österreich-Ungarn und Deutschland verbündete Italien auf die Seite der Gegner schlug, wurde der Zusammenhalt sogar noch einmal gestärkt. Wie schon vorher Serben und Russen verbanden die Italiener mit der Teilnahme ihres Königreichs am Krieg das Ziel, sich nennenswerte Teile der Donaumonarchie anzueignen. Das sollte mit aller Macht verhindert werden. Doch auch eine neuerliche emotionale Aufwallung hielt nur kurz an, denn der Krieg war schon längst im Inneren der Monarchie angekommen. Ausnahmegesetze schränkten das Leben jedes Einzelnen massiv ein. Die Zensur verhinderte jegliche freie Meinungsäußerung. Drakonische Strafen trafen alle jene, die oft nichts anderes getan hatten, als nicht rechtzeitig zu fliehen. Den Einschränkungen folgte der Hunger.

Eine Million Menschen floh aus dem Osten und Süden der Monarchie ins Innere. Plötzlich waren in der Nähe von kleinen Ortschaften mit 2000 bis 3000 Einwohnern Lager für 40 000 Menschen geschaffen worden, die anders aussahen als die Bodenständigen, eine andere Religion hatten, Sprachen verwendeten, die man nicht verstand, denen man zutiefst misstraute, die versorgt werden mussten, die Krankheiten mitbrachten und ihrerseits Opfer von Lagerseuchen wurden. Wann immer sich die Möglichkeit bot, die Geflohenen zurückzuschicken, wurden sie repatriiert. Und wie selbstverständlich wurde immer drängender die Frage gestellt, wieso das Elend noch immer kein Ende hatte.

Das Wort vom Verteidigungskrieg, das gerne gebraucht wurde, hatte sich abgenützt. Und 1916 war Österreich-Ungarn nach einer schweren Niederlage in Russland abermals nicht mehr kriegsfähig. Dazu kam der Kriegseintritt Rumäniens, das sich so wie seinerzeit im Mai 1915 Italien auf die Seite der Alliierten schlug. In dieser kritischen Situation reagierte der mittlerweile 86-jährige österreichische Kaiser in der Weise, dass er in die Bildung einer „Gemeinsamen Obersten Kriegsleitung" einwilligte und sich, sein Reich sowie seine Land- und Seestreitkräfte der deutschen Führung unterwarf. Damit wurde zwar die Stabilisierung der Front in Russland und die Niederwerfung Rumäniens erreicht, ließen sich auch die Rüstungsanstrengungen noch einmal steigern, doch immer öfter machte das Wort vom „deutschen Krieg" die Runde und wurde von den Nord- wie Südslawen der Monarchie mit der Frage verknüpft, warum man denn nur mehr für Deutschland Krieg führen und alle Opfer auf sich nehmen sollte. Es gab viele Fragen, auf die sich keine Antworten mehr fanden.

Am 21. November 1916 starb Kaiser Franz Joseph. Sein Nachfolger, Kaiser Karl I., trat die Regierung mit der Vorstellung an, es müsste doch bei einigem guten Willen gelingen, in Friedensgespräche mit den Alliierten einzutreten. Und ein Zweites: Kaiser Karl wollte die deutsche Dominanz abschütteln und die Gemeinsame Oberste Kriegsleitung einschränken. Beide Ziele ließen sich nicht erreichen.

Nach längerem Zögern war der österreichische Kaiser zu einem Verzichtfrieden bereit.

Die Möglichkeit, einen Sonderfrieden zu schließen, wäre aber nur um den Preis eines Bruchs mit Deutschland zu erreichen gewesen. Und diesen Schritt wollte Kaiser Karl nicht tun. Er ließ sich Ende 1917 abermals durch Siege, die mit deutscher Hilfe in Oberitalien errungen wurden, täuschen und hoffte darauf, dass die zentrifugalen Kräfte, die mehr und mehr zu spüren waren und die Völker seines Reichs auseinanderdriften ließen, nicht überhandnehmen würden.

Die innere Loslösung wurde durch eine Note des amerikanischen Präsidenten Wilson weiter angeheizt. Die USA hatten sich am 7. Dezember 1917 den Kriegsgegnern des Habsburgerreichs hinzugesellt. Daher sah sich Wilson berechtigt, in einer 14 Punkte umfassenden Auflistung der amerikanischen Kriegsziele den Nationalitäten der Donaumonarchie die Loslösung aus dem Reichsverband in Aussicht zu stellen. Unter Punkt 10 hieß es: „Den Völkern Österreich-Ungarns, deren Platz unter den Nationen wir geschützt und gesichert zu sehen wünschen, sollte die freieste Gelegenheit zu autonomer Entwicklung zugestanden werden." Damit hatten die Amerikaner wie ihre

Alliierten deutlich gemacht, welches Kriegsziel ihnen nun vorschwebte: Mitteleuropa sollte sein Zentrum verlieren.

In der Habsburgermonarchie konnte man seit dem Frühjahr 1918 nicht mehr von geordneten Verhältnissen sprechen. Nach zwei gescheiterten Offensiven im Frühjahr 1918 ging es in Österreich wie in Deutschland nur mehr um das Eingeständnis der Niederlage.

Anfang Oktober 1918 begann die Auflösung. Eines der drei einigenden Bande des Reichs, die Armee, war dem Krieg zum Opfer gefallen. Abseits der Front und der militärischen Einrichtungen kam es zu Zusammenrottungen und Tumulten Sonderzahl. Der Hunger beherrschte den Alltag. Die Desertionen stiegen sprunghaft an. Im Frühjahr waren schon rund 30 000 Armeeangehörige als sogenannte „grüne Kader" hinter den Fronten in einer Art Niemandsland untergetaucht. Bald darauf stieg ihre Zahl auf mehrere Hunderttausend. Angesichts dieser Tristesse und der ungeheuren Not rang sich Kaiser Karl zu einem vorletzten entscheidenden Schritt durch. Er erließ ein sogenanntes „Völkermanifest", mit dem er den Völkern seines Reichs die Gestaltung ihrer Zukunft freistellte. Ungarn erreichte es freilich, dass an dem schon fertiggestellten Manifest noch Änderungen vorgenommen wurden. Alles, was da geschrieben stand, sollte „unbeschadet der Rechte der ungarischen Krone" geschehen. Der Kaiser nahm's hin.

Seit das Völkermanifest verkündet worden war, lief eigentlich alles nur mehr auf die Liquidierung der Habsburgermonarchie hinaus. Mitten in die beginnende Auflösung hinein fiel ein letzter alliierter Angriff in Italien, dem eine sich nach 48 Stunden auflösende k.u.k. Armee nichts mehr entgegenzusetzen hatte. Am 1. November überschritt eine österreichische Waffenstillstandsdelegation die Frontlinie südlich von Trient. Zwei Tage später willigte Kaiser Karl in den Abschluss eines Waffenstillstands ein. Doch das Reich, für das er gelten sollte, gab es nicht mehr.

Der Zerfall hätte vielleicht nicht sein müssen, doch das Zusammenwirken von jenen, die in der Unabhängigkeit auch eine Art Reinwaschung von der Schuld am Nichtfunktionieren des Staates und am Krieg sehen wollten, traf sich mit der Absicht der gegnerischen Mächte, die Donaumonarchie zu zertrümmern und sie für etwas zu bestrafen, das ihr wohl nur teilweise anzulasten war.

In den Staaten, die auf dem Boden der österreichisch-ungarischen Monarchie entstanden, gab es die unterschiedlichsten Gefühlslagen. Nord- und Südslawen, aber auch Ungarn hatten ihre Unabhängigkeit erreicht. Die Italiener feierten die Arrondierung ihres Königreichs. Deutsch-Österreich aber, dem von den Siegermächten gemeinsam mit Deutschland die uneingeschränkte Kriegsschuld angelastet wurde, kam mit seiner neuen Existenz letztlich nicht klar und war wie das zugrunde gegangene Reich ein fragiles Gebilde – eine Existenz auf Abruf.

14 Jahre nach dem Krieg schloss Joseph Roth das Vorwort seines Romanes „Radetzkymarsch“ mit einem sehr persönlichen Bekenntnis: „Ich habe die Tugenden und die Vorzüge dieses Vaterlands geliebt, und ich liebe heute, da es verstorben und verloren ist, auch noch seine Fehler und Schwächen. Deren hatte es viele. Es hat sie durch seinen Tod gebüßt.“ Dem war eigentlich nichts hinzuzufügen, doch es schreit geradezu nach einer Begründung.

Stationen des Niedergangs, der Auflösung und der Erinnerung

Beständigkeit auf tönernen Füßen

Ein Flickenteppich im internationalen Vergleich

Der greise Kaiser Franz Joseph stirbt 1916 und hinterlässt ein labiles Reich, das im aussichtslosen Krieg gegen die alliierten Großmächte zerschellt. Zurück bleiben zerstrittene Völker – so oder ähnlich wird der Untergang der Habsburgermonarchie erzählt. Verabsäumte Reformen bis 1914 und gravierende Fehlentscheidungen im Ersten Weltkrieg werden meist als Gründe genannt. Und dennoch liegen die Mechanismen des Niedergangs tiefer in der Geschichte Europas begraben.

Im Mittelalter und in der Frühen Neuzeit spannte sich ein komplexes Netz an feudalen Machtbereichen und Sonderrechten über den Kontinent. Allmählich schufen die Hausmachtpolitik und der Ausbau von Hof- und Staatsverwaltungen aber eine Grundlage für einheitlichere Gemeinwesen. In vielen Regionen Europas festigte sich zunächst das Königtum oder die Position der Landesfürsten. England und Schottland vereinigten sich Anfang des 18. Jahrhunderts zu einer Realunion mit einem gemeinsamen Parlament. Frankreich empfand sich seit der Aufklärung und der Revolution zunehmend als geeinte „Grande Nation". Die Gesellschaften der Kerngebiete entwickelten sich zu Aktionsgemeinschaften. Von ihnen gingen wirkmächtige Initiativen zur Entstehung von überseeischen Kolonialreichen aus.

DIE JAGD IST EIN PRIVILEG DES ADELS. DIE HABSBURGER BETREIBEN SIE AUS LEIDENSCHAFT: DER BEGEISTERTE JÄGER FRANZ JOSEPH WIRD HINSICHTLICH DER ZAHL DER ABSCHÜSSE VON SEINEM NEFFEN ÜBERTROFFEN: FRANZ FERDINAND ERLEGT IN SUMME MEHR ALS 270 000 WILDTIERE.

Der moskowitische Herrschaftsbereich zwischen Charkow und dem Ural stellte schon früher einen Zentralraum dar, von dem aus östlich und südlich gelegene Erschließungsgebiete erobert wurden. Über die Revolution von 1917, den Sturz des Zaren und die Gründung der Sowjetunion hinaus bestand damit ein Imperium, um dessen Aufrechterhaltung oder Wiedererrichtung bis heute gekämpft wird. Der Anteil der Russen war dabei maßgebend, vor allem auch deshalb, weil sich etwa viele Ukrainer noch lange mit ihnen verbunden fühlten. Nichtslawische Ethnien hatten im Unterschied dazu klar das Nachsehen.[1]

Russlands benachbarter Langzeitrivale, das Osmanische Reich, verfügte wiederum über ein Stammgebiet, das „turkmenisch-türkisch" geprägt war: Schon vor den Gebietsverlusten während der Balkankriege 1912/13 bildeten türkische Mandatare in der Deputiertenkammer von Istanbul die unangefochtene Majorität. Nach 1913 stieg die Zahl der türkischen Abgeordneten weiter, zum Nachteil der übrigen Ethnien.[2]

Während Italien und Deutschland den Aufbau weitgehend homogener Staaten anstrebten, sah es in der Habsburgermonarchie ganz anders aus. Dort war keines der Völker des Reiches zahlenmäßig begünstigt: Insgesamt stellten die Deutschsprachigen rund ein Viertel der Bevölkerung, die Ungarn knapp 20, die Tschechen 12,5 und die Polen knapp 10 Prozent. In der westlichen Hälfte gehörten zu den „Deutschen" etwas mehr als 35 Prozent, gefolgt von Tschechen und Polen mit 23 und 16 Prozent.[3]

Die Erweiterung des Männerwahlrechts machte die ethnische Zusammensetzung sichtbar. Im Wiener Reichsrat genügte es auch für die Deutschsprachigen als stärkste Nationalität nicht für eine Hegemonie. Aus österreichischer Perspektive meinte daher 1908 Maximilian Wladimir

Freiherr von Beck in seiner Funktion als k.k. Ministerpräsident: „Uns hat die Vorsehung ein Problem auf den Weg gegeben, wie keinem anderen Staate Europas. 8 Nationalitäten, 17 Länder, 20 parlamentarische Körperschaften, 27 parlamentarische Parteien, [...] verschiedene Weltanschauungen, ein kompliziertes Verhältnis zu Ungarn, die durch beiläufig achteinhalb Breiten- und etwa ebenso viele Längengrade gegebenen Kulturdistanzen – alles das auf einen Punkt zu vereinigen, aus alldem eine Resultierende zu ziehen, das ist notwendig, um in Österreich zu regieren!"[4]

Den zentraleuropäischen Raum mit seinen begrenzten imperialen Expansionsmöglichkeiten kennzeichneten überdies weit zurückreichende, hochmittelalterliche Staatstraditionen. Königtum und adelige Ständevertretung waren in Polen, Böhmen und den „Nebenländern des heiligen Wenzel" ebenso wie in Ungarn, Kroatien und Serbien prägende Elemente der Herrschafts- und Landesidentität. Sie standen den absolutistischen, gegenreformatorischen und zentralistischen Ambitionen des „allerhöchsten Erzhauses" im Wege.

Widerstand und Konflikte im Donauraum waren somit nicht allein auf die Demokratisierung und den Nationalismus vor 1914 zurückzuführen. Die beobachtbaren Gegensätze rührten vielmehr seit Langem von einer fragilen Allianz zwischen den unterschiedlichen, auf Eigenständigkeit achtenden habsburgischen Ländern her. Es ging um diese Brüchigkeit des Reichsgefüges in seinem innersten Wesen, und nicht – wie etwa vielfach im Fall Russlands, Englands und Frankreichs – um meist weit entfernte und noch erschließbare Außen- oder Erweiterungszonen. Die habsburgische „Union von verschiedenen (Stände-) Staaten" blieb bei allen Bemühungen um eine einheitliche Monarchia Austriaca ein heterogenes Machtkonglomerat ohne festen Reichskern.

Ein latenter Überlebenskampf kennzeichnete die weitere Entwicklung der lose verknüpften Ländersammlung. Die Gewissheit, dass das habsburgische Erzhaus in der männlichen Linie erlöschen würde, stellte Anfang des 18. Jahrhunderts eine harte Bewährungsprobe dar. Überschattet vom Verlust der spanischen Machtsphäre, der Monarchia Hispanica, drohte nun auch der Zerfall der Monarchia Austriaca. Sie konnte mit der weiblichen Nachfolge und damit längerfristig mit der Regentschaft Maria Theresias gesichert werden. Basis dieser Entwicklung war das 1713 festgelegte und später Pragmatische Sanktion genannte Staats- und Hausgesetz. Bezeichnenderweise musste es allerdings zwischen 1720 und 1723 von den österreichischen Ländern, Ungarn und Siebenbürgen gesondert akzeptiert werden. Umso nachdrücklicher pochte der Wiener Hof auf die „Unteilbarkeit und Untrennbarkeit“ des Besitzkomplexes.[5]

Prinz Eugen, der wichtigste Berater und Feldherr von Maria Theresias Vater Karl VI., gab sich dennoch keinen Illusionen hin. Für ihn lag ein „Stück Pergament ohne Wert“ vor. Kurz vor seinem Tod prophezeite der Prinz: „Hunderttausend Mann und ein gefüllter Schatz sind die besten Garantien der Pragmatischen Sanktion.“[6]

Tatsächlich ließen sich die gewünschten Ziele nur mit Waffengewalt erreichen. Vor allem Preußen wurde im nachfolgenden „Österreichischen Erbfolgekrieg“ zum Hauptfeind. Die k.k. Schutz- und Trutzgemeinschaft zentraleuropäischer Länder blieb äußerlich bestehen. Dahinter verschwanden vorläufig die Bruchlinien. Maria Theresia und ihr Mann Franz Stephan von Lothringen konnten jedoch die Sonderinteressen der vermeintlich untrennbaren Reichsteile nicht überwinden – trotz Reformen zur Stärkung und Vereinheitlichung des Gesamtstaates. Jede stärkere Machtkonzentration in Wien stellte eine existenzielle Gefahr dar. Dabei priorisierte das Herrscherhaus die Einheit des Donauraumes und erkaufte sich beispielsweise Englands Segen für die Pragmatische Sanktion mit dem Verzicht auf koloniale Einflusssphären. Die richtungsweisende Entscheidung gegen weit entfernte Besitzungen und für die Konsolidierung sowie den Zusammenhalt der Stammländer milderte allerdings Joseph II. mit seinem Erneuerungseifer: Bemühungen um den Erwerb von Kolonien stellten dabei noch das geringste Problem dar. Schwerer wogen die Homogenisierungsmaßnahmen in den verschiedenen Erz-, Erb- und Kronländern.[7]

Neuerliche Krisen machten sich vorrangig in Ungarn bemerkbar. Dort betrachteten alle maßgeblichen Gruppierungen die Dekrete Josephs als Verfassungsbruch. Sein Bruder und Nachfolger Leopold II. befand sich in einer schwierigen Situation. Radikalere Kräfte wandten sich bereits vom bisherigen Herrschergeschlecht ab. Das ging auch dem kompromissbereiten Leopold zu weit. Eine drohende soziale Revolution und der Konflikt mit dem revolutionären Frankreich erleichterten schließlich eine neue, für das Erzhaus günstige Übereinkunft mit dem ungarischen Adel. Vorläufig beruhigte sich die Lage.[8]

Unkontrollierbar war jedoch das Vordringen der Franzosen. Die Revolutions- und Koalitionskriege verwandelten sich in Kämpfe um imperiale Einflusssphären. Dabei blieb kaum ein Stein auf dem anderen. Das tausendjährige Heilige Römische Reich, an dessen Spitze die Habsburger seit Jahrhunderten standen, wankte angesichts der Wucht des Neu- und Umgestaltungsfurors.[9]

Franz II., der Leopold als Regent gefolgt war, sah sich zur Gegenaktion gezwungen. Wieder erwies sich der uneinheitliche Länderbesitz des Erzhauses als Problem. Wie, lautete die Frage, sollte man mit jenen Teilen umgehen, die zum lädierten Heiligen Römischen Reich gehörten? Wiens Diplomaten überlegten, die übrigen Gebiete, Ungarn und das im Zuge der Polnischen Teilungen 1772 gewonnene Galizien, unter einer eigenen Krone zusammenzufassen. Der Zerfall der Donaumonarchie wäre damit besiegelt gewesen. Nach reiflicher Abwägung entschied Franz anders: Das 1804 proklamierte Kaisertum brachte ihm nun einen neuen Herrschertitel; die „unabhängigen Staaten" behielten ihre bisherigen Verfassungen und Vorrechte aber ungeschmälert bei.[10]

Das betraf den landesfürstlichen Herrschaftskomplex in Zentraleuropa. Das Heilige Römische Reich wurde unterdessen vollends zur leeren Hülle. Die mit Napoleon verbündeten deutschen Fürsten sagten sich von ihm los.[11] Wien kapitulierte und verkündete 1806 die Reichsauflösung, ein juristisch durchaus anfechtbarer Entschluss. Schließlich konnte der Kaiser nur abdanken, nicht aber das ganze traditionelle Herrschaftsgefüge „nullifizieren". Franz und seine Ratgeber sahen darüber jedoch hinweg, für ihren Schritt hatten sie andere Gründe. Vor allem wollten sie verhindern, dass die Reichskrone in fremde Hände gelangte. Der Blick richtete sich auf Bonaparte, der sich zum Kaiser der Franzosen erhoben hatte.[12]

Das Verschwinden des alten Reiches stellte einen der massivsten Brüche der deutschen Geschichte dar. Aus unzähligen Reaktionen sprach eine tiefe Erschütterung, begleitet von einer romantischen Idealisierung des Mittelalters.[13]

Frankreichs „Empereur" schritt darüber unbewegt hinweg. Die politische Landkarte wurde mit Waffengewalt neu gezeichnet. Kaiser Franz fürchtete nun auch um das Weiterbestehen der Donaumonarchie. Nach der Niederlage bei Austerlitz Ende 1805 hatte er bereits empfindliche Gebietsverluste an der Adria und im Westen hinnehmen müssen. Der Versuch, Napoleon in die Schranken zu weisen, endete 1809 mit der Reduzierung der k.k. Herrschaft auf eine mittlere Macht ohne Zugang zum Meer. Der auch wirtschaftlich vor dem Bankrott stehende „Binnenstaat“, in dem zugleich wichtige staatliche Reformvorhaben scheiterten, vermochte nur noch auf der Grundlage einer Allianz zwischen Wien und Paris zu überleben. Sichtbares Band war die Ehe des korsischen Welteroberers mit der Habsburgerin Marie Louise.[14]

Balance als Rettungsanker

Der erfahrene Diplomat und mehrmalige Außenminister Frankreichs, Charles Maurice de Talleyrand-Périgord, fasste die Lage des Erzhauses pointiert zusammen. „Eure Majestät“, schrieb er Napoleon, „können nun die österreichische Monarchie zerbrechen oder erheben. Einmal zerbrochen, stünde es selbst nicht in der Macht eurer Majestät, die zerstreuten Reste zu sammeln und wieder zu einem einheitlichen Ganzen zusammenzufügen. Nun aber ist die Existenz dieses Ganzen notwendig; sie ist unerläßlich für das zukünftige Heil der zivilisierten Nationen.“ Zwar sei Österreich – im Gegensatz zur französischen „masse homogène“ – ein „composé mal assorti“ verschiedener Staaten, Sprachen, Sitten und Religionen. Aber, gab Talleyrand zu bedenken: „Wenn Österreich im Westen zu schwer geschwächt werde, könnte es die Ungarn nicht mehr unter seinem Szepter halten. Ungarn aber sei zu schwach, um einen eigenen Staat zu bilden, es würde sich Rußland ausliefern. Auch andere Trümmer des Reiches würden sich, wenn man das bereits so schwache Band noch mehr lockerte, das die heterogenen Teile seines Bestandes zusammenhielt, eher an Rußland anschließen.“[15]

Österreich, wie er sich ausdrückte, in „einer für Europa nützlichen Weise“ zu erhalten, erwies sich als eine zukunftsweisende Sicht, die nicht bloß den Geist des Wiener Kongresses 1814/15, sondern die internationalen Beziehungen der folgenden Dekaden prägte.[16]

Auf dieser diplomatischen Klaviatur spielte Klemens Wenzel Nepomuk Lothar von Metternich als Außenminister und nachmaliger Haus-, Hof- und Staatskanzler des Habsburgerreiches. Nur zu sehr war ihm bewusst, dass vielleicht London, Paris, Sankt Petersburg und in gewisser Weise auch schon Berlin über größere Aktionsradien verfügten. Wien aber vermochte den eigenen Status nur in Absprache mit anderen, größeren Mächten zu sichern. Angesichts dessen galt die vom Erzhaus mehr schlecht als recht kontrollierte Ländermasse vor allem als „anlehnungsbedürftig". Das zeigte sich nicht zuletzt im besonderen Bemühen Metternichs um Bündnissysteme, vertragliche Vereinbarungen und feste Prinzipien.[17]

Das Gleichgewicht der Mächte wurde solcherart zur fixen Idee, obwohl die damit angedeutete Äquivalenz vielfach als Trugbild erachtet wurde.[18] Gerade das an Einfluss verlierende Österreich betonte daher, dass es bei diesem System nicht um gleich mächtige Staaten gehe, sondern darum, schwächere durch einflussreichere Mächte zu stützen.[19]

Diese Überzeugungen enthielten jedoch einige Risiken. Das Verhalten jener, welche die Oberhand gewannen, blieb unberechenbar. Für den Augenblick aber siegte die Pragmatik der Balance nach mehreren kriegerischen Dekaden.[20] So konnte sich der Habsburgerstaat unter den maßgeblichen Mächten der Epoche halten. Sein schwerer Reputationsverlust ließ sich nach dem Ende des Heiligen Römischen Reiches nicht mehr kompensieren. Der im Juni 1815 geschaffene Deutsche Bund, der eine Mischform aus Staatenbund und Bundesstaat darstellte, war kein gleichwertiger Ersatz. Als Völkerrechtssubjekt fasste er in Summe 39 souveräne, rechtlich gleichgestellte Fürsten und urbane Magistrate zusammen. Die in Frankfurt residierende Bundesversammlung tagte als ständige Gesandtenkonferenz unter österreichischem Vorsitz. Mehr als eine Geste war das aber nicht.[21]

Revolution

Politische, soziale und ökonomische Krisen offenbarten die Schwäche der diplomatischen Kompromisse und bedrohten gleichzeitig die innere Ordnung vieler Länder. Im Habsburgerreich mündeten die Spannungen in einen neuen Kampf um die Existenz des Gesamtstaates. Im Frühjahr 1848 richteten sich Aufstände in Norditalien gegen das Erzhaus. Auch anderswo brodelte es. Die Regierung sah sich mit der Frage konfrontiert, wie die Länder der Stephanskrone mit dem österreichischen Kaisertum verbunden bleiben sollten. Die Stellung Kroatiens und Siebenbürgens – beide hatten schon früher in einer autonomen Beziehung zum Rest Ungarns gestanden – war ebenfalls von dieser Problematik betroffen.[22]

Schlagartig schienen sich die Hoffnungen der bisherigen Oppositionellen sowohl international als auch in der Donaumonarchie zu erfüllen. Die verbliebenen Elemente der Feudalstrukturen verschwanden. Dazu gehörten Grundherrschaft und Patrimonialgerichtsbarkeit, Relikte von Hörigkeit und bisherige Abgaben- und Arbeitspflicht. Die Aufhebung des Untertanenverhältnisses und die Grundentlastung bildeten den Kern der liberalen Wirtschaftsforderungen in einer immer noch weitgehend agrarisch geprägten Gesellschaft. Das soziale Gefüge erfuhr durch politische und rechtliche Zugeständnisse eine Neugestaltung. Mit der Pressefreiheit brach eine Sturzflut an Zeitungen, Zeitschriften und Flugblättern los. In den Druckschriften ging es vorrangig um die Gesamtkonstruktion des zukünftigen Staatsgebäudes – um die von den Fürstenhäusern zugesagten Konstitutionen.[23]

Auch Deutschland sollte nun ein starkes Fundament anstelle des lockeren Bundes bekommen. Schwarz, Rot und Gold wurden zu Modefarben der Saison. Einst Erkennungsmerkmal antinapoleonischer Freikorps wurden sie von nationalen Turnern und Burschenschaftern in Ehren gehalten. Von Metternich zuvor in die Schranken gewiesen, zogen sie nun mit der deutschen Trikolore durch die Städte. Am Turm des Wiener Stephansdoms wehte sie ebenso wie an den Fenstern der Hofburg. Das habsburgische Kaiserpaar legte selbst Hand an, um „den Dreifarb“ zu befestigen. Die österreichische Regierung folgte dem Trend angesichts der nationalen Unabhängigkeitsbewegungen in Italien und Ungarn sowie der tschechischen Absage an das „teutonische Einigungswerk“. Böhmen hatte zum alten Heiligen Römischen Reich gehört. Seine slawische Bevölkerung kehrte unter ihren Wortführern nun „Germania“ den Rücken zu. Schon vor 1918 war in Wien vom Anschluss an Deutschland die Rede. Auch 1848 wollte sich ein verbleibender Rest der vom Zerfall bedrohten Donaumonarchie mit dem „großen Bruder“ vereinigen.[24]

In dieser Atmosphäre fanden allgemeine Wahlen statt. Die Mehrheit der männlichen Bevölkerung war aufgerufen, durch Wahlmänner das zukünftige gesamtdeutsche Parlament zu bestimmen. Um die „Nationalversammlung der Deutschen“, die schließlich ab dem 18. Mai 1848 in der Frankfurter Paulskirche tagte, stand es jedoch von Anfang an schlecht. Die Abgeordneten vertraten unterschiedliche Programme. Weder über das Regierungssystem noch über das Territorium des Staates herrschte Einigkeit. Zwar wählte man einen Habsburger, Erzherzog Johann, zum Reichsverweser. Die Ehrenstellung und der Vorrang der

Casa de Austria besaßen jedoch in Wirklichkeit nicht einmal mehr Symbolkraft.

Die Herrscherdynastie, an deren Spitze Ende 1848 Franz Joseph I. trat, überwältigte mit Hilfe des Militärs die Reformer und Separatisten. Vom anschlusswilligen Überbleibsel einer untergehenden Donaumonarchie konnte nicht mehr die Rede sein. Die Bewahrung des kaiserlichen Gesamtstaates hatte in den Wiener Ministerien schon bald wieder Priorität.[25]

Nachdem k.k. Truppen die letzten Aufstände unter anderem in Wien niedergeschlagen hatten, wurde schließlich Ungarn zum Hauptkampfgebiet. Angeführt von dem aus dem Kleinadel stammenden Rechtsanwalt Ludwig Kossuth setzte man hier im April 1849 das Haus Habsburg ab. Die magyarische Elite verfügte jedoch nur über begrenzten Einfluss. Sie pochte auf ihre Privilegien und vertrat kaum das Gros der lokalen Bevölkerung. Noch schwieriger gestaltete sich ihre Beziehung zu den ethnischen Minderheiten. Die Herrscherdynastie profitierte davon. Abgesehen von der immer noch weitverbreiteten Loyalität gegenüber der Krone begünstigten die Uneinigkeiten zwischen den Nationalitäten und den verschiedenen sozialen Gruppen das Erzhaus. Die bestehende internationale Monarchen-Solidarität tat ihr Übriges. Das Zarenreich stellte sich den bedrängten Habsburgern zur Seite – im August 1849 kapitulierten die Reste der magyarischen Truppen.[26]

Als der Wiener Hof wieder fester im Sattel saß, übten die k.k. Sicherheitskräfte Vergeltung an den „Rebellen". Der Racheakt vollzog sich im Namen der Restauration, der Wiederherstellung der früheren Ordnung. Gänzlich inakzeptabel fand man daher auch den Vorschlag der Paulskirche, deutsche und tschechische Gebiete der Habsburger in das zu gründende Deutsche Reich aufzunehmen, ihre anderen Länder aber zu einer davon unabhängigen konstitutionellen Einheit zu vereinen. Eine nur noch durch den Monarchen in Personalunion zusammengehaltene Ländermasse widersprach völlig den Vorstellungen des Erzhauses. Der junge Franz Joseph und sein neuer Ministerpräsident, Fürst Felix zu Schwarzenberg, verstanden die Monarchia Austriaca als festen Block und Garant althergebrachter Fürstenherrschaft.[27]

Gebietsverluste

Die internationale Entwicklung hingegen deutete bald in eine andere Richtung. Wien verschlechterte seine Position auf dem diplomatischen Parkett. Auslöser war der Krimkrieg, in dessen Verlauf zwischen 1853 und 1856 das expandierende Zarenreich auf das Osmanische Reich, Frankreich und Großbritannien prallte. Die k.k. Regierung hielt dabei die Westmächte auf Distanz, drohte aber Russland sogar mit Krieg. Ohne neue Allianzen zu schmieden, stieß sie bisherige Verbündete vor den Kopf. In Sankt Petersburg sprach man mit Blick auf die Waffenhilfe in den Jahren 1848/49 vom Undank Österreichs.[28]

Dennoch gab es nach wie vor keine unüberbrückbare Kluft zwischen den Imperien der Habsburger und der Romanows. Russland beklagte allerdings die mangelnde Bereitschaft Franz Josephs, Konflikte durch internationale Vermittlung zu lösen. Der Vorwurf bezog sich insbesondere auf die Auseinandersetzungen in Italien, wo die österreichische Hegemonie 1859 zusammenbrach. Die k.k. Heeresverbände verloren bei Magenta und Solferino gegen vereinte französisch-piemontesische Streitkräfte die Lombardei.[29]

Bald darauf beschritt Preußen unter seinem Premier Otto von Bismarck den Weg zur Bildung des Deutschen Reiches. Habsburgische Ansprüche standen ihm dabei im Weg. Ausgangspunkt der Zwistigkeiten war nun primär der Streit mit Kopenhagen um den Status und die Zukunft Schleswig-Holsteins. Nach einem kurzen Feldzug von Truppen der Habsburger und der Hohenzollern gegen die unterlegene dänische Armee legte Bismarck Österreich die sprichwörtliche „preußische Schlinge" um den Hals. Berlin wandte sich von Wien ab, suchte eine Verständigung mit Sankt Petersburg, ließ sich von Paris zumindest Neutralität zusichern und knüpfte ein militärisches Bündnis mit dem jungen italienischen Nationalstaat. Kaiser Franz Joseph geriet in einen Zweifrontenkrieg, nachdem er attraktive Kaufangebote abgelehnt hatte: Sowohl das Apenninenkönigreich als auch Preußen boten gutes Geld für den Erwerb Venetiens, „Welschtirols" und des gerade besetzten Holstein. Bald musste Österreich die Gebiete zu einem wesentlich höheren Preis abtreten. Denn die Kontrahenten gingen nun auf Kriegskurs.[30]

Den preußischen Einheiten sowie den kleineren Kontingenten aus mittel- und norddeutschen Ländern stellte sich in dem folgenden, knapp sieben Wochen dauernden Waffengang eine zahlenmäßig überlegene Koalition entgegen. Zum Habsburgerreich hielten neben kleineren Bundesmitgliedern Bayern, Württemberg, Baden, Sachsen, Hannover, Kurhessen und Hessen-Darmstadt. Das klang imposant, erwies sich in der Praxis jedoch als ineffektiv. Die Koordination war vollkommen desolat: Truppen der Wittelsbacher wollten keinen gemeinsamen Operationsplan akzeptieren. Sie blieben eher defensiv, ebenso die Württemberger. Andere Verbündete des Habsburgerreiches schaltete der Gegner währenddessen rasch aus. Wilhelms Truppen, dirigiert von Generalstabschef Helmuth von Moltke, konnten sich hauptsächlich auf die k.k. Streitmacht und einige sächsische Einheiten konzentrieren.[31]

Am regnerischen Morgen des 3. Juli 1866 begann schließlich eine über 17 Stunden dauernde Entscheidungsschlacht. Zwischen der Festung Königgrätz an der Elbe und dem böhmischen Dorf Sadowa bekämpften sich nahezu gleich starke Armeen erbittert mit jeweils rund 250 000 Mann. Etwa 50 000 Tote, Verwundete und Gefangene, davon mehr als 40 000 aus den Reihen der k.k. Streitkräfte, waren schließlich zu beklagen. An der vollständigen Niederlage der Österreicher bestand kein Zweifel.[32]

Im Gegensatz zu preußischen Hof- und Militärkreisen wollte Otto von Bismarck allerdings nun das unterlegene Österreich nicht durch allzu harte Forderungen weiter demütigen. Sein Ziel war die vollständige Annexion von Schleswig-Holstein, Hannover, Kurhessen, Nassau und Frankfurt. Vor allem aber zwang er die Donaumonarchie, der Auflösung des Deutschen Bundes und der Schaffung eines Norddeutschen Bundes zuzustimmen. Ihm sollten alle deutschen Gebiete nördlich des Mains angehören.

Bismarck musste Franz Joseph dazu gar nicht mehr richtig drängen. Unter dem Eindruck der Niederlage von Königgrätz schrieb der erboste habsburgische Kaiser Ende Juli 1866 seiner Gemahlin Sisi: „Aus Deutschland treten wir jedenfalls ganz aus, ob es verlangt wird oder nicht, und dieses halte ich nach den Erfahrungen, die wir mit unseren lieben deutschen Bundesgenossen gemacht haben, für ein Glück für Österreich."[33]

Der Weg zum Doppelstaat

Die militärischen und außenpolitischen Misserfolge blieben nicht ohne Folgen für die innere Entwicklung des Reiches. Verstärkt durch eine Finanzkrise, endete das nach 1848/49 geschaffene neoabsolutistische System. Der Kurswechsel führte zunächst zur Abkehr vom Zentralismus, es schlug die Stunde der Länderautonomie. Vertreter der „Feudalität, der Bourgeoisie und Bürokratie“ entschieden sich 1860 für das sogenannte „Oktoberdiplom“. Auf dem Fundament der dazugehörenden Landesstatuten ging es nun um einen föderalen Zusammenschluss. Die monarchische Gewalt wurde dadurch zwar beschnitten, das Regelwerk blieb aber ansonsten weit hinter den bereits existierenden Verfassungskonzepten zurück. Eine andere Lösung empfahlen liberale Kreise. Die Brücke zwischen ihnen und konservativeren Zirkeln bildete der Präsident des Obersten Gerichtshofes Anton von Schmerling. Er entwarf als Staatsminister das „Februarpatent“ von 1861: einen Kompromiss zwischen bürgerlichen Verfassungsidealen und aristokratischen Autonomievorstellungen, der die Regierung und das Parlament des Imperiums gleichermaßen stärken sollte.[34]

Prompt regte sich allerdings in den Ländern der Stephanskrone Widerstand. Denn obwohl der „engere Reichsrat“ für die „deutsch-böhmische und galizische Ländergruppe“ tagen sollte, bestand Schmerling – trotz Anerkennung von Sonderrechten der Ungarn – auf deren Teilnahme am gemeinsamen Reichsparlament. Hier dominierten auf der Grundlage des neu geschaffenen Wahlrechtes nun jene sozialen Schichten und Institutionen, in denen das Deutschtum den Ton angab. Der magyarische Protest gegen diese Kräfteverhältnisse erfolgte umgehend. Ungarn boykottierte grundsätzlich das Reformwerk Schmerlings. Die übrigen, von Uneinigkeit geprägten Nationalitäten entschieden sich zu diesem Zeitpunkt noch nicht für eine Fundamentalopposition. Die großdeutsche Außenpolitik der Regierung veranlasste dann aber auch die Tschechen dazu, Wien den Rücken zuzukehren. Den Reichsrat, in dem sie nur schlecht vertreten waren, beschickten sie ab 1863 nicht mehr. Franz Joseph beendete zwei Jahre später das schon weitgehend gescheiterte Experiment mit der Sistierung des Grundgesetzes über die Reichsvertretung.[35]

Schwankend zwischen der Betonung gemeinsamer „höchster" Staatsaufgaben einerseits und der Hinwendung zu föderalen Strukturen und historischen Länderrechten andererseits schlitterten Hof- und Regierungskreise in die Niederlage von Königgrätz. Hinter den Kulissen arbeitete man bereits mit ungarischen Gesprächspartnern um Ferenc Deák an einer Neugestaltung des Reiches. Deák erkannte den Gesamtstaat auf der Basis der Pragmatischen Sanktion an, bestand jedoch auf der größtmöglichen Selbstständigkeit Ungarns und der Beachtung von Anliegen aus den Jahren 1848/49.[36]

Resultat war der Ausgleich von 1867, eine Realunion zweier weitgehend selbstständiger Reichshälften. Sie umfasste die Länder der ungarischen Krone, seltener nach dem trennenden Flüsschen Leitha „Transleithanien" genannt, und die „im Reichsrat vertretenen Königreiche und Länder", kurz „Cisleithanien". Beide Teile hatten ihre eigenen Regierungen und Parlamente, während sich Franz Joseph die gemeinsamen Angelegenheiten – Militär und Außenpolitik – vorbehielt und um die Finanzfragen des Gesamtstaates ergänzte. Die daraus entstehenden kaiserlichen und königlichen – k.u.k. – Ressorts sahen sich ihrerseits den Delegationen gegenüber: getrennten Ausschüssen von je 60 Mitgliedern, die aus dem Wiener Reichsrat und dem Budapester Reichstag gewählt wurden.[37]

Der Monarch selbst, der vor allem bezüglich des Haushaltes in seinen Vorrechten beschränkt war, verinnerlichte die Struktur des Dualismus besser als die meisten seiner Berater. Er wurde somit zur Verkörperung eines mindestens janusköpfigen Gemeinwesens, das speziell die bewaffnete Macht zu repräsentieren hatte. Sie bildete die neuen Strukturen ab: Neben dem von beiden Reichsteilen

VERLORENE SCHLACHTEN, INNERE KRISEN – IM 19. JAHRHUNDERT GERÄT DIE DONAUMONARCHIE MEHRFACH INS WANKEN. DOCH IMMER WIEDER GELINGT ES IHR, DEN ZUSAMMENHALT DES REICHES ZU WAHREN.

beschickten k.u.k. Heer gab es die königlich-ungarische (k.u.) Honvéd und die kaiserlich-königliche (k.k.) Landwehr mit ihren jeweils eigenen Ministerien.[38]

Zentrifugalkräfte

Dieses System galt als äußert labil. Gründe dafür waren unter anderem die Regelung der sogenannten „Quote" – die Aufteilung der gemeinsamen Kosten –, die Beratungen über das Staatsschuldengesetz, das Münzwesen und die überregionalen Bahnlinien sowie Zoll- und Handelsvereinbarungen. In diesen Fällen mussten alle zehn Jahre Neuverhandlungen geführt werden. Experten, die an den betreffenden Gesprächen beteiligt waren, zeigten sich ernüchtert. „Mit minutiöser Akribie", hieß es, „wahrten die Länder der ungarischen Krone ihre konstitutionelle staatsrechtliche Selbstständigkeit und die ihrer inneren Regierung. Die dadurch aufgeworfenen staatsrechtlichen Fragen waren an sich geeignet, bei jeder Verhandlung Gereiztheit und Empfindlichkeit hervorzurufen".[39] Juristen fällten indes ein wesentlich härteres Urteil: Österreich-Ungarn sei eine „Monarchie auf Kündigung", eine „bloße Reflexwirkung der pragmatischen Sanktion" oder eine „bloße durch die politische Moral gebotene Rechtsfiktion". Und noch radikaler: „Die Monarchie hat nie bestanden, besteht auch heute nicht, weil die auf ihre Konstituierung gerichteten Akte mit der unheilbaren Nichtigkeit behaftet sind."[40]

Inmitten einer um sich greifenden Desillusionierung weckte der Ausgleich zudem neue Begehrlichkeiten. Andere Nationalitäten wünschten sich ihrerseits föderalistische Konzessionen.

Kroatien ging voran und pochte auf das eigene historische Staatsrecht. Seine 1868 festgesetzte Autonomie umfasste die Bereiche Verwaltung, Justiz, Kultus und

Unterricht, war aber auch hinkünftig an die Regierung und das Parlament in Budapest gebunden.[41]

Wien bot darüber hinaus Galizien Autonomierechte an. Der Landtag in Lemberg und dessen Landesausschuss als eine Art Landesregierung vergrößerten ihren Einfluss durch die Aufsicht über das Finanzwesen und die zivile Gerichtsbarkeit.[42] Der lokale Adel wurde auf diese Weise zu einer Stütze der Regierung, erregte durch seine Polonisierungsmaßnahmen allerdings auf lange Sicht den Unmut der übrigen galizischen Nationalitäten.[43]

In multiethnischen Gebieten trugen die Übereinkommen mit den regionalen Oberschichten daher kaum zur Entspannung der Lage bei. Vielmehr begünstigten weitere Zwistigkeiten den um sich greifenden Nationalismus. Spielräume für Kompromisse gingen verloren. Dabei waren etwa die Unterredungen zwischen Regierungsmitgliedern und tschechischen Vertretern schon weit gediehen. Anfang der 1870er Jahre schien eine Übereinkunft wie mit den Ungarn erreichbar. Die ausgearbeiteten „Fundamentalartikel" waren maßvoll genug, um eine annehmbare Lösung zu garantieren. Aber nicht einmal alle Minister stimmten der Abmachung zu. Von einer weiteren Zersplitterung des Imperiums wollten die dominierenden Völker nichts wissen: Die Ungarn fürchteten Auswirkungen auf die Slawen im Königreich der Stephanskrone, Wortführer der deutschsprachigen Bevölkerung sahen keinen Weg für eine Verständigung mit den Tschechen „im magyarischen Stil".[44]

Die Fronten verhärteten sich. Tschechische Mandatare boykottierten den Reichsrat. Ihre Kontrahenten gefielen sich wiederum in extremen Gegenpositionen, sprachen vom „Zerstörungswerk der Slawen" und vom „Märchen eines böhmischen Staatsrechts". Ein latenter Kulturkampf zwischen klerikalen und antiklerikalen Kräften, der nahezu alle Regionen erfasste, kam hinzu. Liberale Deutsche beklagten die „jesuitisch gedrechselten Fundamentalartikel“.[45]

Die fortgesetzten Reibereien vergrößerten zugleich die Kluft zwischen Cis- und Transleithanien. Schließlich hielten sich viele deutschsprachige Österreicher, anders als die übrigen Völker, nicht so sehr für eine nationale Gruppe mit Sonderwünschen; sie gefielen sich eher in der Rolle von Repräsentanten des gesamten Imperiums. Aus Budapester Perspektive wirkte dieser Standpunkt wie eine Spitze gegen die magyarische Eigenständigkeit.[46] Der Schriftsteller Robert Musil schrieb diesbezüglich von einem derart sonderbaren Phänomen, „daß es fast vergeblich erscheinen muß, es einem zu erklären, der es nicht selbst erlebt hat. Es bestand nicht etwa aus einem österreichischen und einem ungarischen Wesensteil, die sich, wie man dann glauben könnte, ergänzten, sondern es bestand aus einem Ganzen und einem Teil, nämlich aus einem ungarischen und einem österreichisch-ungarischen Staatsgefühl, und dieses zweite war in Österreich zu Hause, wodurch das österreichische Staatsgefühl eigentlich vaterlandslos war. Der Österreicher kam nur in Ungarn vor, und dort als Abneigung; daheim nannte er sich einen Staatsangehörigen der im Reichsrate vertretenen Königreiche und Länder der österreichisch-ungarischen Monarchie [...], und er tat das nicht etwa mit Begeisterung, sondern einer Idee zuliebe, die ihm zuwider war, denn er konnte die Ungarn ebenso wenig leiden wie die Ungarn ihn, wodurch der Zusammenhang noch verwickelter wurde. Viele nannten sich deshalb einfach einen Tschechen, Polen, Slowenen oder Deutschen“, und damit begannen „jener weitere Zerfall und jene unliebsamen Erscheinungen innerpolitischer Natur, die in der zu wenig geschulten Masse der Bewohner nicht die nötige Zurückweisung fanden“.[47]

Die Entstehung der „Doppelmonarchie" machte solcherart das existenzgefährdende Langzeit-Provisorium der habsburgischen Herrschaft nur noch sichtbarer und erschwerte den Zusammenhalt in der Region während der kommenden Dekaden. Das nun wahrhaftig entstandene „Kakanien", wie es Musil nannte, glich einer Quadratur des Kreises.

Endzeitgefühle

Trübsal

„Es war ein schönes, stolzes Schiff, jetzt wankt es durch die Klippen/Unheimlich ächzt und bänglich stöhnt's durch Takelwerk." So beschrieb Anton Alexander Graf von Auersperg den Zustand der „einst stolzen 'Austria'".[1] Der Politiker und Lyriker, der seine Gedichte unter dem Pseudonym Anastasius Grün veröffentlichte, stand unter dem Eindruck des Kampfes um die „Fundamentalartikel", als er im Oktober 1871 pessimistisch in die Zukunft blickte. Kaum zwei Jahre später pflichtete ihm in nüchternen Worten František Palacký bei. Er hatte sich während der Revolution von 1848 für die Einheit der Donaumonarchie ausgesprochen. Nun aber, stellte Palacký fest, seien Deutsche und Magyaren zu sehr damit befasst, ihre Vorrangstellung zu betonen. Die gescheiterten Ausgleichsverhandlungen mit den Tschechen zerstörten jede „Hoffnung auf eine dauerhafte Erhaltung des österreichischen Staates".[2]

In dieses Wehklagen stimmten zahlreiche Föderalisten ein. Das Ende des schwächelnden Reichsgefüges sei unabwendbar, „wenn die Verfassung nicht geändert und alle Nationalitäten gleichermaßen befriedigt" würden. Liberale Kreise forderten indes das genaue Gegenteil. Sie erblickten in einer zentralistischen Verfassung den einzigen Rettungsanker.[3] Verärgert wetterten sie zudem gegen die Aufstellung eigener ungarischer Honvéd-Truppen. Nur eine einheitliche gemeinsame Armee, so behaupteten sie, könne den Untergang Österreich-Ungarns verhindern.[4]

Journalisten erfassten aufmerksam jedes vermeintliche Zeichen einer kommenden Apokalypse. Entsprechend trübsinnig klangen die Pressemeldungen zur Tragödie von Mayerling. Das gesamte Reich schien stillzustehen. Der Selbstmord des Thronfolgers Rudolf gemeinsam mit Mary Vetsera traf den k.u.k. Staat ins Mark. Zeitungen stellten ernüchternde Fragen: Wenn sogar ein „Fürstensohn" eine solche Tat begehen konnte, wer wolle dann jene verurteilen, die in der „Kümmernis des Lebens, in Not und Mühsal die Hand an sich legen?"[5]

Das Schicksal des Kronprinzen befeuerte zugleich den Kulturkampf. „Klerikale" Zeitungen machten die „moderne" Erziehung für Rudolfs „Lebensüberdruss" verantwortlich. Die kanonische Verurteilung des Suizids manifestierte sich mitunter in einer zurückhaltenden Trauer des Klerus, dem anti-kirchliche Stimmen prompt eine mangelnde Loyalität gegenüber dem Staat unterstellten.[6]

Dieser Vorwurf wog für manchen Kritiker auch deshalb schwer, weil die Aufgaben der Krone in einer vielgestaltigen, von „heftigsten Parteikämpfen durchwühlten Monarchie" ohnehin kaum zu meistern waren.[7] Speziell das Parlament im westlichen Reichsteil, der Wiener „Reichsrat", diente als Exempel. Nationalitätenkonflikte, Obstruktion und Handgreiflichkeiten beschädigten den Ruf der Demokratie. Polemiken richteten sich gegen die „Volksvertretung", die als „Diätenvertilgungsapparat", als „Tummelplatz von Intrigen" und „frivoler Streitlust" verhöhnt wurde. Begleitet wurden die Zerwürfnisse von antiliberalen Strömungen, die sich seit der Wirtschaftskrise der

1870er Jahre verstärkten. Interessen der Stände, Klassen und Volksgemeinschaften beherrschten die öffentlichen Debatten mehr als die Wahrung individueller Rechte.[8]

Das speziell von der Sozialdemokratie geforderte allgemeine Männerwahlrecht änderte an der Gesamtlage wenig. Im Gegenteil – die internationalistische Arbeiterbewegung blieb ihrerseits nicht von den ethnischen Konflikten verschont. Ein Gefühl der Unregierbarkeit des Habsburgerstaates breitete sich aus, die Bürokratie suchte ihren Halt wiederholt in Notstandsverordnungen und schickte ein als „arbeitsunfähig" empfundenes Parlament regelmäßig nach Hause.[9]

Am Rande des Abgrunds

Um 1900 befand sich die Monarchie endgültig in einer Staatskrise. Die schrittweise Erweiterung des Wahlrechtes im westlichen Reichsteil – neben dem schon zuvor gesenkten Zensus gab es ab 1896/97 für beinahe alle Männer über 24 Jahren eine fünfte Kurie – kurbelte neben der Entstehung von Massenparteien nun nationalistische Tendenzen an. Der bisherige galizische Statthalter Kasimir Graf Badeni sah sich damit als neuer k.k. Ministerpräsident direkt konfrontiert. Beeinflusst von den Ausgleichsverhandlungen mit Ungarn suchte er eine stabile Regierungsmehrheit und bemühte sich deshalb um die Unterstützung der Tschechen. Von den Staatsdienern aller Bezirke Böhmens und Mährens sollte eine verpflichtende Zweisprachigkeit im äußeren und im inneren Amtsverkehr verlangt werden. Ergebnis des Reformvorhabens war ein wahrhafter „Furor Teutonicus", der die radikaleren nationalliberalen „Jungtschechen", die vor allem gegen die Anlehnung der Monarchie an das Deutsche Reich auftraten, mobilisierte.[10] Tumulte folgten. Badeni musste dem Druck weichen, seine Nachfolger ruderten zurück und revidierten die Bestimmungen, um sie schließlich gänzlich auszusetzen.[11]

Zur selben Zeit verschlechterte sich das Verhältnis zwischen den beiden Reichshälften. Der „Wirtschaftsausgleich“ gelang nur noch in Form von befristeten Provisorien.[12] Manche Magyaren, denen die Regelungen von 1867 nicht ausreichten, hofften schon auf die völlige zoll- und handelspolitische Freiheit.[13] Den „drohenden Abschluss beider Wirtschaftsgebiete voneinander“ werteten Beobachter als Auftakt zu einem Zollkrieg. Einige sprachen zur Jahresmitte 1899 vom drohenden „Selbstmord“, vom Ende des Gesamtstaates.[14] „Finis Austriae!“, titelte die sozialdemokratische „Arbeiter-Zeitung“: Lediglich bis 1903 und in Bankfragen bis 1907 könne die Einheit bewahrt werden.[15]

Neuerscheinungen auf dem Buchmarkt nahmen das Ende Österreich-Ungarns schon als historische Tatsache vorweg. Der Anbruch des 20. Jahrhunderts trübte die Stimmung weiter.[16] Mit „berechtigtem Pessimismus“ erwartete am 1. Jänner 1901 die viel gelesene nordböhmische „Reichenberger Zeitung“ jede „weitere Entwicklung des Vaterlandes“.[17] Die christlichsoziale „Reichspost“ argumentierte vor diesem Hintergrund gegen eine Umwandlung der Doppelmonarchie in eine Personalunion: Der Herrscher als einzige Verbindung zwischen völlig selbständigen Teilen, „um dem Jammer ein Ende zu machen“, wäre bloß der Anfang vom raschen Untergang des Habsburgerreiches.[18]

Diese Debatte war unmittelbar von den Vorgängen in Budapest beeinflusst. Franz Joseph machte kaum den Eindruck, als könne er die beiden Hälften des Staates, dies- und jenseits der Leitha, zusammenhalten. Ab dem Herbst 1903 bestand er als Regent in Ungarn auf eine Rekrutenerhöhung. Der Reichstag in Budapest reagierte darauf mit einer Hinhaltetaktik, das königliche Kabinett mit einer neuen Geschäftsordnung. Die Maßnahmen lösten eine Verfassungskrise aus. Die Parlamentsauflösung und darauffolgende Wahlen verhalfen der Unabhängigkeitspartei zum Erfolg. Franz Joseph weigerte sich, diese mit der Regierungsbildung zu beauftragen, fürchtete er doch eine weitere Verschärfung der nationalen Gegensätze. Konkret handelte es sich um die Einführung der magyarischen Kommandosprache – auch abseits der Honvéds – bei k.u.k. Regimentern, die sich aus Ungarn ergänzten.[19]

Das von der Krone eingesetzte Kabinett legte daraufhin der Opposition die Daumenschrauben an. Ein königlicher Kommissär jagte mit Truppenverbänden den Reichstag auseinander. Gehaltszahlungen für Beamte der lokalen Verwaltungen blieben aus. Die politische Freizügigkeit, etwa im Bereich der Presse, wurde eingeschränkt, das Netz aus Informanten verdichtet, die Gendarmerie landesweit verteilt. Vor dem Hintergrund der russischen Revolution von 1905 spielte man mit dem Gedanken, das allgemeine Männerwahlrecht einzuführen. Das hätte die elitäre Oberschicht und damit auch die Gegner der Krone in beträchtliche Schwierigkeiten gebracht. Schrittweise bewegten sich die Kontrahenten wieder aufeinander zu. Forderungen in Bezug auf das gemeinsame Heer blieben gegenstandslos. Der Verzicht auf eine tiefgreifende Wahlrechtsreform fiel nach einigem Hin und Her auch Franz Joseph nicht allzu schwer. Demokratisierungsschübe stärkten den Zusammenhalt im Donauraum wenig. Das Jahr 1907 diente als Beleg dafür: Die Einführung des allgemeinen, gleichen, geheimen und direkten Wahlrechtes für Männer in Cisleithanien entschärfte keineswegs die nationalen Zwistigkeiten. Für die Länder der Stephanskrone musste Ähnliches befürchtet werden, die innere Stabilität des Gesamtstaates war damit nicht gesichert. Die Aufrechterhaltung des Status quo bedeutete allerdings die fortgesetzte Benachteiligung von nichtmagyarischen Nationalitäten und breiten Bevölkerungsschichten in Transleithanien. Bloß 6,5 Prozent der dortigen Einwohner durften zu den Urnen schreiten. Ungleichmäßig aufgeteilte Wahlkreise, Bestechungen und Einschüchterungen vervollständigten die fragwürdigen Machtverhältnisse.[20]

Franz Josephs Regierungsjubiläum im Jahr 1908 fügte sich in ein alles andere als zuversichtlich stimmendes Bild. Hatten sich die internen Reibereien bei den Feierlichkeiten für den „Souverän" 1898 noch kaum bemerkbar gemacht, so kam es nun schon im Vorfeld zu heftigen Kontroversen. Ein Gastspiel des Tschechischen Nationaltheaters im Theater an der Wien aus Anlass der Feierlichkeiten löste heftige Proteste und Streitigkeiten über den „deutschen" Charakter der k.k. Haupt- und Residenzstadt aus, von dem ihr Bürgermeister Karl Lueger so gerne sprach. In Prag kam es zu heftigen Gegenreaktionen. Hier sollte nun gleichfalls „nationale Reinigung" betrieben werden und die deutsche Sprache aus dem öffentlichen Raum – auf Plätzen und Straßen, in Hotels, Restaurants und Geschäften – verschwinden.[21]

Der große Wiener Festumzug für den Kaiser vom 12. Juni war von der Missstimmung überschattet. Zwar marschierten rund 12 000 Personen in opulenter Kostümierung auf, um dem Monarchen zu huldigen. „Seine Völker" aber waren nicht annähernd vollständig angetreten.[22] Nach den vorangegangenen Reibereien fehlten die Tschechen. Die Italiener taten es ihnen gleich. Antiösterreichische „Irredentisten" hätten, so ging das Gerücht, die loyalen Triestiner an der Teilnahme gehindert. Bezeichnend für die Gesamtlage war der Boykott der Magyaren. Sie ehrten den 1867 gekrönten König, nicht aber den seit 1848 regierenden Kaiser Franz Joseph.[23] Ernüchtert hatten Hof- und Regierungskreise hinzunehmen, dass der

Herrscher sein Jubiläumsjahr als weiteres trauriges Beispiel der Disharmonie in seinem Reich erleben musste. Der deutschösterreichisch-tschechische Gegensatz eskalierte im Herbst 1908. Ende November und Anfang Dezember führten Unruhen zur Verhängung des Kriegsrechtes in Prag.[24]

Unterminierung

Während auf dem Boden der Habsburgermonarchie fortgesetzt Nationalitätenkonflikte ausgetragen wurden, versuchte die Wiener Führung außenpolitisch Stärke zu zeigen. Kompensationen für verlorenes Terrain erhofften sich speziell die gemeinsamen Ressorts des Äußeren und des Heerwesens auf dem Balkan. Die Eingliederung weiterer slawischer Siedlungsgebiete führte zu neuerlichen innenpolitischen Spannungen. Speziell deutschliberale und ungarische Eliten fürchteten um ihren Einfluss. Auf wenig Sympathie stieß bei ihnen daher auch die Expansion in südöstliche Richtung: die Besetzung von Bosnien-Herzegowina durch die k.u.k. Armee als Folge des Berliner Kongresses 1878 und die Annexion der Gebiete im Jahr 1908. Sie waren formal Teil des Osmanischen Reiches geblieben, wurden nun aber der Donaumonarchie einverleibt.[25]

Die resultierende Annexionskrise führte zwar zu keinen Kampfhandlungen, vertiefte jedoch die Kluft zwischen Wien und Sankt Petersburg beziehungsweise Belgrad. Schließlich reklamierte Serbien die Region mit prinzipieller Rückendeckung Russlands für sich.[26] Vor diesem Hintergrund mehrten sich die Streitigkeiten. 1912/13 fielen Bulgarien, Serbien, Griechenland und Montenegro über den „kranken Mann am Bosporus“ her. Das verbliebene europäische Territorium des Osmanischen Reiches brachten sie dadurch größtenteils an sich. Über die Beute gerieten sie unter Einschluss Rumäniens und der Türkei in einen Streit. Prompt drohten im Zuge dieser Balkankriege auch die serbisch-österreichischen Gegensätze zu eskalieren – und damit die Rivalitäten zwischen den Großmächten als Folge des europäischen Bündnissystems. Deutschland und Österreich-Ungarn auf der einen, Russland, Frankreich, und Großbritannien auf der anderen Seite rückten enger zusammen.[27]

Die Verschärfung der Lage ging mit diplomatischen Erörterungen über einen bevorstehenden „Zusammenbruch Österreichs" – spätestens nach dem absehbaren Ableben des hochbetagten Kaisers Franz Joseph – einher.[28] Selbst Berlin, das offiziell nicht den geringsten Zweifel an der Bündnistreue gegenüber Wien aufkommen ließ, sah sich nach Alternativen um. Der „beginnende Auflösungsprozess der Gesamtmonarchie" galt über die Grenzen hinweg als Signal für das Zusammengehen der „deutschen Volksstämme".[29]

Das „konnationale" Problem erwies sich als besondere Herausforderung. Schließlich lebten nicht bloß „Deutsche" auf dem Territorium des Habsburgerreiches und auf dem Boden der benachbarten Länder. Für Italiener, Polen, Rumänien, Serben oder Ruthenen beziehungsweise Ukrainer galt Ähnliches. Innen- und außenpolitische Krisen waren folglich eng miteinander verflochten, die ohnehin verworrene Lage wurde noch komplizierter.[30] Entscheidungsträger in Belgrad, Sankt Petersburg und Rom gingen gerade deshalb auf Konfrontationskurs zu Wien. Wenigstens Teile des habsburgischen Länderkonglomerats beanspruchten sie für sich. Radikalere Kräfte gaben sich auch damit nicht zufrieden, sie zielten auf die völlige Zerstörung Österreich-Ungarns ab.[31] Die Peripherie der Doppelmonarchie erweckte bei den k.u.k. Eliten Misstrauen. Hier existiere nun einmal die „nationale Attraktion". Die Bevölkerung werde von den „verwandten Nationalstaaten an unseren Grenzen angezogen", erklärte Ende 1913 der sozialdemokratische Reichsratsabgeordnete Wilhelm Ellenbogen.[32]

Während Ellenbogen diesen Anziehungskräften mit einer zunehmenden Demokratisierung und einem „Schweizer Modell" der Neutralisierung und Föderalisierung entgegenwirken wollte, legte der slowenische Parlamentarier Anton Korošec den Finger auf den wundesten Punkt der Systemkrise. Für ihn war der Dualismus zu überwinden, die Privilegierung der Magyaren auf Kosten der Slawen.[33] Korošecs Ansichten teilten viele Beobachter. Auch international stellte man irritiert fest, dass sich der Machtschwerpunkt von Wien nach Budapest verlagerte. Höchste Repräsentanten bestätigten diesen Eindruck. Angesichts der Auseinandersetzungen mit Ungarn verlor etwa der k.u.k. Außenminister Agenor Graf Gołuchowski jede Zuversicht. Alles sei „zerfahren", meinte er resigniert, das Reich gehe „seinem Verfall entgegen".[34]

Die Selbsteinschätzungen an höchster Stelle bewirkten im Ausland vielfach ein Umdenken. Nicht bloß die Panslawisten im Zarenreich werteten nun die Donaumonarchie als „morschen Baum" ab, „den ein Windstoß umfegen könnte".[35] Auch in Frankreich begann das Vertrauen in die Beständigkeit der Habsburgermonarchie zu schwinden. Zeitungen mit unterschiedlicher weltanschaulicher Ausrichtung zweifelten an ihrem Fortbestand. Franz Joseph wurde immer seltener zugetraut, „eine Katastrophe zu vermeiden".[36] Wichtiger noch als die Äußerungen der Journalisten war indes die Haltungsänderung der politischen und wirtschaftlichen Führungskräfte. Seit 1903/4 interessierte man sich in Paris auffallend für den italienischen Irredentismus, slawische Anliegen und bestimmte Kronländer wie etwa Böhmen. Die französischen Entscheidungsträger hinterfragten in der Krisenstimmung von 1912/13 die Notwendigkeit der Existenz Österreich-Ungarns, auch angesichts des Schulterschlusses zwischen Wien und Berlin.[37]

Nicht anders sah es in Großbritannien aus. Einflussreiche Presseerzeugnisse entwickelten eine ausgesprochene Abneigung gegen „Kakanien“ und spekulierten über das Ableben des „kranken Mannes an der Donau“. Politiker des Empires blieben davon nicht unbeeindruckt. Die englisch-österreichischen Beziehungen verschlechterten sich.[38]

Mit den internationalen Spannungen intensivierten sich nachrichtendienstliche Aktivitäten. Die Suche nach fremden Agenten in den eigenen Reihen erfasste auch das Habsburgerreich.[39] Eine europaweit grassierende „Spy Mania“ manifestierte sich in der Donaumonarchie nicht bloß im medialen Hype um den „Hochverräter“ Alfred Redl. Immer öfter wurden Einzelfälle zum Anlass genommen, ein Sittenbild der Monarchie zu skizzieren.[40] Neben Sensationsmeldungen über Spionage-Affären und Kommentaren zum Image der Armee machten Gerüchte über zivile Korruptionsaffären und Wahlbestechungen die Runde. Sie verstärkten den Eindruck, dass ein verrottetes Staatsgebilde seiner Selbstzersetzung entgegentaumelte.[41]

Kritische Enthüllungen stellten allerdings auch Korrektive dar. Schließlich schufen vertrauenswürdige Justizorgane, parlamentarische Anfragen und neugierige Reporter überhaupt erst die Voraussetzungen, um die Schattenseiten des Staatswesens zu beleuchten. Nicht die scheinbar unbegrenzte Sittenlosigkeit oder der konstatierte Werteverfall waren so gesehen die Charakteristika der Epoche. Vielmehr zeichnete sich das Entstehen einer wachsamen Öffentlichkeit ab. Sie konnte über den „Sumpf des Verbrechens“ und ein „moralisches Königgrätz“ – wie der Fall

Redl von militärischer Seite apostrophiert wurde – relativ ungehindert berichten.[42]

Zu einer positiven Beurteilung solcher Entwicklungen rangen sich allerdings nur wenige Zeitzeugen durch. Die meisten Beobachter lieferten eher Stoff für den prognostizierten Systemkollaps. Schicksalhaft kursierten erste Entwürfe einer regelrechten Logik des Untergangs. Franz Joseph, der greise Herr in Schönbrunn, verkörperte demnach weniger die Dauerhaftigkeit seiner Regentschaft als vielmehr die Altersschwäche seines Reiches.[43]

Die Folgen des Elends

Die bestehende Ordnung in Mitteleuropa gefährdeten unterdessen auch soziale und wirtschaftliche Missstände. Der Preisanstieg am Vorabend des Ersten Weltkrieges, der Teuerungsproteste mit Militäreinsätzen, Toten und Verletzten zur Folge hatte,[44] brachte die Not der Unterschichten ans Tageslicht. Triste Arbeits- und Lebensverhältnisse fanden speziell in den Städten ihren Ausdruck in Alkoholismus, Tuberkulose und Obdachlosigkeit. Die Erhöhung der Mietzinse verschlimmerte die Lage: Gerichtliche Delogierungen standen in Wien an der Tagesordnung.[45] Ihre Zahl betrug in den Jahren 1890 bis 1914 zwischen 100 000 und 150 000 Zwangsräumungen pro Jahr. Sogenannte Bettgeher verfügten lediglich über Schlafstellen für einige Stunden. Arbeitnehmer fanden teils nur bei ihren Dienstgebern ein Dach über dem Kopf, nicht selten unter unwürdigen Bedingungen. Asyle, Massenquartiere und Obdachlosenheime waren derart überfüllt, dass manche an der Donau, am Donaukanal oder im unterirdischen Kanalnetz nächtigen mussten.[46]

Die Missstände ließen sich kaum beseitigen, solange die urbanen Zentren und allen voran die Haupt- und Residenzstadt Magneten der Binnenwanderung blieben. Etwa ein Viertel der Wiener stammte um 1900 aus vorwiegend tschechischsprachigen Bezirken Böhmens und Mährens. Dennoch gaben die Neuankömmlinge bald an, im Alltag Deutsch zu verwenden. Der Assimilierungsdruck war groß.

Das galt insbesondere auch für die jüdische Zuwanderung. Die oft bitterarmen Migranten, die meist aus den östlichen Gebieten der Donaumonarchie eintrafen, sahen sich mit Misstrauen, Ablehnung und Feindseligkeit konfrontiert. Nicht selten verhielten sich ihnen gegenüber sogar die seit Längerem ansässigen Glaubensgenossen distanziert. Parallel dazu machten sich antisemitische Strömungen in weiten Teilen der Gesellschaft breit.[47]

Die Situation auf dem Land war häufig noch schlechter als in den Ballungsräumen. Um 1890 verloren die strukturschwachen Regionen weiter an Potenzial, mussten aber jene, die weggegangen und vom Elend weiterhin bedroht waren, nach wie vor unterstützen. Der Abschub in die armen Herkunftsgemeinden bewirkte schließlich 1896 ein erstes Umdenken. Das Heimatrecht konnte nun schon nach zehn Jahren in den meist städtischen Kommunen erworben werden.[48]

Hier ließen sich am ehesten gut situierte Gesellschaftskreise finden. Daten zu Cisleithanien zeigen, dass 1903 in allen Orten mit mehr als 10 000 Einwohnern lediglich etwas mehr als 18 Prozent der Bevölkerung, aber knapp 60 Prozent der Abgabepflichtigen lebten. 90 Prozent der Einwohner lebten am Rande des Existenzminimums und konnten zum öffentlichen Haushalt gar nichts beitragen. Zwischen 1898 und 1907 ging die Hälfte des Steueraufkommens auf die Gruppe mit über 12 000 Kronen Jahresverdienst zurück. Der andere Teil, der unter dieser Einkommensgrenze lag und die zweite Hälfte einbrachte, bildete

JAHRHUNDERTWENDE: DIE LETZTEN JAHRE DER K.U.K. MONARCHIE SIND VON TURBULENZEN BEGLEITET – DAS REICH BEFINDET SICH IM UMBRUCH, GEHT „NEUEN ZEITEN“ ENTGEGEN.

fast 98 Prozent aller Steuerzahler. Die Oberschicht – eine überschaubare Zahl von Fabrikherren beziehungsweise Unternehmern, Haus- und Grundbesitzern – machte also gerade einmal etwas mehr als 2 Prozent aus.[49]

Neben dem beträchtlichen Eigentum einiger Fürstenhäuser führte der „organisierte Kapitalismus" zu industrieller Konzentration und Trustbildung. Die mächtigsten Kartelle kontrollierten vor 1914 acht Wiener Banken. Sie verfügten über zwei Drittel des gesamten Finanzkapitals in der westlichen Reichshälfte Österreich-Ungarns. Die Länder der Stephanskrone besaßen hingegen nur ein vergleichbares Geldinstitut, die Ungarische Allgemeine Credit-Anstalt. Sie blieb allerdings eng mit dem Finanzplatz Wien verbunden und hatte bloß auf rund 16 Prozent des transleithanischen Aktienvermögens Zugriff.[50]

Die soziale und ökonomische Lage divergierte selbst von Kronland zu Kronland beträchtlich: In einigen Regionen kam es zu einer außerordentlich hohen Zahl an Abwanderungen. Nicht wenige entschieden sich, das Habsburgerreich zu verlassen. Zwischen 1870 und 1910 stammte im Deutschen Reich rund ein Drittel aller Ausländer vorwiegend aus Österreichisch-Schlesien, Böhmen und Mähren. Die zweitgrößte Gruppe stellten die Ungarn.[51]

Zum Massenphänomen wurde in diesem Zeitraum die Überseemigration: 3,5 Millionen, davon 1,8 aus Cisleithanien, wählten vorwiegend die Vereinigten Staaten als Zielland.[52] Auffallend war dabei der hohe Anteil an Tschechen und Slowaken mit 20 Prozent und an Polen mit rund 19 Prozent. Die im Dualismus tonangebenden Völker waren hingegen schwächer vertreten. Die Magyaren machten knapp 15 Prozent aus, die Deutschsprachigen 12 Prozent. Sie reisten im Übrigen ebenso wie die jüdischen Migranten oft im Familienverband ab, anders als viele Slawen:

Unter ihnen dominierten männliche „Einzelwanderer" im erwerbsfähigen Alter von 14 bis 40 Jahren.[53]

Das Thema beschäftigte schließlich auch die Parlamentarier. Mit Blick auf die wirtschaftlichen Probleme des Reiches empfanden mehrere von ihnen die Meldungen über Auswanderungen als Gradmesser von Elend und Missständen. Abschätzig war von „Konkursnachrichten" die Rede.[54] Zahlreiche Mandatare erinnerten den Staat daher an seine Pflicht, „der Bevölkerung Arbeitsmöglichkeit durch größere Investitionen zu geben".[55] Gerade in dieser Hinsicht war k.k. Ministerpräsident Ernest von Koerber zwischen 1900 und 1904 aktiv geworden. Mit einer Milliarde Kronen hatte man ein Bauprogramm für Wasserstraßen und Eisenbahnen konzipiert. Die Initiative löste umgehend Kontroversen zwischen Kronländern, Nationalitäten und Wirtschaftsvertretern aus. Der Plan wurde „hintertrieben und nur halbherzig ausgeführt". Entsprechende „Aufwendungen" erwiesen sich als relativ „bescheiden".[56]

Die Verhältnisse blieben vielerorts trist, wobei etliche Probleme, wie die beachtlichen Illegitimitätsraten, weitere Bedrückungen mit sich brachten. Zu den Erschwernissen gehörte etwa auch die Tatsache, dass nirgendwo sonst in Europa so viele Menschen ihre Kindheit bei Fremden verbringen mussten.[57]

Die Konsequenzen mitunter traumatischer Erfahrungen wirkten ein ganzes Leben lang nach. Alois Schönthaler, 1909 im steirischen Mürzzuschlag als lediger Sohn einer Köchin und eines Sattlergehilfen geboren, erinnerte sich noch rund achtzig Jahre nach seiner Kindheit unter Tränen, wie er „auf Kost und Quartier" zu einer Eisenbahnerfrau gegeben wurde, die immer Pflegekinder aufnahm, um ein paar Kronen zum kargen Wirtschaftsgeld dazuzuverdienen. Seine eigenen Geschwister, die ein ähnliches

Schicksal erlitten, lernte er kaum kennen.[58] Der Wiener Leopold Brandner, der sich selbst einen „waschechten Bastard“ nannte, erlebte das „Abgeschoben-Werden“ mehrmals als Schock. Das Gefühl prägte sich ein, nur Gast auf Zeit zu sein, in einer lieblosen Welt, umgeben von oftmals distanzierten Mitmenschen.[59]

Die Erfahrungen glichen einander.[60] Und für die meisten war keine Besserung der Lebensumstände in Aussicht. Notburga Kranebitter in St. Johann in Tirol beispielsweise gehörte der Familie eines Tagelöhners an. Nach dessen Tod wurde sie bei einem bayerischen Bauern untergebracht. Ein Vierteljahrhundert arbeitete sie dann in Stall und Haus, am Feld und als Sennerin auf der Alm. Das „starke Heimweh“ und die unzähligen „Erniedrigungen“ waren zu ihren Lebzeiten kein Thema[61], ebenso wenig wie bei der Niederösterreicherin Barbara Scherleitner. Sie blieb bis zu ihrem Lebensende Magd. 1884 auf die Welt gekommen, war ihre Mutter nach schwerer körperlicher Arbeit schon im Kindbett gestorben. Als Ziehkind musste sie im Stall schlafen. Ihre Habseligkeiten waren in einer für jedermann zugänglichen Truhe verwahrt. Drei uneheliche Kinder gebar sie, von denen ein Sohn wiederum als Pflegekind bei Kleinhäuslern landete. Vom zweiten Kind wusste sie nichts, und das dritte, die „Hannerl“, verstarb bald, nachdem sie weggegeben worden war.[62]

Zur Welt gebracht hatte sie ihre Kinder im Wiener Findelhaus. Ihm waren seit der Gründung 1784 innerhalb seines 126-jährigen Bestehens eine Dreiviertelmillion Kinder überantwortet worden. Die Überlebenschancen waren allerdings außerordentlich gering. Man verzeichnete hohe Sterberaten. Jene, die überlebten, erwartete wiederum alles andere als eine hoffnungsfrohe Zukunft. Die Findlinge wurden in der Regel nur von ärmeren Schichten aufgenommen, der Misere des Unterschichtenmilieus entkam kaum jemand.[63]

Franz Obergottsberger aus dem Hausruckviertel hielt entsprechende Eindrücke seiner Großmutter und seiner Mutter fest. Letztere blieb bis zum 30. Lebensjahr Bauernmagd. Auch sie bekam uneheliche Kinder, für die keine väterliche Unterstützung vorhanden war. In dem rauen Klima, in dem das Gesinde „nach oben kuschte" und „nach unten trat", waren die unwissenden und meist ebenso verängstigten wie verschämten Mädchen nur zu oft Opfer sexueller Zudringlichkeiten und Übergriffe.[64] Die Folgen wurden sowohl am Land als auch in der Stadt registriert. Nachweislich lag die Selbstmordrate bei Knechten und Dienern, Mägden und Hausmädchen auf Dekaden hin wesentlich höher als bei den übrigen Berufsgruppen.[65]

Morbidität

Schwermut befiel unterdessen auch Teile der großbürgerlichen und aristokratischen Führungsschicht. Die Traditionen erschienen bisweilen fragwürdig. Sogar das Kaiserhaus blieb davon nicht verschont. Kronprinz Rudolf liebäugelte als Achtzehnjähriger damit, eher Präsident einer Republik zu werden als gekröntes Haupt einer Monarchie. Seine Mutter spielte mit dem Gedanken, ins Exil zu gehen.[66] Kaiserin Elisabeth hielt das Habsburgerreich für eine Ruine und ekelte sich vor dem „faulen Wiener Boden" mit seiner „schwülen, ungesunden moralischen Atmosphäre".[67] Die zweifellos depressive Monarchin trat als stets schwarz gekleidete „Mater dolorosa" auf. Den verblichenen Sohn, der „Hand an sich gelegt" hatte, begann sie in ihrer Erinnerung zu überhöhen.[68] Der Herrscherdynastie haftete das Stigma einer „Selbstmörderfamilie" an.[69] Franz Joseph selbst ließ gelegentlich durchblicken, dass er es vorziehe, wenigstens „anständig zugrunde gehen“ zu wollen. Dabei dachte er vor allem an das „Feld der Ehre“ – die Austragung gewaltsamer Konflikte. Umso stärker stützte er sich auf die bewaffnete Macht. Sie sollte als festes Fundament, als Beschützerin des Reiches und Bindeglied zwischen den Nationalitäten fungieren. Der Thronfolger wurde daher an seine militärischen Aufgaben erinnert, de facto aber in ein Heer gezwungen, das den ethnischen Spannungen nur bedingt entgegenwirken konnte. Rudolfs Entwicklung erfolgte überdies in Streitkräften mit einer bedenklich hohen Suizidrate. Sie übertraf in den 1880er und 1890er Jahren nicht bloß die der Zivilisten in der Donaumonarchie, sondern auch die anderer Armeen bei Weitem.[70]

Die Krisenstimmung zeigte sich darüber hinaus besonders in den Ballungsräumen. Sie waren um 1900 Schauplätze eines tiefgreifenden Epochenwechsels. Vor allem in Wien mit seinen knapp zwei Millionen Einwohnern oder in Budapest, das zeitgleich die Millionengrenze überschritt[71], wandten sich die Menschen existenziellen Fragen zu. Das Fin de Siècle befasste sich mit Tod und Eros. Im Kampf gegen die Prüderie wurde eine süßliche Idylle entlarvt und die Befreiung von Zwängen versprochen.[72] Künstler des Expressionismus erregten Ärgernis, Seelenforscher wie die Psychoanalytiker widmeten sich sexuellen Tabus.[73] Angehörige des Bildungsbürgertums strebten danach, Starres und Verkrustetes zu überwinden. Dabei tendierten sie nicht selten zu einem oppositionellen Habitus, der zwischen Vitalität und Morbidität schwankte. Die eigentümliche Ästhetisierung der „schönen Leich“ stimulierte eine tiefschürfende Todesfaszination.[74] Übertriebene Nekrophilie, Schicksalsergebenheit und das Gefühl einer allgemeinen Ermattung vermischten sich mit Realitäts- und Gegenwartsflucht. In Operettenidyllen und historisierender Architektur manifestierte sich eine Vorliebe für die Vergangenheit, die der Erneuerung Nostalgie und Melancholie entgegenhielt.[75]

Viele Intellektuelle leisteten ihren Beitrag, die Städte als Verdichtungen einer „wetterleuchtenden“ Empfindsamkeit darzustellen. Junge Talente gefielen sich in der elitären Attitüde, wenn sie Abstand zum nervösen Rhythmus des Urbanen hielten und in der Rolle des nicht engagierten Zuschauers verharrten.[76] Der Blick auf das Vergängliche, die Wandelbarkeit und Flüchtigkeit des Augenblicks, steigerte sich einmal mehr zu einer kontemplativen Versenkung in die Sterblichkeit. Ihr galt die besondere Aufmerksamkeit der Kunst, nachdem die Wissenschaft und speziell der Positivismus fast das „ganze Leben für sich beansprucht“ hatten.[77]

Von der künstlerischen Fiktion führte der Weg immer wieder zu verbreiteten Diskussionen über mögliche „Suizidepidemien“. Ankündigungen „empfindsamer Seelen“, dem Leben „freiwillig“ ein Ende zu setzen, gingen mit dem gesteigerten Interesse der Medien an „Schülerselbstmorden“ oder der Berichterstattung über das Schicksal „prominenter Lebensmüder“ einher.[78] Zwischen Worten und Taten bestand freilich eine tiefe Kluft. Für die stärkere Neigung zum „Freitod“, etwa unter den Wiener Gelehrten und Kulturschaffenden, liegen keine Belege vor. Aus einer Statistik aus dem Jahr 1906 wird ersichtlich, dass die Suizidrate im Verhältnis zur Gesamtbevölkerung in Wien niedriger war als in Paris oder London.[79]

Auf lange Sicht ließen sich auch die k.u.k. Streitkräfte nur bedingt als „Hort des Lebensüberdrusses“ darstellen. Parlamentarier, die sich kurz vor dem Ersten Weltkrieg mit der Thematik befassten, mussten erkennen, dass sich die Suche nach Suizidmotiven – trotz einer berechtigten Kritik an der Behandlung der Mannschaften – nicht zu politisch-ideologischen Instrumentalisierungen eignete.[80] Bezeichnend war in dieser Hinsicht das Verhalten von Tomáš Garrigue Masaryk, dem späteren Präsidenten der Tschechoslowakei. Als Reichsratsabgeordneter hielt er sich jedenfalls auffällig zurück, wenn es um entsprechende Anfragen ging – gerade weil er sich 1881 in seiner Habilitationsschrift mit der Selbstmordproblematik befasst hatte.[81] Masaryk wollte andere Ursachen erkannt haben: das Entstehen der Massendemokratie, Tendenzen zur Subjektivität, zu Individualismus und Verstädterung, zu Verweltlichung, Irreligiosität und einer irritierenden, „unharmonischen und gefährlichen Halbbildung".[82]

Militärs und Ärzte betonten indes individuelle psychische und physische Deformationen der „Lebensmüden". Daneben galten immer wieder auch spezifische Jugendkrisen – Konflikte mit den Eltern, Liebesunglück und Geldknappheit – als plausible Erklärungen.[83] Abseits der Streitkräfte, die – ähnlich wie etwa die Schule – vermehrt Ziel der öffentlichen Institutionenkritik wurden, fehlten ebenfalls überzeugendere Belege für eine „steigende Lebensverneinung". Masaryks Thesen ließen sich nicht erhärten. Vorhandene Daten schienen sie zu widerlegen. Gerade in der oft als morbide charakterisierten k.k. Haupt- und Residenzstadt sanken die Suizidzahlen kurz nach 1900.[84]

Die registrierten Fälle hatten mit einer spezifischen „Wiener Elegie", österreichischen Geistesströmungen oder den Todes- und Vergänglichkeitskulten des Impressionismus nichts zu tun. Soweit es eine gewisse Neigung zur allgemeinen Geringachtung des Lebens gab, entsprang sie einem grenzüberschreitenden Phänomen, einer weitverbreiteten Hinwendung zu Radikalität und Gewalt.[85] Unter der russischen Studentenschaft beispielsweise grassierte ein „anormaler Heroismus", der die Opferbereitschaft der Revolutionäre ideologisch verklärte. Selbst kriminelle Handlungen wurden mit der Gloriole des „heiligen Kampfes" gegen die Despotie versehen. Der Wille zur Tat im selbst definierten „Dienst des Volkes" und die kalte Leidenschaft für den Umsturz ging bis zur Verneinung der eigenen Existenz. Lenin etwa zeigte sich davon gleichermaßen beeindruckt wie viele Systemkritiker in anderen Ländern.[86] Ein terroristischer Untergrund rekrutierte potenzielle Selbstmordattentäter nicht selten in sozialen Schichten, die sich an den Rand gedrängt oder ausgegrenzt fühlten. Der Italiener Luigi Lucheni gehörte zu jenen, die glaubten, nichts mehr verlieren zu können. Als uneheliches Kind hatte er seine ersten Lebensjahre in Findelhäusern zugebracht und arbeitete später hauptsächlich als „Bursche" oder „Gehilfe". Schließlich suchte er wahllos nach einer hochgestellten Persönlichkeit, die für die Ungerechtigkeit der irdischen Hierarchien büßen sollte. Eine tragische Ironie wollte es, dass der arme, vereinsamte und missachtete Lucheni im letzten Augenblick entschied, eine suizidgefährdete österreichische Kaiserin zu töten, die kaum noch an jene Weltordnung glaubte, als deren Symbol sie nun, im September 1898, sterben musste.[87] Elisabeths Mörder berichtete von der Zufälligkeit seines Entschlusses im Rahmen des Gerichtsprozesses. Offenherzig bekannte er sich dabei zum Anarchismus und unter anderem zu einigen russischen Vorbildern. Für seine Tat wurde er zu einer langen Zuchthausstrafe verurteilt. Als beinahe vergessener Häftling erhängte er sich im Oktober 1910 in seiner Zelle.[88]

1898 hatte das gewaltsame Ende der österreichischen Kaiserin freilich europaweit für Aufsehen gesorgt. Zu antiitalienischen Manifestationen kam es sowohl in der Schweiz als auch im Deutschen Reich und in der Donaumonarchie. Ausschreitungen in Wien, Laibach und Triest verwiesen auf die Sprengkraft von Verschwörungstheorien, sozialen Spannungen, individuellem Terror und nationalistischer Ressentiments.[89] Im Vorfeld des Attentates von Sarajewo wurde der suizidale Gehalt des gefährlichen Konfliktpotenzials neuerlich deutlich. Auch Gavrilo Princip und seine Mitstreiter bewegten sich bisweilen in Luchenis Vorstellungswelt. Generell sogen die „Jungen Bosnier" avantgardistische Trends begierig auf. „Asketen der Tat" wollten sie sein – und „unerbittliche Flammen für die Freiheit der südslawischen Brüder". Ihr Aktionismus gegen eine „schnarchende" Gesellschaft orientierte sich auch an Friedrich Nietzsche, der das erfüllte Leben eines neuen „göttlichen Menschen" propagierte. Die überbordende Kraft der Adoleszenz vereinigte sich mit einer beinahe ritualisierten Morbidität. Bereit, alle Opfer auf sich zu nehmen, zu leiden und zu sterben, beschworen sie das eigene Ende, bevor sie, ausgestattet mit Zyankalikapseln als letztem Ausweg für sich selbst, dem habsburgischen Thronfolger Franz Ferdinand und seiner Gattin auflauerten.[90]

Widersprüche

Der Protest gegen die bestehenden „Gesellschaftskrankheiten" brachte dunkle Erklärungs- und Rechtfertigungsmodelle hervor. Sozialdarwinismus und Eugenik zum Beispiel rechtfertigten die „Eliminierung der Schwachen". Sich selbst zu töten, markierte aus dieser Sicht „eine höhere Stufe im Kampf ums Dasein, bei der sich die Aggressivität der Zukurzgekommenen nach innen wende, während auf niederer Stufe die Tötung und Beraubung anderer Menschen verbreiteter sei".[91] Dass Mord und „Selbstmord" näher zusammenlagen, betonte zeitgleich die Psychoanalyse. Die Verbindung zwischen Suizid und politischer Gewalt schien ihren Ansichten zu entsprechen. Zugleich tauchten in dieser Hinsicht erneut konträre Suizidinter-

TEILE DER GESELLSCHAFT SIND IN AUFRUHR, FORDERN RECHTE EIN UND ENTFERNEN SICH VON ALTHERGEBRACHTEN VORSTELLUNGEN.

pretationen auf: Ging es in der darwinistisch-biologistischen Lesart um das „Verschwinden der Lebensuntüchtigen", so idealisierten politische Oppositionelle bisweilen den „Freitod" des „rational" handelnden Terroristen als Akt der „Reife und Stärke".[92]

Höchst unterschiedliche Kommentare riefen unterdessen auch andere Probleme hervor. Zwar galten etwa die urbanen Knotenpunkte als Kampffelder der „neuen Welt" und der „Vergewaltigung des Individuums".[93] Andererseits standen die Klagen einer maskulinen Elite aber auch für Demokratisierungstrends im Allgemeinen und Forderungen nach Frauenrechten im Speziellen. Im „Zeitalter der Nervosität" avancierten zudem gerade die bedeutendsten Städte der Donaumonarchie, allen voran Budapest, Prag und vornehmlich Wien, zu Hochburgen der internationalen Medizin. Zwischen hoffnungsfrohen Zukunftsentwürfen und einer tief empfundenen Verunsicherung entfaltete sich eine kulturelle und wissenschaftliche Blüte in den Laboratorien der Moderne. Sie ließ sich nicht zuletzt auf die Tätigkeit jüdischer Denker, Künstler und Forscher zurückführen, war allerdings permanent bedroht von Antisemitismus, Misogynie, Innovations-, Globalisierungs- und Institutionenkritik, antiliberalen Phantasmen des Kollektivismus, einer generellen Verdammung des Wandels und einer latenten Neigung zu Untergangsszenarien oder Vergänglichkeitskulten.[94]

Die Welt um 1900 basierte auf fundamentalen Antagonismen und Paradoxien. All das letztlich fast grenzenlose Infragestellen und Zersetzen des Bestehenden war kein „kakanisches" Spezifikum, brachte aber gerade in Wien herausragende Wortführer hervor. Ihre Konzepte legten Sprengfallen an die Modelle einer erwartungsfrohen Modernisierung und selbstbewussten Aufklärung. Bei Sigmund Freud etwa befand sich der willensstarke, rationale, der selbstverschuldeten Unmündigkeit entfliehende Mensch im Zustand der Auflösung, in einem steten Kampf mit den Bedürfnissen seines Unbewussten und den Vorgaben des „Über-Ichs".[95] In der k.k. Residenzstadt vertrat der Wissenschaftstheoretiker, Philosoph und Physiker Ernst Mach vergleichbare Ansichten, als er gegen die „Tendenz zur Metaphysik" zu Felde zog. „Sobald wir erkannt haben," so Mach, „daß die vermeintlichen Einheiten 'Körper', 'Ich' nur Notbehelfe zur vorläufigen Orientierung und für bestimmte praktische Zwecke sind, müssen wir sie bei vielen weitergehenden wissenschaftlichen Untersuchungen als unzureichend und unzutreffend aufgeben."[96]

„Zersetzung, Zersplitterung, Ausdifferenzierung": Solche Schlüsselworte beschrieben einen offensichtlichen Verlust von Ganzheitlichkeit. Zur bereits vorhandenen Verwirrung kam hinzu, dass im Gefolge naturwissenschaftlicher Forschungen alltägliche Wahrnehmungen nur mehr bedingt Orientierung boten und Gewissheiten oder gewohnte Kausalitäten in Frage gestellt wurden. Oberflächliche Analogieschlüsse waren schnell zur Hand: Ihnen zufolge hing der Anteil von „Wiener Genies" an der „geistigen Avantgarde" um 1900 mit den Erfahrungen von Fragilität, Vielfalt und der Widersprüchlichkeit in der Habsburgermonarchie zusammen.[97]

Wissenschaftliche und künstlerische Innovationen, Technisierung und kommunale Investitionen ließen sich ungeachtet aller Irritationen aber auch als vielversprechende Aufbrüche und positive Visionen interpretieren. Ebenso wie die Emanzipation des Proletariats im Zuge der Erweiterung des Wahlrechts. Demokratisierung, Organisation der Deklassierten und die Versprechungen der aufstrebenden Sozialdemokratie, Missstände zu beseitigen, weckten Hoffnungen. Ähnliches galt im Großen und Ganzen für jene, die um 1900 auf die nationale Idee setzten. Auch in den Reihen der „völkischen Bewegungen“ überwog die Zuversicht.[98] Das „Morgenrot einer besseren Zukunft“ mochte Rhetorik sein und bleiben. Philosophisch-weltanschauliche Orientierungen der „Wiener Moderne“ schufen jedoch ein gewisses Vertrauen in den Fortschritt und relativierten solcherart den Kulturpessimismus von Teilen der Oberschicht.[99]

Die partiell anzutreffende Untergangsstimmung hatte darüber hinaus einen gewissen Unterhaltungswert. Die Mayerling-Affäre trug von Anfang an den Charakter eines verkaufsträchtigen Spektakels. Zeitungsartikel und belletristische Werke schlachteten den Skandal schon 1889 aus. Gedenkmünzen und Porträts von Kronprinz Rudolf fanden reißenden Absatz.[100] Die Kommerzialisierung der Thronfolger-Tragödie kam in Schwung, die Erinnerung an sein Ende würzte man mit der profitträchtigen Sensation und dem stimulierenden Nervenkitzel des Makabren und Schauderhaften. Eine bisweilen pietätlose Vermarktung des „Kronprinzen-Thrillers“ half mit, Klischees vom morschen und morbiden Österreich im Fin de Siècle zu verfestigen. Allerdings breiteten sich die Stereotypen über das Sterben der Donaumonarchie und die vermeintliche Nekrophilie Wiens oft erst nach 1918 aus. Der melancholische Rückblick auf das verlorene Reich brachte nun die nostalgische Fiktion von „Kakanien“ und dessen sicherem Tod hervor.

Licht und Schatten

Zeichen des Zusammenhalts

Ungeachtet aller Untergangsrhetorik gab es genug Hinweise auf den Weiterbestand der Monarchie und ihre friedliche Koexistenz mit den Nachbarstaaten. Bündnisse zwischen Österreich-Ungarn und Russland standen lange im Zeichen einer traditionellen monarchischen Solidarität. Nicht zuletzt am Balkan versuchten beide Länder eine Konfrontation zu vermeiden. Um 1900 galten die bilateralen Beziehungen als „durchaus befriedigend".[1] Als sich danach kein vergleichbares Entgegenkommen auf beiden Seiten feststellen ließ, mochte sich das k.u.k. Außenamt am Ballhausplatz immerhin damit trösten, dass sich der Expansionsdrang Sankt Petersburgs nach Ostasien verlagerte und die russische Niederlage gegen Japan innere Schwächen des Romanow-Imperiums offenbarte. Das revolutionsgeschüttelte Riesenreich sah sich während und nach der Annexionskrise von 1908 in einem Prozess der Regeneration.[2]

Als es wieder erstarkte, waren seine Verbündeten um Mäßigung bemüht. Neben einem gewissen Respekt vor dem Langzeitregenten Franz Joseph machte Frankreich wiederholt auf die stabilisierende Funktion Österreich-Ungarns im internationalen Gleichgewichtssystem aufmerksam.[3] Auch England, hieß es ergänzend, würde es nie zulassen, dass die Integrität der Habsburgermonarchie ernstlich beeinträchtigt werde. Die Londoner „Times" sprach ihr einen „unentbehrlichen Platz innerhalb Europas" zu. Durch ihr bloßes Bestehen würden so viele Gegensätze aufgelöst, dass jede Tendenz, ihre Einheit zu gefährden oder ihren Einfluss zu schmälern, missbilligt werden müsse. Pressestatements entsprachen den Regierungsansichten. „Welchen Nutzen", fragte der britische Außenminister Edward Grey Ende 1913, sollten wir davon haben, wenn Österreich „in Stücke fällt"?[4]

Selbst oppositionelle Kräfte in Wien dachten nicht anders. Schon während des Kronjubiläums von Franz Joseph betonten die Sozialdemokraten in ihrem Parteiblatt, der „Arbeiter-Zeitung", dass dem Staat eine neue

Aufgabe zukomme: In der räumlichen Ausdehnung beschränkt, eröffneten sich der Monarchie immerhin „unbegrenzte innere Entwicklungsmöglichkeiten".[5]

Zwar hinterfragten viele den imperialen Charakter des Reiches, nicht aber die Gestaltungschancen im Donauraum. Auch das Notverordnungsrecht der cisleithanischen Verfassung vom Jahr 1867 stand kaum für eine oft behauptete Regierungsdiktatur. Schließlich war es stets als Übergangslösung gedacht. Ausnahmebestimmungen mussten letztlich dem Parlament vorgelegt werden. Als Provisorien vor allem im Budgetbereich garantierten sie jedoch in Krisenzeiten eine weitgehend reibungslose Fortführung der Verwaltungstätigkeit.[6]

Währenddessen wurden Kompromisse ausverhandelt. Im Oktober 1907 kam es zu einem neuen Wirtschaftsausgleich mit Transleithanien. Ein Handelsvertrag zwischen den beiden Reichsteilen ersetzte die Zollunion. Die magyarische Aristokratie, der im Gegenzug die Verfassung und damit auch weiterhin das eingeschränkte Wahlrecht garantiert wurde, stimmte bei der „Quote" einer höheren Beitragsleistung zu. Die zweiprozentige Anhebung des ungarischen Anteils war vor allem auch eine Geste, die Hoffnungen auf Stabilität nährte. Selbst Oppositionelle bejubelten die Resultate der Verhandlungen. Ein konsensualer Geist wurde beschworen, ebenso wie die Loyalität gegenüber der Gesamtstaatsidee.[7]

Sondierungsgespräche Budapests mit den Rumänen und den Kroaten führten demgegenüber zu keiner nachhaltigen Verständigung.[8] Die Magyarisierungspolitik in den Ländern der Stephanskrone leitete einen Homogenisierungsprozess ein, der nur bedingt auf repressiven Maßregeln beruhte. Verstädterung, Industrialisierung, aber auch Auswanderung trugen zum Anstieg des ungarischen Bevölkerungsanteils bei. Der Prozentsatz der Nichtmagyaren hingegen stagnierte oder nahm sogar ab. Viele von ihnen waren außerdem in der Lage, sich auf Ungarisch zu verständigen.[9]

Derartige Verhältnisse deuteten nicht wenige Beobachter als gutes Vorzeichen für die weitere Entwicklung in der östlichen Reichshälfte. In jedem Fall unterschieden sie sich auffallend von der Situation in Cisleithanien. Hier führte das geheime Männerwahlrecht von 1907 zu einer noch stärkeren Ausdifferenzierung nach nationalen Gesichtspunkten.[10] Anders als bei den heftigen Kontroversen in den vorangegangenen Jahren standen die Zeichen öfters auf Verständigung.[11]

Reformideen und Kompromissbereitschaft

Gerade im österreichischen Teil war die komplexe Polit- und Verfassungsstruktur des Reiches keineswegs erstarrt. Als Beispiel galt der „Mährische Ausgleich". Er beendete 1905 zumindest den direkten Nationalitätenwettstreit im Kronland. Von nun an gab es im dortigen Landtag drei separate Kammern für den Adel, die Deutschen und die Tschechen.[12] An Kritikern fehlte es freilich nicht: Die Bevölkerung schien ihnen nun endgültig nach ethnischen Gesichtspunkten getrennt – die „Segregation" empfanden sie als statische Lösung. Trotzdem urteilten etliche Beobachter milder. Mähren bot sich ihnen zufolge als vielversprechendes Modell an – auch für Böhmen, wo die betreffenden Verhandlungen allerdings 1910 abgebrochen wurden.[13]

Andere Reformvorschläge nahmen indes Abschied von den bisherigen Kronländergrenzen. Eine trialistische Konzeption sah einen eigenen südslawischen Teil der Monarchie vor. Der ungarischen Führung war diese Idee allerdings ebenso ein Dorn im Auge wie die föderalistischen Pläne der „Vereinigten Staaten von Großösterreich". Sie ließen von der bestehenden räumlichen Gliederung wenig übrig. Unter anderem Böhmen, Mähren, Galizien und die Länder der Stephanskrone hätten zu bestehen aufgehört.[14] Das angedachte „Großösterreich" sollte – noch ohne Bosnien-Herzegowina – folgende Gliederung aufweisen: Deutschösterreich, Deutschböhmen, Deutschmähren und Schlesien, Tschechisch-Böhmen und Mähren, Ungarn, Siebenbürgen, Kroatien, Polnisch-Westgalizien, Ruthenisch-Ostgalizien, Slowakei, Krain, Ungarisch-Südslawien beziehungsweise die Wojwodina, das Szeklerland, das Trentino und Triest.[15]

Wiens Bürgermeister Karl Lueger konnte sich damit ebenso anfreunden wie Thronfolger Franz Ferdinand. Er sah Lueger bereits als Kanzler des Zukunftsstaates. Franz Ferdinand und Lueger lenkten solcherart den Hass der magyarischen Eliten auf sich, sie wurden zu Schlüsselfiguren in der Auseinandersetzung mit Ungarn.[16]

Um drohende Reibereien zu vermeiden, schien die Trennung des Landesterritoriums von der persönlichen, nationalen und kulturellen Identität zielführender. Der Christlichsoziale Ignaz Seipel und der Sozialdemokrat Karl Renner plädierten für die Mährische Lösung. Was für die Beziehungen zwischen den Konfessionen zutreffe, gelte auch für die nationale Zugehörigkeit des Einzelnen, erklärte Renner. Es komme also darauf an, so sein Credo, „die Nationen nicht als Gebietskörperschaften, sondern als Personalverbände zu konstituieren".[17] Unter anderem für Sprache, Schule, Theater, Universitäten seien die ethnischen Gruppen zuständig. Der Staat hingegen repräsentiere alle Völker nach innen und außen in Form des Militärs, der Justiz, der Polizei, der Finanzen und der Herstellung rechtlicher Rahmenbedingungen für ein geschlossenes Wirtschaftsgebiet.[18] Renner erträumte eine „demokratische Schweiz im Großen" – mit monarchischer Spitze.

Diese Eidgenossenschaft der Völker sollte zulassen, was um 1910 innerhalb der cisleithanischen Arbeiterbewegung Wirklichkeit wurde: eine Aufsplitterung nach nationalen Gesichtspunkten. Angesichts vorherrschender Föderations- oder Autonomiepläne, aber auch aufgrund der weiteren nationalen Ausgleichsbemühungen in den Kronländern, durfte diese Entwicklung keinesfalls als Votum für die Auflösung des Gesamtstaates angesehen werden. Im Gegenteil – gerade Renner, und mit ihm viele Mitglieder der aufstrebenden Sozialdemokratie, wurden Träger der Reichsidee.[19]

Zu ihrer Verbreitung und Festigung plädierten im Übrigen die Repräsentanten der Arbeiterbewegung besonders nachdrücklich für die Beteiligung der Unterschichten an der politischen Willensbildung. Die darauffolgende Demokratisierung in der westlichen Reichshälfte löste nicht die „völkischen" Rivalitäten, vertiefte sie aber auch nicht. Im Wiener Parlament wurden die Kräfteverhältnisse und damit der jeweilige „nationale Besitzstand" im Wesentlichen bestätigt. Was sich änderte, war das Meinungsspektrum. Neue weltanschauliche Lager mit größerer Wählerbasis traten in Erscheinung. Die Ausdifferenzierung des Parteienwesens erfolgte seit der Jahrhundertwende vor allem innerhalb der ethnischen Gruppen.[20]

Unterdessen gelangen weitere Kompromisse auf lokaler Ebene. Seit dem Mai 1910 beruhte der Landtag in der Bukowina auf einem neuen System mit sechs Kurien. Vier davon – für die Ukrainer, die Rumänen, die „Armeno-Polen" und die Deutschsprachigen – waren national zusammengesetzt.[21]

Während zeitgleich die meisten Südslawen bei der Monarchie verbleiben und sich innerhalb der bestehenden Ordnung für ihre Anliegen einsetzen wollten, trat ein, was kaum jemand für möglich gehalten hatte: Die zuletzt immer gewaltsameren Konflikte in Galizien wurden entschärft. Polen und Ukrainer gingen zum Jahreswechsel 1913/14 aufeinander zu. Im Lemberger Landtag legte man die Mandate nach „nationalen Proportionen" fest, die zentrale Forderung nach einer ruthenischen Universität fand gleichfalls Berücksichtigung. Führende Wiener Blätter hoben die Bedeutung der Ereignisse hervor. Die „Neue Freie Presse" betonte die Bereitschaft der Verhandlungsparteien, Zugeständnisse zu machen. Die dominierenden Völker des größten Kronlandes hätten ihren Willen bekundet, „in Österreich leben zu wollen" und den gemeinsamen „erhaltenden Interessen" den Vorzug zu geben.[22]

Die Druckerschwärze war noch kaum trocken, als in einem medial weitverbreiteten Hochgefühl die nächste Verständigung bekannt gegeben wurde: die Übereinkunft zwischen den tschechisch- und deutschsprachigen Bewohnern von Budweis. Das „Prager Abendblatt" vom 27. Februar 1914 zeigte sich davon überzeugt, dass es bei diesem lokalen Ereignis nicht bleiben werde. Hinweise auf „feste Garantien für ein gesundes Staatsleben" in der ganzen Monarchie gab es demzufolge auch anderswo. Trotz der verfahrenen Lage in Prag und Wien hoffte man auf die Gemeinden, etwa im mährischen Olmütz.[23] Tschechische Parlamentarier äußerten sich entsprechend und legten Entgegenkommen an den Tag.[24] Für den Sozialdemokraten Antonín Němec gab es keinen Beweis von Illoyalität oder Mangel an Patriotismus unter seinen Landsleuten.[25] Václav Jaroslav Klofáč aus einem anderen politischen Lager, dem „nationalsozialen Klub", stieß in das gleiche Horn. Er würdigte den Sinn des Staaten- und Nationalitätenbundes in Zentraleuropa. Ein Panslawismus, der sich „gegen ihn stellt, existiert bei uns überhaupt nicht", verkündete Klofáč.[26]

Seine Warnung, nicht gegen die große Zahl der Slawen zu regieren und damit eine Gefahr für die Monarchie heraufzubeschwören[27], änderte an der Richtigkeit der Einschätzungen nichts. Selbst der Annexion von Bosnien-Herzegowina durch das Habsburgerreich stimmten etwa Tschechen und Polen im Wiener Reichsrat mehrheitlich zu. Liberale, Konservative und Rechte im Zarenimperium vermochten zunächst kaum glauben, dass ihre „österreichischen Stammesbrüder“ immer noch zur habsburgischen „Flickenmonarchie“ hielten.[28]

Die Situation war – wie so oft in diesen Tagen – von Widersprüchen gekennzeichnet. Rivalitäten zwischen Deutschen und Tschechen in Böhmen erreichten exakt zu jenem Zeitpunkt ihren Zenit, als sich deren politische Führer in der Annexionsfrage erneut um die schwarzgelbe Fahne versammelten und gemeinsame Interessen vertraten. Der Nationalitätenstreit im Donauraum durfte offensichtlich nicht ohne Weiteres – wie von Teilen der russischen Slawophilen etwa erhofft – als Zeichen einer Desintegration Österreich-Ungarns verstanden werden.

Wirtschaftstrends im internationalen Vergleich

Maßgebliche Kräfte hatten indes die Vorteile größerer Wirtschaftsräume vor Augen. Vor allem Transleithanien profitierte davon. Nach Österreich exportierten die Länder der Stephanskrone zunächst hauptsächlich agrarische Erzeugnisse, der entsprechende Anteil am Handel mit dem westlichen Reichsteil belief sich beispielsweise in den 1840er Jahren auf rund 90 Prozent. In den Jahren 1909 bis 1913 machten hingegen die Industriegüter bereits 44 Prozent aus. Die ungarische Industrieproduktion stieg beträchtlich und mit ihr die Steuereinnahmen. Generell gehörte das Habsburgerreich zu den sich am schnellsten entwickelnden Nationalökonomien Europas.[29] Vor 1870 war das Bruttoinlandsprodukt beträchtlich hinter dem europäischen Durchschnitt geblieben, danach lag die Steigerungsrate in Cisleithanien nur knapp hinter Deutschland. Ungarn hatte sogar noch bessere Werte aufzubieten. Zwischen 1867 und 1913 vervierfachte sich das Nationaleinkommen. Der jährliche Zuwachs betrug durchschnittlich 3,2 Prozent. Die industrielle Produktion legte durchschnittlich pro Jahr um 6 Prozent zu, eine Dynamik, die am ganzen Kontinent kaum vorzufinden war.[30]

Beim Außenhandel wurden Divergenzen ersichtlich. Trotz offenkundiger Modernisierungsschübe dominierte bei den Magyaren nach wie vor die Landwirtschaft. Ihnen ging es in Verträgen mit Deutschland daher primär um den Agrarexport. Eine Herabsetzung der Zölle wurde anvisiert, von der auch Berlin profitierte. Deutschen Industriegütern sollte ein leichterer Zugang zum Markt in der Donaumonarchie eröffnet werden. Cisleithanien und das k.u.k. Außenministerium traten postwendend zum Schutz der eigenen Unternehmen an. Wien und Budapest strebten erneut in unterschiedliche Richtungen. Die Angelegenheit hatte hohe Priorität: Das Hohenzollernreich war für die Donaumonarchie bei Weitem der wichtigste Handelspartner, „56 Prozent der Importe nahm es von dort auf und 62 Prozent seiner Exporte gingen dorthin".[31]

Warenaustausch, deutsche Direktinvestitionen und die schließlich zwischen Wien und Berlin vereinbarten Zollsenkungen bewiesen die wirtschaftliche Anhänglichkeit des Habsburgerstaates am starken Nachbarn im Norden. Internationale Beobachter, die sich eine größere Unabhängigkeit der Donaumonarchie erhofften, sorgten sich um die eigenständige Position Österreich-Ungarns in Europa. Grundsätzlich litt das Image „Kakaniens" daran, keineswegs ein „Global Player" zu sein. Das Reich der Habsburger hatte 1895 einen Anteil am Welthandel von 3,7 Prozent. Die Daten stagnierten seit zehn Jahren. Im selben Zeitraum rückte Deutschland von 10,3 auf 11,1 Prozent vor. Und auch Russland vermochte sich leicht zu verbessern. Dass Großbritannien und Frankreich knapp 2 Prozent verloren, konnte Wien kaum erfreuen. Mit 17,8 und 8,6 Prozent lagen sie weit außerhalb der Reichweite der k.u.k. Monarchie. Deren Modernisierung blieb im Vergleich ebenfalls bescheiden. An der europäischen Industrieproduktion war sie um 1900 mit 9,2 Prozent beteiligt. Frankreich und Großbritannien verloren zwar auch hier an Boden, hatten aber mit 16,7 und 24,6 Prozent die Nase vorne, etwa gegenüber Russland mit 10,6 Prozent. Aufstrebend wiederum präsentierte sich das Reich Wilhelms II., das mit 19,6 Prozent vor der rivalisierenden Grande Nation lag. In der Schifffahrtsentwicklung hinkte der k.u.k. Staat indes besonders deutlich nach, glich diese Defizite aber bei der Dichte des Schienennetzes wieder aus. Selbst das hochindustrialisierte Belgien hatte hier im Vergleich zu Österreich-Ungarn das Nachsehen.[32]

Derartige Überblicksdarstellungen ließen regionale Unterschiede jedoch größtenteils außer Acht. Tatsächlich ist es wichtig festzuhalten, dass sich die Entwicklungen in den einzelnen Kronländern und Regionen der Monarchie beträchtlich voneinander unterschieden. Vergleichsstudien zu den Beschäftigten in der Industrie und im Gewerbe belegen beispielsweise, dass allein innerhalb der westlichen Reichshälfte manche Regionen an die deutschen Verhältnisse herankamen, während andere weit(er) zurücklagen.[33]

Alles in allem ließ sich aus ökonomischer Perspektive kein großer „Sprung nach vorne" erkennen. Der industrialisierte Agrarstaat der Habsburger erlebte einen langsamen, aber relativ stetigen Aufwärtstrend, vermochte sich aber mit den Wirtschaftsgroßmächten kaum zu messen.[34]

Grenzen der Sozialpolitik

Zwiespältig fielen auch die Ergebnisse der Sozialpolitik aus. Wie kurz zuvor im Deutschen Kaiserreich kam es in Cisleithanien 1887 und 1888 zur gesetzlichen Verankerung der Kranken- und Unfallversicherung. Andere Neuerungen traten hinzu: Gewerbeinspektion, Gesundheitsschutz, Arbeitszeitbeschränkung. In den 1890er Jahren wurden Gewerbegerichte auf eine breitere Basis gestellt. Ein „Arbeitsstatistisches Amt" im Handelsministerium samt Arbeitsbeirat sollte unter Kontrolle der Behörden Kompromisse zwischen Unternehmern und Beschäftigten erleichtern.[35]

Parallel dazu entstanden bürgerlich-liberale, sozialpolitisch interessierte Aktionsgruppen, die die Chance zu parteiübergreifenden Kooperationen boten. Vor allem aber avancierte die Sozialdemokratie zu einem ernstzunehmenden Einflussfaktor, ebenso wie katholische Initiativen und insbesondere christlichsoziale Gruppierungen im Sog päpstlicher Enzykliken. Die neuen Massenbewegungen thematisierten vorhandene Defizite: Zahlreiche Regelungen waren uneinheitlich und brachten neue Ungerechtigkeiten mit sich, etwa im Fall der benachteiligten unehelichen Kinder und unverheirateten Paare. Das war in Anbetracht der vielen Ledigen und illegitimen Nachkommen ein ebenso großes Defizit wie das Fehlen einer Alters- und Invaliditätsversicherung.[36]

Das soziale Netz blieb höchst dürftig. Von den vier Standardrisiken – Unfall, Krankheit, Alter und Arbeitslosigkeit – waren nur zwei einigermaßen abgefedert. Unzählige Erwerbstätige fanden kaum oder gar keine Berücksichtigung. Umfassende Programme zur beträchtlichen Erweiterung der Leistungen speziell für Unselbstständige und Selbstständige aus Landwirtschaft und Gewerbe standen zur Debatte. Entsprechende Gesetzesregelungen waren beschlussreif, als der Erste Weltkrieg ausbrach. Damit änderte sich die Lage grundlegend. Schon 1912 hatte das Parlament das Kriegsleistungsgesetz verabschiedet. Ab 1914 kam es zur Anwendung. Auf die Belegschaften etlicher Betriebe wartete der Arbeitszwang für Männer und die Disziplinierung durch das Militär.[37]

Bis dahin dominierten die Alltagssorgen der Friedenszeit: Den Lohnanstieg neutralisierte die Inflation, während sich zugleich das Heer der Arbeitslosen vergrößerte. Sozialdemokratie und Gewerkschaften protestierten gegen die mangelnde Unterstützung durch Staat und Gemeinden.[38] Engagement zeigten vermehrt auch Frauen. Sie verlangten eine Beteiligung an den Wahlen und begannen, sich innerhalb der entstehenden Parteienlandschaft zu organisieren. Für die Arbeiterbewegung wurde insbesondere Adelheid Popp aktiv. Sie prangerte unter anderem die langen Arbeitszeiten, Hungerlöhne, die mangelhaften Schutzvorrichtungen in den Betrieben und die geringfügigen Strafen für Gesetzesübertretungen der Unternehmer an. Wie andere Aktivistinnen und Aktivisten musste sie bei solchen Auftritten mit einem Redeverbot seitens der anwesenden Polizeikommissäre rechnen. In den Betrieben waren die Kritiker außerdem von Kündigung bedroht.[39]

Trotzdem fanden sie genug Zuspruch. Die Zuhörer verbanden oft ähnliche Schicksale. Unzählige kamen aus Gegenden mit bescheidenen Zukunftschancen. Ohne angemessene Schulbildung wurden sie früh „in den Dienst gegeben". Später warteten für gewöhnlich der permanente Existenzkampf, miserable Wohnverhältnisse und schlecht bezahlte Gelegenheitsarbeiten.[40] Eine Flucht aus dem Elend erwies sich meist als aussichtslos. Für die junge Adelheid Popp endete sie in Krankheit und dem Aufenthalt in einem Armenhaus. Die drohende Abschiebung in die Heimatgemeinde vor Augen erlebte sie schließlich haarsträubende Missstände in den Fabriken. Die Sozialdemokratie wurde ihre Rettung. In den Presseorganen der Partei fing sie an, ihre Erfahrungen publik zu machen.[41]

Ihren Schilderungen konnte auch Marie Toth nur beipflichten. Als Kind musste sie mit ansehen, wie ihr Vater in einem Ziegelwerk zugrunde ging und ihre Mutter kaum mehr fähig war, sie und ihre Geschwister zu ernähren. Später ließ sie keine Zweifel aufkommen, dass es die Arbeits- und Lebensbedingungen waren, die so vielen das Leben kosteten. „Die Schwächeren überlebten selten", schloss sie ihren ernüchternden Rückblick.[42]

Überlebensstrategien

Wenig Positives kam auch Berta Dörrer aus dem oberösterreichischen St. Georgen an der Gusen über die Lippen. Ihre Eltern starben bald. Sie musste in die Fremde, fühlte sich unerwünscht, hatte harte landwirtschaftliche Arbeit zu verrichten und oft mit Schikanen zu kämpfen. Dennoch blickte sie später gelassen auf die Vergangenheit zurück. „Es gab auch sehr schöne Stunden früher", schrieb sie: „Wenn wir abends nicht zu müde waren, setzten wir uns nach getaner Arbeit vor dem Haus auf die Bank."[43] Kritischer sah es Josef Ješátko, ein Eisenbahnerkind aus der Gegend von Königgrätz. Aber trotz der Mühsal und der Entbehrungen kamen auch ihm schöne Augenblicke in den Sinn, „in denen wir", wie er schrieb, „Schönheit empfanden, zumindest für eine Weile".[44] František Kohout aus dem westböhmischen Dorf Pocinovice verlor früh zwei seiner Brüder durch Tuberkulose, von klein auf war er zur Feldarbeit gezwungen. Der Lebenswille, die Wahrnehmungen und Interessen in der Kindheit relativierten das negative Urteil: Seine ersten Jahre waren „voller Gesang", konstatierte er.[45]

DER BETAGTE FRANZ JOSEPH SYMBOLISIERT DIE BESTÄNDIGKEIT DES REICHES. FÜR KAISER, GOTT UND VATERLAND: DER ÖSTERREICH-PATRIOTISMUS IST VERKNÜPFT MIT DEM ZUR VATERFIGUR ÜBERHÖHTEN LANGZEITMONARCHEN.

Sicherlich mangelte es nicht an Nostalgie, als die Menschen über ihre Jugend sprachen. Vor allem die Erinnerungen an die Natur und das Landleben mochten geschönt sein. Dennoch reflektieren die Erlebnisberichte auch eingeübte Erwartungshaltungen und Verhaltensweisen aus der Zeit vor 1914. Viele, heißt es häufig, gaben sich damals mit wenig zufrieden. Man war duldsam und „kannte es nicht anders“, betonten vor allem jene, die sich zu den sogenannten „einfachen Leuten“ zählten. Niemals hätten sie sich über ihr Schicksal beklagt, beteuerten gerade Angehörige der ländlichen Unterschicht.[46] Eine Bauernmagd drückte es so aus: „Man muß sein Kreuz geduldig tragen, wie es unser Herr getragen hat, und zufrieden sein. Dann erspart man sich viele schwere Stunden, und ein jedes Unglück geht schneller vorbei.“[47]

Die Religion spielte bei den Zeitzeugen, die Erlebtes zu Papier brachten, eine große Rolle. Seltener ging es dabei um einen Ausdruck tiefer Frömmigkeit. Vielmehr gliederte sich das Leben nach den christlichen Festtagen.[48] Sie waren Fixpunkte im Jahreszyklus, ebenso wie die Sonn- und Bauernfeiertage, die streng eingehalten wurden.[49] Eine Gesellschaft, die an Traditionen und Regulative gebunden war, verwehrte sich lange gegen Neuerungen und Einflüsse von außen. Auch die Repräsentanten des „völkischen Geistes“ sahen sich mit beträchtlichen Widerständen in verschiedene Regionen und sozialen Schichten konfrontiert. Für die Mehrheit stellte sich die Frage, was an die Stelle des Althergebrachten treten solle. Viele Gelehrte der Jahrhundertwende sorgten sich um die Konsequenzen der Säkularisierung und den Verlust bisheriger Überzeugungen und Bindungen. Politische, ethnische und konfessionelle Zugehörigkeiten, berufliche, soziale und lokale Identitäten, aber auch ein auf das gesamte Reich bezogener Patriotismus existierten nebeneinander oder in Konkurrenz miteinander. Eine große Zahl von Veteranenverbänden hielt unverändert zum Habsburgerstaat. In bestimmten Gebieten forderten die ehemaligen „Knechte des Kaisers“ als Vertretungen der unteren Mittelklasse, der Bauern und Arbeiter bestehende liberale Honoratiorenverbände ebenso heraus wie nationalistische Kräfte. In Teilen Tirols und im adriatischen Küstengebiet taten sie sich wiederum mit sozialkatholischen Parteien zusammen und unterliefen auf diese Weise die dortige liberal-italienische Hegemonie.[50]

Der fortgesetzte Streit

So sehr die ehemaligen Soldaten ihre Loyalität gegenüber dem Herrscherhaus und der Monarchie auch bekundeten: Letztlich ging es um Eigenheiten und Partikularinteressen in den einzelnen Orten, Regionen und Reichsteilen. Davon berichtete auch Graf Imre Csáky von Körösszeg und Adorján. Der k.u.k. Diplomat, der nach dem Ende der Donaumonarchie ungarischer Außenminister wurde, stammte aus einem der ältesten Magnatengeschlechter, fand für deren Haltung aber zunehmend kritische Worte. Dass sie an Fiume, dem einzigen Seehafen in den Ländern der Stephanskrone, vorwiegend aus Prestigegründen festhielten, sorgte bei Csáky zumindest in der Retrospektive für Kopfschütteln. Wirtschaftlich betrachtet wäre die Benützung des Hafens von Triest für den ungarischen Export zweckmäßiger gewesen. Da er aber in Cisleithanien lag, wählte man die kompliziertere Variante. Über die schwer zu überwindenden Karsthöhen verband ein Schienenstrang Fiume mit Ungarn. Der Warentransport wurde wesentlich kostspieliger. Um Eigenständigkeit gegenüber Österreich bemüht, hielt Budapest am Kurs fest und stützte sich dabei auf die tonangebenden Italiener in der Region. Die ortsansässigen Kroaten opponierten dagegen, bestärkt von der Landeshauptstadt Agram, dem heutigen Zagreb. Man sah sich zu Kompromissen genötigt und reizte damit die italienische Oberschicht. Csáky rückblickend: „Die ungarische Staatsverwaltung hatte [...] einen steten Eiertanz zwischen den beiden sich befehdenden Parteien zu führen."[51]

Baron Gyula von Szilassy, ein Kollege Imre Czákys im diplomatischen Dienst, ging mit der Budapester Regierung noch härter ins Gericht. Ganz allgemein brandmarkte er den Ausgleich von 1867 als „Verderben" seines Landes. Für das Habsburgerreich bedeutete die „Anomalie des Dualismus" nichts anderes als die „Beherrschung verschiedener Rassen durch zwei Rassen", die deutsche und die magyarische. An den Verhältnissen in Transleithanien ließ Szilassy kein gutes Haar. Statt sich zu bemühen, die anderen Nationalitäten zu gewinnen, behandelte man die „fremdsprachigen Mitbürger als politisch nicht ebenbürtig" oder versuchte, sie zu „Magyaren zu machen", lautete sein Befund.[52]

Der Gegenentwurf, die Entwicklung in der westlichen Reichshälfte der Monarchie, konnte ebenfalls nicht restlos überzeugen. Die Erweiterung des cisleithanischen Wahlrechtes auf wachsende Bevölkerungsgruppen und die Anerkennung verschiedener ethnischer Gruppierungen brachten nicht unbedingt eine dauerhafte Verbesserung des innenpolitischen Klimas mit sich. Das fallweise Miteinander der Nationalitäten verwandelte sich oft in ein Neben- und schließlich in ein Gegeneinander. „Völkische" Leidenschaften, teils mit antijüdischen Vorurteilen verflochten, belasteten das Zusammenleben. Die Erregung legte sich zwar immer wieder, und manche Nationalitäten entwickelten eine Art Doppelloyalität, sowohl gegenüber dem Reich und der Dynastie einerseits als auch der eigenen Sprach- und Kulturgemeinschaft andererseits. In zahlreichen Fällen gewannen jedoch die Ressentiments Oberwasser. Die erstarkende Bewegung der Christlichsozialen war dafür ein nachdenklich stimmendes Beispiel. Häufig wurde sie als Reichspartei und damit als Kraft des Zusammenhaltes in der Donaumonarchie wahrgenommen. Realiter verbreitete sich in ihren Reihen jedoch neben dem Antisemitismus eine wachsende Feindseligkeit gegenüber den Slawen und Magyaren.[53]

Im Gegenzug erlebten auch die böhmischen Dörfer den Anstieg des tschechischen Nationalbewusstseins. Unter anderem in der Verehrung der Hussiten manifestierte sich die geistige Wandlung. Vertreter der katholischen Kirche gerieten in die Defensive.[54] Der Verständigungswille auf der Ebene der Gemeinden und Kronländer hatte seine Grenzen. Wohl verkündete das „Pilsner Tagblatt" vom 20. Februar 1914 beinahe frohlockend den „Ausgleich auf allen Linien". Als Beleg dafür dienten dem Blatt die Absprachen zwischen Polen und Ruthenen in Galizien, die Konzessionsbereitschaft und das Ende der slowenischen Obstruktion im steirischen Landtag, die Aufhebung des Ausnahmezustandes in Kroatien und die Gespräche der Budapester Regierung mit den ethnischen Minderheiten. Allerdings, hieß es warnend, seien die Interessen der deutschsprachigen Bevölkerung oft missachtet worden. Diese sehe daher den Ausgleichsverhandlungen in Böhmen mit großer Sorge entgegen.[55]

Tatsächlich hatte sich die Lage dort wieder zugespitzt. Selbst gemäßigte, kosmopolitische Gruppen wie die Prager Juden oder die adeligen Grundbesitzer reagierten zurückhaltend. Zwischen den rivalisierenden Nationalitäten blieb wenig Platz für sie. Die Hauptstreitparteien – Tschechen und Deutschsprachige – schädigten indes den Staatsmechanismus fundamental. Der Landtag war arbeitsunfähig, weder Steuern noch Anleihen konnten ausgeschrieben werden. K.k. Ministerpräsident Karl Graf Stürgkh löste schließlich am 26. Juli 1913 den Landesausschuss auf. Es war der Tag der Heiligen Anna. Die Einsetzung einer Verwaltungskommission, die im Verordnungswege Umstrittenes regelte, machte das sogenannte „Annenpatent“ in den Augen der politischen Mandatare zu einem Staatsstreich oder „kalten Putsch“. Für viele Tschechen wurden die Rechte des Königreichs Böhmen mit Füßen getreten. Und nicht wenige Deutsche sahen sich um die Bühne einer wichtigen Repräsentativkörperschaft und um ihre Obstruktionsmöglichkeiten gebracht.[56]

Eine Welle der Unzufriedenheit erreichte schließlich auch Wien. Anfang 1914 vollzogen tschechische Parteien den „nationalen Schulterschluss“ und wandten sich vom Kabinett Stürgkh ab. Der Premier reagierte, wie viele geschwächte Staatsführungen Cisleithaniens davor, mit dem Notverordnungsparagraphen 14. Am 16. März 1914 vertagte Stürgkh das Abgeordnetenhaus.[57]

Erneut suchte man Zuflucht bei Provisorien, nachdem sich keine Mehrheiten hatten finden lassen und die Beseitigung zentraler Probleme in weite Ferne gerückt war. Führende Politiker wie der Slowene Anton Korošec rieten unter solchen Umständen zu einer föderativen Neuordnung der Monarchie. Nur der Zusammenschluss aller Südslawen in einem eigenen Reichsteil „zwischen der Adria, dem ungarischen Staatsgebilde und dem Königreich Serbien“ könne dem Imperium Ruhe verschaffen, erklärte Korošec. Die Wirkung seines Vorschlags war ihm bewusst: Das Ende des Dualismus zugunsten einer „trialistischen“ Lösung stellte einen offenen Angriff auf die „Gelüste der magyarischen Liebkinder“ dar.[58]

Auf solche Ideen antwortete Budapest meist mit Missachtung oder brüsker Zurückweisung. Leicht taten sich damit aber die Entscheidungsträger in Wien nicht. Die Festlegung der Grenzen eines etwaigen „südslawischen Staatskörpers" galt ebenso als Herausforderung wie die Abwehr serbischer Gebietsansprüche gegenüber der Donaumonarchie. Prinzipiell stellte sich die Frage, wie Minderheitenrechte in multiethnischen Regionen und umgeben von rivalisierenden Staaten geschützt werden konnten.

Internationale Spannungen waren zu erwarten, die Diplomaten traten in Erscheinung. Nach der Annexionskrise hatte sich k.u.k. Außenminister Aloys Lexa Freiherr von Aehrenthal um eine Verständigung mit dem Romanowimperium bemüht. Die mögliche Annäherung zwischen Wien und Sankt Petersburg war zentraler Gesprächsstoff in den Gesandtschaften und Regierungskanzleien. Selbst nach dem Tod Aehrenthals, der an Leukämie erkrankt war, setzten sich die Westmächte weiter mit der Angelegenheit auseinander. Die französische Botschaft in Wien, die einer österreichisch-russischen Allianz schon 1910 kaum Chancen gegeben hatte, zitierte im September 1913 Stimmen aus dem Romanowimperium, die für eine Entente mit dem Habsburgerreich keine Basis sahen.[59] Pessimistisch zeigten sich einige Monate später auch die britischen Repräsentanten in der Donaumonarchie. Aus der k.k. Haupt- und Residenzstadt erhielt London Berichte über permanente Vorfälle an der galizischen Grenze und weitverbreitete antirussische Ressentiments in Österreich. Diese interpretierte Großbritanniens Außenminister Edward Grey unter anderem als Gegenreaktion auf die vom Zarenreich aus betriebene „russophile" Propaganda unter den Ukrainern der Donaumonarchie. Ein weiterer Einflussfaktor waren für Grey die von Frankreich stimulierten Kriegsvorbereitungen Sankt Petersburgs. Sie dienten wiederum den k.u.k. Militärs als Argument für eigene Rüstungsprogramme.[60]

Derartige Nachrichten vermittelten eine weitverbreitete Krisenstimmung. Sie entstand nicht zuletzt 1912/13 durch den Verlauf der bewaffneten Konflikte auf dem Balkan. Serbisch-montenegrinische Gebietsansprüche riefen dabei auch die Habsburgermonarchie auf den Plan. In Bosnien-Herzegowina und Dalmatien wurden k.u.k. Truppen auf Kriegsstärke gebracht, eine Expansion der Nachbarländer bis hin zur adriatischen Küste schien möglich. Offizielle Repräsentanten Russlands wiegten die Belgrader Regierung im Glauben, sie werde bei ihrem Vorgehen Rückendeckung durch das Romanowimperium erhalten. Zwar wollte Sankt Petersburg von einem Waffengang der Großmächte in der Folge ebenso wenig wissen wie die Entscheidungsträger in Paris und London. Von einer Beruhigung der Lage konnte aber trotzdem nicht die Rede sein. Während in Wien vor allem Stabschef Franz Conrad von Hötzendorf für einen Militärschlag plädierte, verursachten österreichische Bemühungen zur Gründung eines unabhängigen Albanien weitere Spannungen. Der neu zu bildende Staat umfasste Territorien, die serbisch-montenegrinische Verbände besetzt hielten. Die Monarchie forderte deren Abzug und drohte ultimativ mit Gewalt.[61]

Einmal mehr belastete das Säbelrasseln die lädierten russisch-österreichischen Beziehungen. Die Häufung von Zwischenfällen in Galizien korrespondierte mit der Eskalation der südosteuropäischen Konflikte. Dass der Druck der Wiener Regierung schließlich Belgrad zum Einlenken veranlasste, führte zu keiner dauerhaften friedlichen Lösung. Das Zarenreich setzte seine Glaubwürdigkeit gegenüber Serbien im Fall eines weiteren Einlenkens aufs Spiel.[62]

DIE DONAUMONARCHIE FÜRCHTET UM IHR PRESTIGE. DIPLOMATEN UND MILITÄRS TENDIEREN MEHR UND MEHR DAZU, EINEN BEDROHTEN GROSSMACHTSTATUS AUF DEM „FELD DER EHRE“ ZU VERTEIDIGEN.

Lose Allianzen verwandelten sich in Schicksalsgemeinschaften. Berlin und Wien sahen nach den Geschehnissen der Jahre 1912 und 1913 kaum noch Alternativen zu ihrer Allianz. Die Westmächte ihrerseits achteten ebenfalls darauf, keinen Bündnispartner zu vergraulen. In den Generalstäben reifte zeitgleich die Überzeugung, „ehebaldigst den Degen ziehen zu müssen“, bevor die zukünftigen Kontrahenten überlegene Kräfte aufbieten konnten.[63]

Die mentale Aufrüstung innerhalb der europäischen Eliten hatte Konsequenzen. Minister und Generäle erwarteten ein „großes Kräftemessen“. Präventivschlagkonzepte und die Hoffnung auf einen schnellen Sieg beherrschten das strategische Denken. Der Bedarf an Informationen über alle militärischen und außenpolitischen Entwicklungen auf der Seite der vermeintlichen Gegner wurde größer. Die Spionageabwehr hatte alle Hände voll zu tun. Immer mehr „Verräter“ und „feindliche Agenten“ schienen sich in die eigenen Reihen einzuschleichen.[64] Der Redl-Skandal stellte den Höhepunkt einer Welle von Untersuchungen und Enthüllungen dar, die zugleich auf bestimmte Konfliktzonen und Krisenregionen hinwiesen. Wie wenig vertrauenswürdig etwa das Verhältnis zwischen den Bündnispartnern Wien und Rom war, zeigten Schreiben des k.k. Ackerbauministeriums und der k.u.k. Korpskommanden aus den Jahren 1911 bis 1913. In ihnen war von einem verschärften „Melderecht im Kronland Krain“ und von der „rigorosen Wahrung der Sicherheitsinteressen“ in Kärnten die Rede. „Forst- und Domänendirektionen“ des Grenzgebietes zu Italien erhielten die Anweisung, nur „politisch zuverlässige Personen“ anzustellen.[65] Noch alarmierender klang, was die britische Botschaft in Wien während des Frühjahrs 1914 notierte: Galizien sei von Spionen des Zarenreiches „verseucht“; die von der ungarischen Regierung durchgeführten Hochverratsprozesse müssten als kontraproduktiv eingestuft werden, vertieften die Kluft zwischen Österreich und Russland und dienten den wirklich „russophilen" Kräften lediglich als Propagandabühne. Dennoch trete in absehbarer Zeit ein ähnliches Tribunal in Lemberg zusammen, ergänzten die Repräsentanten des Empires.[66]

In London war man mit gutem Grund skeptisch. Schon vor einigen Jahren hatte sich die Donaumonarchie mit Gerichtsverfahren eher geschadet. Die Urteile eines in Agram abgehaltenen Hochverratsprozesses gegen „serbisch-kroatische Koalitionäre" waren wegen Mangels an Beweisen aufgehoben worden. Die Causa hatte eine schwere Rufschädigung für das Habsburgerreich zur Folge.[67]

Vom Prestigeverlust der k.u.k. Monarchie war immer öfter die Rede. Das Gefühl, Stärke zeigen zu müssen, verbreitete sich in den Wiener Regierungskanzleien. Parlamentarier befassten sich mit dem Ausbau der Flotte, die Admiralität sah sich in der Sache durch ungarische Unterstützungserklärungen gestärkt.[68] Der tschechische Sozialdemokrat Antonín Němec wendete allerdings ein: „Wir haben keine Kolonien, wir haben keinen nennenswerten Außenhandel; unser Außenhandel nach der Levante macht nicht einmal so viel aus, wie ein Kriegsschiff kostet. Was sollen unsere Kriegsschiffe nützen, wenn wir von allen Märkten, die wir früher beherrscht haben, verdrängt werden?"[69] Němec richtete sein Augenmerk auf eine ökonomische Gesundung des Reiches. Und sein deutschösterreichischer Gesinnungsgenosse Wilhelm Ellenbogen betonte im Sinne der langjährigen Parteilinie erneut die innere Umgestaltung der Monarchie ohne imperiale Attitüden. Daher gelte es auch, einen selbstschädigenden Handelskrieg mit Serbien zu beenden und freundschaftliche Wirtschaftsbeziehungen zu etablieren. Ansonsten müsse man einsehen, „daß die Rolle Österreichs auf dem Balkan ausgespielt ist und daß wir mit verschränkten Armen, ohne uns einzumischen, zuzusehen haben, was sich da unten vollzieht".[70]

Ellenbogens Einschätzung fand jedoch keinen ungeteilten Zuspruch. Anton Korošec etwa erblickte im Trialismus nicht bloß die Chance, das Staatswesen zu retten, sondern sich auch Einfluss auf dem Balkan zu verschaffen.[71] Ganz allgemein fiel auf, dass die streitenden Nationalitätenvertreter mit möglichen innenpolitischen Lösungen Großmachtpläne verknüpften.[72] Rein ökonomische Anliegen verbanden sich mit dem Bedürfnis nach internationalem Ansehen. Trotz bescheidener Ansätze mangelte es dabei nicht an kolonialistischen Begehrlichkeiten. Schulungsfahrten, Entdeckungs- und Abenteuerreisen fanden unter diesem Blickwinkel statt. Ägypten und der Sudan gerieten ins Visier, eine durch Soldaten verstärkte Karawane bahnte sich ihren Weg in bislang unbekannte Regionen des heutigen Ruanda und Burundi. In den 1850er Jahren wollte man – wie schon im späten 18. Jahrhundert – auf den Nikobaren Fuß fassen. Es folgten vergleichbare Expeditionen zu den Salomonen und in die nordwestafrikanische Region Rio de Oro. Kurz vor dem Ersten Weltkrieg setzte man sich in Südostanatolien fest, ebenso wie im chinesischen Tientsin – mit einem Landgewinn von sechs Quadratkilometern. Der später gerne kolportierte Mythos vom freiwilligen Verzicht auf einen österreichischen Kolonialismus und von „Kakaniens" ausschließlich kulturellen Großmachtträumen entsprach nicht der Realität. Es fehlte keineswegs an Plänen und Aktivitäten zur Ausdehnung über Europa hinaus. Die Erfolglosigkeit der Unternehmungen resultierte eher aus dem Mangel an Ressourcen und Entfaltungsbereichen. Die übrigen Großmächte setzten der gewünschten Expansion Grenzen, die

„heimatlichen Industriebürger“ zeigten wenig Interesse am „überseeischen Engagement“.[73]

Nach der Verdrängung aus Italien und Deutschland folgte damit der nächste Dämpfer. Umso entschiedener suchte man nach Kompensationen in der unmittelbaren Nachbarschaft. „Was wollen wir in China?“, fragten Beobachter, die schon das Tientsin-Abenteuer kritisch kommentiert hatten. K.u.k. Finanzminister Benjamin von Kállay, der den Mangel an Kolonialbesitz und einer international konkurrenzfähigen Handelsflotte bedauerte, empfahl, Südosteuropa „möglichst fest an sich zu binden“, jenes Gebiet, das, so Kállay, „schon infolge der geographischen Lage von alters her in erster Linie auf die Industrieerzeugnisse der österreichischen und ungarischen Monarchie angewiesen ist“.[74]

Die Einverleibung Bosniens und der Herzegowina ebenso wie das Interesse an Albanien als adriatische Bastion entsprachen nach wie vor imperialistischen Machtfantasien des k.u.k. Doppelstaates. Zwar erhielt Bosnien-Herzegowina im Landesstatut von 1910 allgemeine Bürgerrechte und einen Landtag, dessen Abgeordnete zum größten Teil durch Wahl bestimmt wurden.[75] Justizsystem und öffentlicher Dienst orientierten sich aber nur partiell an den Strukturen des übrigen Reiches.[76] Die Respektlosigkeit des „alten Zentrums“ gegenüber der „neuen Peripherie“ war kaum zu übersehen. Außenposten am Balkan galten als rückständige Entwicklungsgebiete oder Sphären der „Missionstätigkeit“.[77]

Zugleich fanden sich viele unter den Angehörigen der dominierenden Völker, den Oberschichten, den Etablierten und Arrivierten, den Hof- und Regierungskreisen, die auch die übrigen Staatsbürger des Habsburgerreichs unverändert als unmündige Kinder und Untertanen behandelten. Nicht bloß der Nationalitätenstreit sowie die permanenten Differenzen zwischen Cisleithanien und den Ländern der Stephanskrone trübten unter diesen Bedingungen Franz Josephs Kronjubiläum im Jahr 1908. Die damaligen Festzüge entfalteten einen „unechten Glanz", meinte eine Bildungselite, die sich auf der „Anhöhe der Zivilisation" wähnte. Von dort blickte sie auf Menschen herab, die – wie der Architekt Adolf Loos es formulierte – „selbst während der Völkerwanderung als rückständig empfunden worden wären". Die Heterogenität der Donaumonarchie offenbarte sich auch im Hochmut der „Edelmenschen" gegenüber den „Primitiven". Elegante Hauptstädter und arrogante „Deutschtümler" schauten in der Manier von Kolonialherren auf „Provinzler" aus entlegenen Kronländern herab, auf fremde „Rastelbinder, Schlawiner, Mausefallenhändler und Scherenschleifer" mit ihren „wilden Tänzen".[78]

Im Zeichen der Gewalt

„Es muss zum Krieg kommen."

Schwere Gewitterwolken zogen über Europa auf, und das Reich der Habsburger hatte wesentlichen Anteil am drohenden Unwetter. Die Gefahren waren für Hellsichtige durchaus erkennbar. K.u.k. Hof- und Regierungskreise fürchteten, nach zu vielen Schlappen und Gebietsverlusten auch noch im letzten Aufmarschgebiet für eigene Machtdemonstrationen an Handlungsspielraum zu verlieren. Am Balkan schien ein Zurückweichen undenkbar. Die Staatsspitze verengte ihren Wahrnehmungshorizont angesichts der unveränderten Frontstellung Wiens gegenüber Belgrad und Sankt Petersburg. Die Miene des betagten Monarchen in Schönbrunn verfinsterte sich. Kaiser Franz Joseph sah die Aktionsfähigkeit seines Reiches eingeschränkt. Trotz gescheiterter militärischer Unternehmungen in der Vergangenheit schloss er nicht mehr aus, die Waffen sprechen zu lassen. Es sei wohl erfreulich, den Frieden aufrechterhalten zu sehen, erklärte er im Jänner 1914 Deutschlands Botschafter Heinrich von Tschirschky. Pessimistisch merkte er jedoch an: „Ob das aber noch lange gehen wird, das weiß ich nicht.“[1]

In diesem Klima wirkte die Ermordung des habsburgischen Thronfolgers Franz Ferdinand und seiner Gemahlin in Sarajewo am 28. Juni 1914 wie ein Zündfunke. Das Attentat lastete man Hintermännern in Belgrad an, und Franz Joseph dürfte sich deshalb sehr früh, wahrscheinlich bei einer der Audienzen des k.u.k. Außenministers Leopold Graf Berchtold, etwa am 30. Juni, entschlossen haben, Serbien mit Gewalt in die Schranken zu weisen.[2] „Wir haben den Krieg schon ganz früh beschlossen, das war schon ganz am Anfang“, erinnerte sich später k.u.k. Finanzminister Leon Ritter von Biliński.[3] Der Herrscher, ohnehin kein Freund von Konferenzen und Unterredungen mit mehreren Anwesenden, bestimmte in routinemäßigen Zweiergesprächen die Richtung und war danach wohl überzeugt, alles Wichtige gesagt zu haben. Die betreffenden Maßnahmen überließ er, wie schon bei früheren Gelegenheiten, seinen Beratern.[4]

Die Gefahr eines Waffengangs bewirkte allerorts die Festigung der Allianzen. Die Entente-Mächte Frankreich, Großbritannien und Russland rückten enger zusammen, ebenso die Mittelmächte Deutschland und Österreich-Ungarn.[5] Im Gefühl weitgehender außenpolitischer Isolation sagten sich beide Staaten gegenseitige Hilfe nach besten Kräften zu. Ein enger Mitarbeiter von Berchtold, Alexander Graf Hoyos, war Anfang Juli mit einem mehr erwarteten als erhofften Resultat aus Berlin zurückgekommen. Man würde sich, gab er die Haltung des deutschen Bündnispartners wieder, zwar gerade jetzt, nach den Todesschüssen von Sarajewo, nicht in die Politik Wiens gegenüber Serbien einmischen, stünde aber bedingungslos hinter der Donaumonarchie.[6]

Die „Mission Hoyos" gehörte ebenso zu den österreichisch-ungarischen Kriegsvorbereitungen wie der Wunsch, mit Hilfe einer Démarche beziehungsweise eines Ultimatums[7] möglichst harte Forderungen an Serbien zu stellen.[8] Noch klarer drückte sich Graf Berchtold gegenüber dem Gesandten des Habsburgerreiches in Belgrad, Wladimir Freiherr von Giesl, aus: „Wie immer die Serben reagieren – Sie müssen die Beziehungen abbrechen und abreisen; es muss zum Krieg kommen."[9]

Die maßgeblichen Amtsträger waren sich einig. Nicht bloß Berchtolds Diplomaten und die Militärs um Generalstabschef Franz Conrad von Hötzendorf machten Druck. K.k. Ministerpräsident Karl Graf Stürgkh glaubte gleichfalls, das Band zwischen den Slawen inner- und außerhalb der Monarchie nur mehr durch Waffengewalt zerschneiden zu können. Auch seinen vorsichtigeren ungarischen Kollegen István Graf Tisza leiteten keinesfalls pazifistische Prinzipien. Vielmehr ging es für ihn um Kriegsziele, Bündnisfragen und das weitere Vorgehen bei der Behandlung der „serbischen Frage".[10]

Tisza war bei Weitem nicht der Einzige, der an einer Lokalisierung des Konfliktes mit Belgrad zweifelte. Unmittelbar nach dem Attentat in Sarajewo wies Außenminister Berchtold auf die Möglichkeit eines allgemeinen oder sogar globalen Konfliktes hin. Bei der Sitzung des Gemeinsamen Ministerrates am 7. Juli 1914 war zumindest Russlands Mobilmachung bereits ein Thema. Die Gespräche zeigten, dass Kaiser Franz Joseph und seine engsten Berater einen allgemeinen Krieg riskieren wollten, um einen lokalen gegen Serbien zu führen.[11]

Der feste Entschluss, die Entscheidung auf dem Schlachtfeld zu suchen, ging bei der österreichisch-ungarischen Führung mit dem Ansinnen einher, das Ausland über ihre wahren Absichten zu täuschen. Wichtige Repräsentanten insbesondere der Armee traten ihren Urlaub an und vermittelten den Eindruck, dass die Krise keine schlimmeren Konsequenzen nach sich ziehen werde.[12] Währenddessen setzten Hofkreise und Diplomaten alles daran, den Aktionsradius friedenserhaltender Kräfte einzuengen. Das Begräbnis des Thronfolgerpaares etwa hätte zur Begegnung bedeutender Staatsoberhäupter und Regierungschefs führen können. Eine Annäherung der Eliten Europas wäre möglich gewesen, basierend auf der Überzeugung, dass das Schicksal Franz Ferdinands und seiner Gemahlin jeden treffen konnte, der die Macht verkörperte. Aber selbst der deutsche Kaiser Wilhelm erhielt keine entsprechenden Signale aus der Donaumonarchie. Hier wollte man von einer Fürstenversammlung, von einem Gipfeltreffen der Entscheidungsträger, von internationalen Tagungen oder diplomatischen Unterredungen, wie etwa während der Balkankriege in den vorangegangenen Jahren, nichts wissen.[13]

Daher war man auch an einem Einlenken des serbischen Königreiches gar nicht mehr interessiert. Im Gegensatz zu dessen kompromisslosen Militärs oder Geheimorganisationen suchte die Belgrader Regierung unter Nikola Pašić allerdings die Verständigung. Während der Sommermonate 1914 wollte sie eine Konfrontation mit dem Habsburgerreich vermeiden. Pašić ging es nach den Balkankriegen um eine Konsolidierungsphase für sein Land, ungeachtet der weiterhin bestehenden und nicht selten in der Öffentlichkeit zur Schau gestellten Feindschaft mit Österreich-Ungarn.[14] Mit russischer Rückendeckung formulierte Serbien zwar nach Vorlage der Démarche beziehungsweise des Ultimatums Vorbehalte, versuchte aber dennoch, so entgegenkommend als möglich zu sein. Gewiss kann eingewendet werden, dass die Antwort auf die Forderungen der Donaumonarchie an einige Eventualitäten gebunden und trickreich genug formuliert war, um in der Weltöffentlichkeit und bei möglichen Verbündeten Sympathie zu erwecken. Dennoch steht fest, dass Pašić und seine Mitstreiter die Deeskalation suchten. Das k.u.k. Außenministerium erhielt aus ganz Europa Nachrichten, dass die Belgrader Regierung auf ganzer Linie nachgegeben habe.[15]

Umgehend warnte London: Würden sich die Wiener Entscheidungsträger „nicht mit der Antwort begnügen", so „sei es vollkommen klar, dass Österreich nur nach einem Vorwande suche, um Serbien zu erdrücken".[16] Die internationale Diplomatie musste jedoch erkennen, dass nahezu jedes Angebot zur Deeskalation von den Verantwortlichen in der Donaumonarchie zurückgewiesen wurde.[17]

London warnte angesichts dessen noch einmal explizit, dass sich der Kampf der habsburgischen Streitkräfte gegen Serbien nicht lokalisieren lasse. Aus englischer Sicht beruhte die österreichische Vorgehensweise auf einer gefährlichen Einengung des Wahrnehmungshorizontes und auf erklärungsbedürftigen oder nahezu vernunftwidrigen Entschlüssen. Bloß auf eine Abrechnung mit einem südosteuropäischen Kleinstaat zu drängen, wies Österreich-Ungarn eher die Funktion einer regionalen Macht zu. Damit schädigte man das ohnehin ramponierte Ansehen zusätzlich. Das europäische Bündnissystem zu aktivieren, lief andererseits darauf hinaus, die k.u.k. Monarchie als „Juniorpartner" eines stärkeren Hohenzollernreiches vorzuführen. Auf diese Weise ließ sich dem Statusverlust ebenfalls nicht entgegenwirken. Zu alldem war für einen opfervollen und längeren Kampf an mehreren Fronten in einem großen „Völkerringen" nicht vorgesorgt. Der Entschluss zu einem kurzen, siegreichen Feldzug erwies sich als riskante Strategie und mehr noch als existenzgefährdendes Unternehmen ohne echte Erfolgsaussichten.[18]

Um Franz Joseph herum verbreitete sich eine melancholische Stimmung. Gelegentlich war schon die Rede davon gewesen, „ehrenvoll untergehen" zu wollen. Aus Angst vor dem Tod habe sich das Habsburgerreich das Leben genommen, beschrieben Kommentatoren die Entwicklungen um 1914. Verbunden mit der Bereitschaft, die Welt in Brand zu stecken, erscheine der „Tod des Doppeladlers" geradezu als „erweiterter Selbstmord" von gigantischem Ausmaß mit millionenfachem Leid.[19]

Das Hohenzollernreich assistierte und forderte die harte Gangart immer wieder ein. Verhängnisvoller als das bedingungslose Mitgehen und die martialischen Zuflüsterungen waren jedoch die operativen Planungen der Deutschen. Sie sahen eine Konfrontation mit Frankreich und Russland vor und trugen das Potenzial für einen gesamteuropäischen Krieg in sich. Gegen Ende Juli 1914 waren es allerdings auch die französischen Unterstützungserklärungen für das Zarenimperium und dessen Mobilmachungsaktivitäten, die eine Vermeidung des gewaltsamen Konfliktes erschwerten.[20]

Der Mechanismus, der das große europäische und globale „Völkerringen" in Gang setzte, lag größtenteils außerhalb des österreichisch-ungarischen Einflussbereiches. Ausgelöst wurde er aber in Wien. Die „Abrechnung mit Serbien" nahm keine Rücksicht auf den „europäischen Frieden." Mitarbeiter des k.u.k. Außenministeriums gestanden ihre Verantwortung für die kommenden Ereignisse ein. Und selbst Kaiser Franz Joseph äußerte im Nachhinein Zweifel an der Richtigkeit der Entscheidungen im Juli 1914.[21]

Eskalation und Exzess

Mit der Entscheidung zum Waffengang radikalisierten sich schlagartig Entwicklungen, die auf die Zeit vor dem Juli 1914 zurückgingen. Die Angst vor Verrätern und Spionen steigerte sich zur Hysterie, der Nationalitätenstreit nahm gewaltsame Formen an. Teile der Verwaltungsspitzen, der Armeeführung, der Kirche und der k.u.k. Diplomatie förderten eine chauvinistische Stimmung, das k.k. Korrespondenzbureau und zahlreiche Zeitungen schürten den Hass weiter.[22] An pogromartige Unruhen reihten sich ausufernde Verhaftungswellen, das Ausheben und die Misshandlung von Geiseln im militärischen Operationsgebiet.[23]

Mit dem Vordringen der österreichisch-ungarischen Kampfverbände in feindliches Gebiet eskalierte die Gewalt. Befehle der k.u.k. Generalität unterbanden jede Humanität und Milde: Bei geringstem Zweifel seien Verdächtige „niederzumachen", Gefangene „niederzumetzeln", das „eroberte Land 'zugrunde zu richten'", zu „plündern und alles" Auffindbare zu „rauben".[24]

Derartige Anordnungen passten wiederum zur Wahrnehmung der Frontgebiete: K.u.k. Einheiten ebenso wie ihre deutschen Verbündeten empfanden Land und Leute in den östlichen und südöstlichen Kampfzonen als „unzivilisiert", „roh", „barbarisch" und „verschmutzt". Koloniale Attitüden prägten den Blick auf die Einheimischen, denen unter anderem in Fragen der Hygiene Rückständigkeit oder Desinteresse attestiert wurde. Hauptsächlich Deutsche und Österreicher sahen sich in einem armseligen „Öd- und Unland" vermeintlich unterentwickelten Völkern gegenüber, die es erst zu „zivilisieren" galt.[25]

Für Verwirrung unter den Soldaten der Mittelmächte sorgten außerdem unterschiedliche Loyalitäten, religiöse und nationale Eigenheiten in den Aufmarsch-, Gefechts-

GRODEK – GALIZIEN – OKTOBER 1914

und Besatzungszonen. Magyaren und Deutschsprachige aus der Donaumonarchie taten sich schwer damit, die Gegenden um Sarajewo, Lemberg oder Czernowitz als Heimat zu betrachten und entsprechend zu verteidigen.[26]

Brutalisierend wirkten zudem der Bewegungskrieg und „asymmetrische" Konflikte. Unterlegene Streitparteien wählten bisweilen unkonventionelle Kampfformen. Die Existenz irregulärer Guerillakrieger, Partisanen oder „Franktireurs" diente als Rechtfertigung, besonders grausam vorzugehen.[27] Wurde der Feind als fremdartig oder sogar als minderwertig angesehen, steigerte sich die Gewaltbereitschaft. Eine zunehmende Ethnisierung der Auseinandersetzungen entwickelte sich. Die „Strafexpedition" Österreich-Ungarns gegen Serbien galt als Synonym für einen mehr oder weniger regellosen, „schmutzigen" Kampf, in dem zwischen Kombattanten und Nichtkombattanten kaum noch unterschieden wurde.[28]

Gerieten die Kampfverbände überdies militärisch in Bedrängnis, drohten Rückzugsmanöver oder Niederlagen, steigerte sich gleichfalls der „Furor". Nachrichten über eine grausame Kriegsführung des Gegners taten ihr Übriges.[29]

Das Rachebedürfnis befeuerte die Wut. Oftmals ohne genaue Prüfung der Vorwürfe wurden ganze Ortschaften eingeäschert und regelrechte Massaker begangen.[30]

In Summe ging man bereits im Ersten Weltkrieg von 3500 bis 4000 Zivilisten aus, die allein während der Eröffnungsoffensive gegen Serbien in den Augustwochen des Jahres 1914 von österreichisch-ungarischen Verbänden umgebracht worden sein sollen. Zeitgenössischen Einschätzungen zufolge waren die Exzesse nur bedingt auf die unverantwortlichen Handlungen Einzelner zurückzuführen. Vielmehr wurde festgestellt, dass die Befehle der vorgesetzten Kommanden, die Anordnung zur Dörfer- und Häuserzerstörung, die Verbreitung nationalistischer Feindklischees und das ständige Schüren kollektiver Angstzustände zur Systematisierung der Gewaltanwendung beigetragen haben.[31]

In Galizien und der Bukowina kam es in der Zwischenzeit zu ähnlichen Vorfällen. Auch wenn sich hier zwei reguläre imperiale Armeen gegenüberstanden und kaum Aktivitäten von Partisanen oder Guerillakämpfern verzeichnet wurden, boten die multikulturellen Gebiete an der russisch-österreichischen Grenze genug Zündstoff für die Brutalisierung der Kriegführung. Nicht zuletzt Offizierskreise im Zaren- und im Habsburgerreich hielten Teile der lokalen Bevölkerung für unverlässlich und illoyal. Das Romanowimperium reagierte vor diesem Hintergrund mit Massenvertreibungen und -deportationen der Verdächtigen. Besonders machte sich ein paranoider großrussischer Chauvinismus gegenüber den Juden bemerkbar. Pogrome, Vergewaltigungen, Exekutionen ohne Verfahren, Plünderungen, die Zerstörung von Synagogen und Wohnvierteln waren die Folge.[32]

Die k.u.k. „Wehrmacht" stand den russischen Streitkräften jedoch in nichts nach. Der Vorwurf, Ortsansässige kollaborierten mit dem Feind, begünstigte Verfolgungsmaßnahmen. Wie am Balkankriegsschauplatz füllten sich die Arrestzellen. Bei „Stillstand der ordentlichen Gerichtsbarkeit" wurde ein „ausgiebiger Gebrauch vom Kriegsnotwehrrechte" angeraten. Konkret bedeutete das, „jeden Verdächtigen niederzuschießen, aber nicht zu verhaften!"[33]

Wie viele unter solchen Umständen unschuldig das Leben in den nordöstlichen Kampfgebieten der k.u.k. Armee verloren, ist schwer zu eruieren. Ruthenische Abgeordnete im Wiener Reichsrat wollten sich nicht festlegen.

„Es wurden", behaupteten sie im Juni 1917, „Tausende von Männern, Weibern und Kindern standrechtlich oder kurzerhand gehängt, erschossen, im glücklichsten Falle verhaftet und abgeschoben".[34]

Kritik und Reaktion

Ins Visier der Habsburgerarmee geriet schließlich die gesamte ukrainische Bevölkerung.[35] Einer ihrer politischen Führer, der Reichsratsabgeordnete Kost' Levyc'kyj, meldete sich daraufhin zu Wort. Levyc'kyj wies den k.k. Ministerpräsident Stürgkh auf den Versuch der Polen hin, die Ruthenen durch einen „günstigen Ausgang des Krieges zu schädigen". „Es ist", setzte er fort, „nicht zu zweifeln, dass die polnischen Beamten mit Absicht die Militärbehörden bezüglich der Ukrainer falsch informieren und es so dazu bringen, dass eine Menge von Ukrainern, die die treuesten Österreicher sind, ebenso behandelt wird wie die Russophilen."[36]

Umgekehrt beklagten sich auch polnische Mandatare über die Behandlung ihrer Landsleute durch die k.u.k. Armee. Ein nicht durch das Parlament oder das Volk, sondern durch die Entschließung des Kaisers begonnener Krieg schuf ihrer Meinung nach eine zweite, innere Front zwischen den Nationalitäten.[37] Der ukrainische Parlamentarier Eugen Petruszewycz stimmte indirekt zu, wenn er verkündete: Es war der „Deutsche, der die Rolle des Henkers innehatte, mit derselben Vorliebe hängte aber auch der Magyare – und zwar die beiden auf die Anzeige seitens des Polen hin". Man denke, „in welcher idealen Harmonie sich unter dem Galgen alle drei in Österreich gerade bevorzugten Völker zusammengefunden haben".[38] Die Kritik traf die Regierung selbst. Das k.k. Innenministerium befürchtete den Verlust des letzten Anscheins an behördlicher Überparteilichkeit.[39] Staatliche Repräsentanten und namentlich die Armeekommanden galten aus Sicht der Bevölkerung nicht mehr als neutrale Schiedsrichter über und zwischen den Völkern, sondern als Vollstrecker parteilicher Interessen.

Trotzdem wurde weiter Öl ins Feuer gegossen. Der deutschradikale Abgeordnete Rudolf Heine etwa meinte, dass in Galizien „noch zu wenig gehängt" worden sei. Heine erhielt Rückendeckung von den Falken im Generalstab.[40] An ihrer Seite standen Frontkommandeure wie Erzherzog Eugen, der die „Mahnungen im Umgang mit verdächtigen Personen" speziell während der Kampfhandlungen schlichtweg als „kontraproduktiv" abtat. Sein Argument versuchte er mit der tschechischen und serbischen „Wühlarbeit" zu untermauern. Allen „staatsfeindlichen Strömungen und Tendenzen" sei daher „mit größter Schärfe entgegenzutreten". Während des Kriegszustandes, ergänzte der streitbare Erzherzog, ließen sich „schwere Übelstände beseitigen, deren man im Frieden nicht leicht Herr werden dürfte".[41]

Wenige widersprachen solchen Äußerungen offen. Vereinzelt, und meist erst im Rückblick, stellten manche Offiziere fest, dass „harmlose Bewohner, denen dauernd der Strick oder das Erschießen drohte", ins „feindliche Lager" getrieben worden seien. Aber auch darin drückte sich bloß ein Verdacht aus: Gab es dafür Beweise? Hatte man wirklich erreicht, was im Staatsinteresse eigentlich verhindert werden sollte? Tatsächlich schien es nur bedingt Anhaltspunkte dafür zu geben, dass die von Repressalien bedrängten und von Gräueltaten traumatisierten Menschen zur Illoyalität neigten.[42]

Die Krone und vor allem zivile Behörden rügten wiederum von Anfang an das ausufernde Misstrauen, die Gräueltaten und Massaker. Als die „Militärkanzlei Seiner Majestät" durch die Ministerpräsidenten Ungarns und

Österreichs von den Fehlentwicklungen, Übergriffen und Brutalitäten erfuhr, erging ein kaiserliches Befehlsschreiben. In ihm hielt Kaiser Franz Joseph am 17. September 1914 fest: „Ich will nicht, dass durch unberechtigte Verhaftungen auch loyale Elemente in eine staatsschädliche Richtung getrieben werden."[43]

Der Armee fiel die Differenzierung zwischen grundlosen und berechtigten Vorwürfen nicht leicht. Tendenziell pflegten die Stäbe und Kommandostellen unverändert ihre Ressentiments. Damit wurden sie für immer mehr Menschen zur Bedrohung, zumal sie ihren Zuständigkeitsbereich über Front- und Etappenräume hinaus auf große Teile des Hinterlandes erweiterten. Die Voraussetzungen hierfür schuf insbesondere das Notverordnungsrecht, das in ganz Cisleithanien Anwendung fand. Dementsprechend wurden etwa die Geschworenengerichte suspendiert – ein Sachverhalt, der etliche Reichsratsabgeordnete empörte. Die Regelung stellte einen Rechtsbruch dar, weil sie eigentlich nur auf die Dauer eines Jahres und für eine bestimmte Region gestattet war.[44]

Obwohl die Generalität ihren Einfluss in sämtlichen kriegführenden Ländern vergrößerte, erhielt die Habsburgerarmee besonders weitreichende Befugnisse. Speziell in der westlichen Reichshälfte der Monarchie galten außerordentlich rigorose Bedingungen. Ungarn kannte laut Experten keine vergleichbare Ausdehnung der Militärjustiz. Allerdings wurden auch hier beschleunigte und standrechtliche Verfahren mit Todesstrafen erleichtert.[45]

Wesentlich mehr Opfer dürfte allerdings das Kriegsnotwehrrecht verschuldet haben, welches sich an den bekannten Rechtsnormen nur sehr eingeschränkt orientierte. Maßgeblich blieben Verdachtsmomente, die Beweislage war dürftig. Die Opfer hatte man nicht immer grundlos des Verrates oder der „Aufwiegelung" bezichtigt. Allerdings traten bald bedenkliche Radikalisierungsprozesse zu Tage. Eine Reihe junger Mädchen wurde etwa nur deshalb verhaftet, weil sie vorbeifahrenden Transporten russischer Kriegsgefangener zugewunken hatte.[46]

Strafaktionen, Arretierungen und Exekutionen setzten sich fort, auch nach den Gewaltexzessen bei Kriegsbeginn. Mit der Stabilisierung von Frontabschnitten wollten die Militärs ihre „Disziplinierungsmaßnahmen" aber in geordnete Bahnen lenken.[47] Demgemäß fanden beim Landwehrdivisionsgericht in Wien Hochverratsprozesse gegen die Führer der „russophilen Partei" in Galizien statt. Sie endeten mit Schuldsprüchen, auf die Angeklagten wartete der Tod durch den Strang. Kaiser Franz Joseph sah jedoch von einer Vollstreckung des Urteils ab. Er sprach schwere Kerkerstrafen aus, bis sein Nachfolger Karl eine nicht bloß in Militärkreisen wenig geschätzte Amnestie verkündete. Der allerhöchste Gnadenakt änderte indes nichts an der Tatsache, dass weiterhin vor allem der Standpunkt der Generalität zur Geltung gebracht werden sollte. Ein vornehmlich gegen den tschechischen Abgeordneten Karel Kramář gerichteter Prozess endete deshalb mit dem Zusatz, dass „die staatsfeindlichen Bestrebungen nicht akuter, sondern chronischer Natur" seien.[48]

Dem Armeeoberkommando – der treibenden Kraft hinter den Hochverratsprozessen – wurde damit dauerhaft ein Freibrief ausgestellt. Einige Nationalitäten der Monarchie und die Bevölkerung insbesondere der nord- und südöstlichen Kampfschauplätze Österreich-Ungarns standen weiterhin unter „Generalverdacht". Wenig überraschend gab es demnach selten Ermittlungen zu Massenexekutionen, Geiselaushebungen und Zerstörungen von Dörfern. Kam es ausnahmsweise zu Untersuchungen, so stellte sich die Militäradministration hinter die verantwortlichen Truppenkommandeure. Die Heeresverwaltung suchte Ausflüchte, sprach von Verleumdungen, gab sich unwissend, verzögerte und verhinderte Entschädigungsverfahren.[49]

Lagerelend

Das Armeeoberkommando, kurz AOK, hielt an seinem Misstrauen fest. Viele Verdächtige wurden deshalb im Landesinneren festgesetzt. Regelrechte Internierungswellen betrafen Zehntausende, darunter Frauen, Kinder und ältere Männer. In Summe kamen beispielsweise 5 Prozent der aus den Grenzgebieten zu Italien abtransportierten Personen in entsprechende Lager.[50]

Auch die Verfolgungsmaßnahmen am Balkan setzten sich fort. Die Okkupation Serbiens durch die Mittelmächte – Österreich-Ungarn und seine Verbündeten – führte zu neuen Massendeportationen. Schätzungsweise 50 000 Staatsangehörige des Königreichs Serbien waren von den Zwangsverschickungen betroffen. An ihren neuen Unterbringungsorten herrschten bald unerträgliche Lebensverhältnisse. In der Burg von Arad etwa brach Flecktyphus aus. Tuberkulose, Unterernährung und Arbeitszwang verschlechterten die Bedingungen weiter. Im Jänner 1915 starben fast täglich rund 30 Gefangene.[51] Nicht viel besser fielen Nachforschungen im Lager Nezsider (Neusiedl am See) aus. Hier kamen vom Oktober 1914 bis zum März 1918 fast 4600 Serben, Montenegriner und Albaner ums Leben. Nachdenklich stimmt in diesem Zusammenhang auch, dass die Bevölkerung von der Lagerleitung dazu angehalten wurde, den Festgehaltenen – darunter unzählige Frauen und Kinder – „keine Lebensmittel zuzutragen".[52]

Zum Vorgehen der Behörden, zu verbreiteten Feindbildern und Verratsängsten, Denunziationen und Repres-

KRIEGSGEFANGENE, FLÜCHTLINGE UND INTERNIERTE SIND OFT NUR NOTDÜRFTIG UNTERGEBRACHT UND VERSORGT. EINE HUMANITÄRE KATASTROPHE ZEICHNET SICH AB, REGIERUNG UND VERWALTUNG GERATEN UNTER DRUCK.

salien kamen organisatorische Mängel hinzu. Das k.k. Justizministerium machte schon im November 1914 auf das „Zusammenpferchen von Gefangenen“ aufmerksam, auf die sanitären Konsequenzen und die erhöhte Ansteckungsgefahr. Dennoch änderte sich wenig. Der Kampf gegen „Unverlässliche“ hatte Priorität, obwohl die meisten Betroffenen den Grund ihrer Verwahrung nicht kannten und ihre Unschuld beteuerten.[53]

Das vom k.u.k. Militärkommando Graz verwaltete Lager Thalerhof blieb ein Schreckensort. Was dort vor sich ging, vermochte ein arretierter Pfarrer anfangs kaum zu glauben. Der Kaiser wisse davon sicher nichts, war er überzeugt. „Ausgehungert und völlig erschöpft, an Körper und Seele gebrochen“, wandte er sich an Franz Joseph und erflehte seinen Schutz.[54] Eine Unzahl von Berichten belegt die Missstände, die der Geistliche schilderte.[55] Die Auswirkungen ließen sich nicht ignorieren. Bei einer Gesamtzahl von rund 16 400 Internierten während der vier Kriegsjahre erkrankte in Thalerhof mehr als ein Drittel vorwiegend an Cholera, Bauch- und Flecktyphus. Hunger, Erschöpfung und Tuberkulose trugen ihren Anteil zu einer hohen Mortalitätsrate bei. 1448 „Lagerinsassen“ starben innerhalb weniger Monate, vom November 1914 bis zum März 1915.[56]

Behördliche Kontrollen, Schikanen und elende Lebensbedingungen kennzeichneten den Alltag jener, die aus den Operationsräumen der Armee evakuiert wurden oder auf eigene Faust geflohen waren. Als Staatsbürger der Donaumonarchie empfanden auch sie ihr Schicksal nicht selten als Verfolgung und Gefangenschaft im eigenen Land. Zugegeben wurde von behördlicher Seite, dass es an sozialer Fürsorge fehlte. Bis zur Verabschiedung eines Flüchtlingsgesetzes im Jahr 1917 hatte man überhaupt jede Festlegung rechtlicher Ansprüche vermieden.[57]

Angesichts der Unzulänglichkeiten trachtete man danach, möglichst viele der insgesamt rund eine Million Heimatlosen im Habsburgerreich in den Arbeitsprozess zu integrieren. Hunger, Kälte, schlechte Unterbringung und inhumane Behandlung erlebten die Betroffenen allerdings in der österreichisch-ungarischen Kriegswirtschaft ebenso. Speziell „heimatlos gewordene Juden" waren zudem mit Vorurteilen konfrontiert. Sowohl gegen ihre Sesshaftwerdung als auch gegen ihre Einbindung in das Berufsleben setzte sich die Bevölkerung nicht selten aufgrund antisemitischer Ressentiments zur Wehr.[58]

Generell machte sich außerdem eine Abwehrhaltung gegen die zusätzlichen „Esser" breit. Dabei kamen die Entwurzelten meist schon in einem beklagenswerten Zustand im Hinterland an. Nach ihrer oft brutalen Vertreibung aus ihrer Heimat hatten die meisten unmenschliche Transportbedingungen zu ertragen. In offenen und ungeheizten Viehwaggons starben mangelhaft bekleidete Menschen an Unterkühlung. Von „totgefrorenen Leuten" war in den Berichten offizieller Stellen die Rede und einmal mehr von der beklagenswerten Verpflegungssituation, der Verbreitung von Infektionskrankheiten und einer hohen Sterblichkeit.[59]

In weiterer Folge konzentrierte sich die Exekutive insbesondere auf Hygiene- und Sicherheitsvorkehrungen. Die Aufgabe, große Menschengruppen zu administrieren, zu kategorisieren und nach Nützlichkeitserwägungen zu bewerten, leistete Kontrollphantasien Vorschub. Der Allmacht der staatlichen Organe stand die Ohnmacht der Betroffenen gegenüber. Der Verwaltungsapparat gerierte sich nicht selten als Erzieher ökonomisch „unterentwickelter, kulturell niederstehender, nicht alphabetisierter und unsauberer Völker".[60]

Eifersüchtig schützten die offiziellen Stellen zudem ihre Zuständigkeiten vor dem Eingreifen privater Hilfsorganisationen. Das Resultat war eine neuerliche Überforderung der Behörden, gefolgt von Hiobsbotschaften aus den „Barackenstädten“. Epidemien registrierte man etwa in den Lagern Chotzen und Gmünd gleich mehrmals. Im August, September und November 1916 forderten die Masern in Gmünd viele Opfer. Die dortigen Spitäler behandelten Tausende Kinder, von denen 30 bis 50 pro Tag starben.[61]

Parlamentarier kritisierten vor diesem Hintergrund regelmäßig, dass man die Evakuierten und Flüchtlinge mit politisch Verdächtigen verwechsle. Die Bevölkerung empfinde diese polizeiliche „Abschließung“ zudem als Beweis der „Unverlässlichkeit vieler Entwurzelter“. Es könne unter solchen Umständen daher nicht überraschen, dass die Lager inzwischen regelrecht gefürchtet würden. Nach dem Leid der galizischen Flüchtlinge träfen die miserablen Zustände nun zahlreiche Italiener.[62] Tatsächlich verwies auch ihr Los auf Missstände mit fatalen Folgen: Allein in Mitterndorf starben bis Kriegsende fast 2000 Trientiner. Der Anteil der Kinder unter zehn Jahren an den Opfern betrug unfassbare 46 Prozent. Mit anderen Worten: Fast 900 Kinder überlebten die Internierung nicht.[63]

Nicht viel besser erging es in der Zwischenzeit den Kriegsgefangenen, die hauptsächlich an der Ostfront zur „Beute des Feindes“ geworden waren. Das galt sowohl für jene, die sich der Zarenarmee ergeben mussten, als auch für rund zwei Millionen Männer, die man nun in der Donaumonarchie festhielt. Der größte Teil davon, rund die Hälfte, stammte aus Russland, gefolgt von Italienern, Serben, Rumänen und anderen Staatsangehörigen. Zwar existieren kaum verlässliche Zahlen, vorhandene Daten weisen jedoch auf eine außerordentlich hohe Mortalitätsrate unter den Kriegsgefangenen im Romanowimperium hin. Internationale Vergleiche zeigen jedoch, dass die Sterblichkeit im Habsburgerreich mit geschätzten 10 Prozent gleichfalls beachtlich war. Eine überdurchschnittliche Todesrate nimmt man zudem bei den gefangenen Italienern und Rumänen im Habsburgerreich an.[64]

Noch höhere Opferzahlen liegen indes für die serbischen Soldaten in österreichisch-ungarischem Gewahrsam vor. Die besondere Radikalität der Balkanfeldzüge könnte hierfür eine Ursache sein.[65]

Ungeachtet dessen gab es allerdings überall organisatorische Probleme, die die Situation verschlimmerten. Speziell die Lager wurden deshalb Schauplätze humanitärer Katastrophen. Aus dem ungarischen Esztergom, wo man die Unterbringung von 40 000 Personen in einem Lager plante, meldeten Verantwortliche schauerliche Szenen. Auf „der freien Weide, der kotigen Erde, ohne jedes Dach" seien – „Tieren gleich" – sich „herumwälzende, darbende Gefangene" zu sehen. Scharlach und Ruhr verbreiteten sich, Cholera könnte hinzukommen.[66]

Friedrich Koch, Assistenzarzt im oberösterreichischen Kriegsgefangenenlager Mauthausen, brachte ähnliche Beobachtungen zu Papier: „Läuse und Ungeziefer, die Leute zerfetzt und zerrissen, Typhus, Ruhr, Blattern, das sind meine täglichen Genossen, mit denen ich zu verkehren habe, dabei im Lager keine Ordnung, keine Reinlichkeit, überall Schmutz und Koth".[67] Im Jänner 1915 starben in Mauthausen mehr als 180 Gefangene pro Tag an Flecktyphus. Man kam buchstäblich mit dem Beerdigen der Leichen nicht nach – darunter auch Mitglieder des kleinen medizinischen Personals: Friedrich Koch infizierte sich und starb im Februar 1915. Insgesamt waren hier bis 1917 laut Schätzungen des k.u.k. Kriegsministeriums über 12 000 Tote zu beklagen.[68]

Eine negative Ausnahme war das Lager jedoch nicht. Bei den Militärkommanden gingen ähnliche Berichte unter anderem über die Unterbringungsorte in Knittelfeld,

Kleinmünchen, Marchtrenk und Boldogasszony (Frauenkirchen) ein. Von Seuchen bedroht, als „rückständig" und „überbelegt" galten die Unterkünfte, wobei sich in allen Fällen die Verhältnisse nur kurz entspannten. Weitere Offensiven vergrößerten das Heer der Gefangenen. Für Fremde und Einheimische aber wurde der dramatische Versorgungsengpass bald ebenso zur Existenzbedrohung.[69]

Erschöpfung und Empörung

Ressourcenschlacht

Die Generalstäbe hatten überall auf Offensiven und rasche Entscheidungen gesetzt. Von Feldzügen bis zum „Herbstlaubfall" war gesprochen worden. Die Propaganda stimmte die Bevölkerung auf kurze Kampfhandlungen ein und brachte sie damit auf Kriegskurs.[1]

Tatsächlich verliefen die Operationen der Habsburgerarmee alles andere als geplant und erhofft. Allein in den ersten Wochen verloren die Truppenkörper rund die Hälfte von jenen Soldaten, die gegen Russland zum Einsatz kamen. Unzählige gerieten in Gewahrsam des Gegners. Die Kriegsgefangenschaft wurde zur zentralen Erfahrung: Gemessen an der Gesamtstärke des jeweiligen militärischen Aufgebots befand sich infolge der vierjährigen Kampfhandlungen jeder dreizehnte Reichsdeutsche, jeder zehnte Franzose oder Italiener und jeder fünfte Angehörige der zarischen Streitkräfte unter der Kontrolle des Feindes. Bei den habsburgischen Einheiten aber war es sogar jeder dritte Kombattant.[2]

Immer mehr Familien erhielten darüber hinaus Nachricht vom „Heldentod" der Ehemänner, Brüder und Väter, Verwandten und Freunde. 1917 waren es fast 800 000

Gefallene. Hinzu kam eine geschätzte halbe Million Invalide – abgesehen von den nicht selten gar nicht erfassten seelischen Beeinträchtigungen, dem Trauma der „Kriegsneurotiker“ oder „Kriegshysteriker“.[3]

Das verlustreiche Massenschlachten brachte Staat und Wirtschaft an die Grenzen der Leistungsfähigkeit. Wie in anderen Ländern auch waren enge Kooperationen zwischen Unternehmern und öffentlicher Hand, die Einbindung von immer mehr Zivilisten und die Umwandlung des Hinterlandes in eine „Heimatfront“ nötig. Dass dabei Zwang ausgeübt werden konnte, basierte insbesondere auf dem Kriegsleistungsgesetz vom Dezember 1912 und den Verordnungen vom Juli 1914. Unter anderem sollte dadurch jede Form der Arbeitsverweigerung unterbunden werden.[4]

Die Tendenz zur Totalisierung der Kriegsanstrengungen zeigte sich in der zunehmenden Verwendung von Kriegsgefangenen ebenso wie von älteren Zivilisten, Jugendlichen und sogar Kindern. Zudem erhöhte sich die Zahl der berufstätigen Frauen beträchtlich.[5] Schätzungen zufolge dürfte sie außerhalb der Landwirtschaft um etwa 40 Prozent gestiegen sein. Im Agrarsektor, der ohnehin schon durch die mithelfenden Familienmitglieder einen höheren weiblichen Anteil aufwies, sind besondere Spitzenwerte zu vermuten.[6]

Die Militärausgaben stellten unterdessen ein besonderes Problem dar. Da die Steuerpolitik nicht zur Finanzierung des Waffenganges genutzt wurde, konzentrierten sich die Regierungsinstanzen auf Kriegsanleihen und die Verschuldung bei der Notenbank. Das Ergebnis war ernüchternd: Die Anleihen trugen wenig zur Geldabschöpfung bei, die Konsumgüterindustrie verzeichnete Produktionseinbußen. Im Spannungsfeld zwischen schrumpfendem Güterangebot und monetärer Expansion stiegen die

Preise. Das Geldvolumen verzehnfachte sich in Österreich bis 1918. Die Inflation war hier stärker zu spüren als bei den anderen kriegführenden Großmächten.[7]

Die Regierung beließ es trotzdem bei laxen Preisregelungen. Sie verschuldete sich weiter, ohne dem angekurbelten Wirtschaftsmotor der Entente auch nur annähernd gewachsen zu sein. Selbst mit deutscher Hilfe und teilweise beträchtlicher Ausweitung der Produktionskapazitäten war der ökonomische Wettlauf nicht zu gewinnen. Im Bereich der Schusswaffenerzeugung oder der Herstellung von Rohstahl übertraf die westliche Reichshälfte der Donaumonarchie zwar die Werte von 1913/14 klar. Ansonsten herrschte aber Stagnation oder sogar Rezession, ganz abgesehen von der schwächeren Wirtschaftskraft Ungarns.[8]

Die prekäre Lage erschwerte die Aufrechterhaltung des „Burgfriedens", der 1914 ausgerufen worden war und den gesellschaftlichen Zusammenhalt während der Waffengänge sichern sollte. Zwar blickten diesbezüglich auch die gegnerischen Westmächte sorgenvoll in die Zukunft. Dennoch waren die Unterschiede zu Zentraleuropa augenfällig. Speziell ab 1916 sank in Österreich das Volkseinkommen rasch. Eine wachsende Brennstoffkrise war auch die Konsequenz einer unzureichenden Logistik. Zugleich mussten Getreidevorräte mit Ersatzstoffen gestreckt werden. Die „Brotkarte" wurde eingeführt. Behördliche Eingriffe betrafen außerdem Futtermittel, Zucker, Spiritus, Melasse, Malz, Gemüse, Obst und Fleisch.[9]

91 privatwirtschaftlich organisierte „Zentralen" sowie Kriegs- und Wirtschaftsverbände sollten als „sich selbst verwaltende Zwangseinrichtungen" Besserung bringen. Ein staatliches Planwirtschaftssystem erweiterte seinen Zuständigkeitsbereich um sozialpolitische Kompetenzen.[10]

In der Realität präsentierte sich die Aufblähung der Apparate als Verwaltung des Mangels. Die Teuerung betrug 121 Prozent im Jahr 1915, in den folgenden zwölf Monaten schon 200 Prozent. Lohnerhöhungen um das Doppelte brachten keine Entlastung. Unentgeltliche Ausspeisungen für Notleidende wurden immer wichtiger. In Wien waren bis Kriegsende rund 100 000 bis 130 000 Menschen an 127 Speisestellen mit dem Notwendigsten zu versorgen. Prag registrierte schließlich 1917 über 2,7 Millionen Mahlzeiten aus öffentlichen Küchen.[11]

Die Hilfsaktion blieb dennoch ein Tropfen auf dem heißen Stein. Experten berechneten einen Bedarf pro Kopf und Tag zwischen 2400 und 2700 Kalorien: Tatsächlich standen speziell in den Metropolen gerade einmal 800 zur Verfügung.[12]

Eine veritable Ernährungskrise wandelte sich zum „Hungerkrieg". In langen Warteschlangen vor Geschäften und karitativen Einrichtungen staute sich die Wut. Tumulte registrierte die Polizei vermehrt ab 1916, ihre Protagonisten waren meist „armselig gekleidete Frauen" mit ihren Kindern.[13]

Streiks begannen die Behörden gleichfalls zu beunruhigen. Vor allem in den Großstädten und Industriezentren regte sich der Widerspruch. Aber selbst über vorwiegend ländliche Regionen des Hinterlandes gab es wenig Erbauliches zu erzählen. Gerade Hilfsbedürftige trafen hier oft auf Unverständnis und Ablehnung. Vor allem jüdische Flüchtlinge galten als unerwünscht, „ungewaschen", „faul" und „unfolgsam".[14] Antisemitische Stereotypen verstärkten sich ebenso wie andere rassistische, konfessionelle und ethnische Ressentiments. Die Frage, wer Kriegsanleihen zeichnete und damit seinen Patriotismus zeigte, verursachte zumindest unterschwellig Konflikte – etwa zwischen Tschechen und Deutschösterreichern.[15]

Bei der Güterversorgung kam es zu noch schwerwiegenderen Differenzen. Galizien fiel als Lieferant aufgrund der dortigen Kampfhandlungen aus; Böhmen und Mähren waren aber nur bedingt bereit, die Erz- und Erbländer im Alpen- und Donauraum zu stützen. Der „Sonderfall Ungarn" erregte die Gemüter besonders. Die Magyaren zeigten wenig Sympathie, sich zugunsten Cisleithaniens einzuschränken. In den Ländern der Stephanskrone war die Getreideproduktion dreimal höher als in der westlichen Reichshälfte. Trotzdem blieb der Import aus den östlichen Agrargebieten weit hinter den Erwartungen in Wien oder Prag. 100 000 Tonnen waren es 1916, vor 1914 hingegen 2,1 Millionen.[16]

Dass Transleithanien die Armee am Leben erhielt, trug nicht zur Entspannung zwischen den beiden Teilstaaten der Doppelmonarchie bei. Hans Loewenfeld-Russ, Ende 1916 in das neu errichtete „Amt für Volksernährung" beim k.k. Ministerratspräsidium berufen, nahm sich kein Blatt vor den Mund. In Summe, lautet seine Bilanz, habe der „Dualismus infolge der verhängnisvollen Haltung Ungarns auf wirtschaftlichem Gebiet vollständig versagt und ohne Zweifel den Zusammenbruch in erster Linie mitverschuldet".[17]

Wendepunkte

Inmitten der Krise starb Franz Joseph I. „Wecken Sie mich morgen um vier Uhr, ich habe viel zu tun."[18] Das sollen die letzten Worte des Kaisers gewesen sein. Seine gesundheitliche Verfassung war seit Längerem besorgniserregend, eine schwere Lungenentzündung führte zum seit Jahren befürchteten Tod.[19] Als er am Abend des 21. November 1916 nach einem letzten ganzen Tag am Schreibtisch für immer die Augen schloss, verbreitete die Hoftrauer ein Gefühl der Apokalypse. So nahm es beispielsweise der spätere Bundeskanzler Bruno Kreisky wahr. Knapp sechs Jahre war er alt, als das „Leichenbegängnis" stattfand und es ihm erschien, „als fülle sich die ganze Welt mit Schwarz. Es war", so Kreisky, „eine einzige Demonstration der Schwärze."[20]

In der Retrospektive erhielten die trüben Novembertage des Jahres 1916 den Charakter einer historischen Wegmarke; eines Abschieds nicht bloß von einer Regierungszeit, die schon als Epoche begriffen wurde, sondern von der „alten Welt" schlechthin.[21]

Dennoch gab es unter den Trauergästen jene, die im künftigen Kaiser und seiner Frau eine „Verjüngung des Vaterlandes selbst" erblickten.[22] Karl und Zita waren freilich nicht überall beliebt. Die Beziehungen des Paares zur Armeeführung galten als gespannt.[23] Personelle Entscheidungen wiesen darauf hin: Generalstabschef Conrad von Hötzendorf musste seinen Posten räumen. Außerdem kam es zu Rochaden: Ottokar Graf Czernin beerbte den Berchtold-Nachfolger Stephan Graf Burián als Außenminister. Burián hingegen bekam sein altes Ressort als k.u.k. Finanzminister zurück.[24]

Beobachter aus Diplomatenkreisen verstörte unterdessen das Benehmen etlicher Persönlichkeiten, die etwa in den besetzten polnischen Gebieten eher teilnahmslos Gedenkmessen für Franz Joseph besuchten.[25] Über die Meldung von seinem Ableben, hieß es in Prag, gingen nicht wenige rasch hinweg. Die Menschen waren vollauf mit den Alltagssorgen, der großen Not und dem zunehmenden Hunger beschäftigt.[26]

Hinter dem Zeremoniell und der öffentlich zur Schau gestellten Kondolenz glich die Lage ein wenig dem Sommer 1914. Oft war damals von Kriegsbegeisterung die Rede. Eigentlich beschränkte sie sich aber auf Intellektuelle, Vertreter der zivilen und militärischen Führung, Teile der

Mittel- und Oberschicht. Die Majorität der Bevölkerung dachte und fühlte auch damals anders. Ängste dominierten, wie die Sorge um die mobilisierten Männer und die ungewisse Zukunft im Allgemeinen. Soldaten, die ins Feld zogen, befanden sich ihrerseits in einer instabilen emotionellen Lage. Einerseits stimmten sie patriotische Lieder an, andererseits wich oft schon auf den Bahnhöfen, beim Abschied von der Heimat, der Jubel einem bedrückten Schweigen.[27]

Dennoch weigerte sich kaum jemand, dem Ruf zu den Waffen Folge zu leisten. Die Mobilmachung vollzog sich in ganz Europa und nicht nur in Österreich-Ungarn weitgehend reibungslos. Ihren Beitrag dazu leisteten auch bisherige Oppositionelle. Sozialdemokraten etwa trugen die „Burgfriedenspolitik" mit, wenn es gegen die Despotie und Barbarei des Zarismus ging. Feindbilder und weltanschauliche Positionen spielten letztlich allerdings eine geringere Rolle als der lange eingeübte Untertanengeist, die Duldsamkeit und die nach wie vor beachtliche Anhänglichkeit gegenüber der Monarchie und mehr noch gegenüber ihrem betagten Regenten. Dass sich diese Loyalität nicht ohne Weiteres auf den Thronfolger übertragen ließ, bemerkten unzählige Kommentatoren. Letztlich jedoch war es weniger der Tod Franz Josephs, der die Jahreswende 1916/17 zur Zäsur machte, sondern die Tatsache, dass der Versorgungsengpass die Grenzen des Gewohnten und Ertragbaren überschritt. Die Lage spitzte sich auch deshalb zu, weil die vorangegangene Ernte schlecht ausgefallen war. Der „furchtbare Steckrübenwinter" mit seiner abnormen Kälte steigerte die „Verpflegsschwierigkeiten" ins Grenzenlose. Ein noch intensiveres Suchen nach Ersatzmitteln begann. Weitere Rationierungen von Lebensmitteln bei gleichzeitiger Qualitätsminderung folgten. Das große Pferdeschlachten setzte ein, die Kohlennot bedrohte das

DIE VERSORGUNG BRICHT SCHRITTWEISE ZUSAMMEN, ES KOMMT ZU „HUNGERKRAWALLEN“, DIE UNZUFRIEDENHEIT WÄCHST.

öffentliche und private Leben. Der Rohstoffmangel führte schließlich zur zwangsweisen Aufbringung von Metallen. Nichts war mehr vor dem Zugriff des Staates sicher: Neben Kupferdrähten, Messingtürklinken oder Küchengeräten ging es nun im katholischen Habsburgerreich auch um Kirchenglocken und Kreuze von Prozessionsfahnen.[28]

Die Behörden wählten eine härtere Gangart. Strafen für Schwarzmarktaktivitäten und Lebensmittelwucher wurden verschärft, Requirierungen der Militärs nicht nur im Etappenraum durchgeführt. Überall sollten sich die Truppen nun schadlos halten können.[29] „Die häufigen und strengen Requirierungskommissionen tauchten in Dörfern auf und nahmen mitleidlos alles mit, was ihnen 'entbehrlich' erschien", erinnert sich etwa František Pánek aus der mittelböhmischen Gegend um Kladno.[30]

Für viele stand die nackte Existenz auf dem Spiel. In der Verzweiflung bahnten Frauen und Kinder Tauschgeschäfte mit Kriegsgefangenen an. An den Lagerzäunen tauchten sie als Bettler auf. Dabei waren die Lebensumstände der Gefangenen vielfach noch schlechter. Hunger und schwere Arbeit verursachten neuerliche humanitäre Katastrophen. Ein inspizierender Feldmarschallleutnant sah in den Betroffenen nur noch „Todeskandidaten".[31]

Derartige Berichte änderten jedoch wenig. Die Situation verschlechterte sich vielmehr fortwährend. Weitere Verringerungen der Rationen trugen zur völligen Erschöpfung und immer wieder zu auffallend hohen Mortalitätsraten bei.[32]

Eine einheitliche Regelung der Ernährungsfragen für beide Reichsteile wurde vor diesem Hintergrund immer dringender. Resultat waren die Schaffung des „Gemeinsamen Ernährungsausschusses" und eine damit verbundene Aneinanderreihung von Sticheleien, Eifersüchteleien und offenen Zwistigkeiten innerhalb des Verwaltungsapparates.[33] Noch schwerer wogen aber die fehlenden exekutiven Befugnisse der neuen Stelle und – einmal mehr – die Gegensätze zwischen einzelnen Teilen und Regionen der Monarchie. Wieder ging es vor allem um die landwirtschaftliche Leistungsfähigkeit in den Ländern der Stephanskrone – allerdings unter deutlich dramatischeren Bedingungen: Bezeichnend war die Wortwahl des k.k. Ministerpräsidenten Karl Graf Stürgkh gegenüber dem magyarischen Amtskollegen Graf Tisza. Für die Verhandlungen zwischen Cis- und Transleithanien, so Stürgkh, „darf ich wohl den unumstößlichen Leitsatz" aufstellen, „daß man ungarische Schweine, nicht aber Menschen in Österreich schlachten kann".[34]

Nicht nur Österreich und Ungarn wirtschafteten unabhängig nebeneinander. Die Heeresverwaltung agierte überhaupt wie ein Staat im Staat. Und sogar innerhalb der Kronländer grenzten sich Bezirkshauptmannschaften und Gemeinden hermetisch voneinander ab.[35]

Das Vertrauen in die Staatsmacht sank immer tiefer. Ihre Repräsentanten befeuerten die Kritik. Das Etappenoberkommando beklagte beispielsweise eklatante Missstände bei der Bewirtschaftung oder im Transportwesen. Von Korruption und Spekulation war die Rede. Preistreiberei und Wucher stünden an der Tagesordnung.[36]

Im Schatten der Revolution

„Senden Sie den Kriegsminister an die Peripherie Wiens, nach Ottakring, Favoriten, wo die zu unkenntlichen, typischen Hungergestalten herabgekommenen Frauen, abgezehrte Kinder am Arm, vor den Läden angestellt sind." Die Aufforderung galt Kaiser Karl. Er wurde gedrängt, „große Politik" zu machen, „ehe es zu spät" sei.[37] Der Monarch hatte gerade mit prunkvollen Krönungsfeierlichkeiten in Budapest die Länder der Stephanskrone enger an sich zu binden versucht. Innerhalb Cisleithaniens erntete er damit Kritik. Nicht zuletzt die Tschechen fragten mit gutem Grund, ob den Ländern der Wenzelskrone nicht eine ähnliche Wertschätzung zuteilwerden sollte. Die Zeit drängte. Denn auch in Böhmen mehrten sich die Zeichen des Protests. Es kam zu größeren Streikaktionen, die sich von den bisherigen Ausständen zu unterscheiden begannen. In Pilsen beteiligten sich mehr Menschen daran als gewohnt. Und in Prag bildeten Arbeiter kleine, mitunter gewaltbereite und national gesinnte Gruppen.[38] Fundamentale Formierungsprozesse wurden in Gang gesetzt: Einerseits traten spontane, emotional aufgeladene Massenbewegungen in Erscheinung, die von sozialen und ökonomischen Motiven geleitet waren. Andererseits kam es zur Entstehung von Keimzellen und Leitungsgremien möglicher Rebellionen und Umstürze. Die böhmischen Städte blickten außerdem ebenso in den Osten wie das „Epizentrum der Macht", die Haupt- und Residenzstadt Wien. Hier, genauer gesagt im Artilleriearsenal, zirkulierten unter zirka 15 000 streikenden Beschäftigten Flugblätter mit der Aufforderung: „Lernet russisch, lernet von Petrograd!"[39]

Die Nachricht vom Sturz des Zaren während eines Massenprotestes in Sankt Petersburg, damals Petrograd genannt, war mit weitreichenden Konsequenzen verknüpft. Sozialrevolutionäre Losungen und nationale Unabhängigkeitsbestrebungen im untergehenden Romanowimperium beeinflussten das habsburgische Vielvölkerreich. Als die neue Provisorische Regierung Russlands mit Autonomie- und Selbstständigkeitsideen konfrontiert war, bemühte man sich auch in Wien vor allem um polnische und ukrainische Aspirationen. Der Konflikt zwischen den beiden Völkern verhinderte jedoch eine tragfähige Übereinkunft ebenso wie der Status eines 1916 ausgerufenen Königreiches Polen. Dieses war in hohem Maße von Deutschland und Österreich-Ungarn abhängig, wohingegen Petrograd nun eine weitgehende polnische Souveränität mit internationalen Garantien durch die Westmächte versprach.[40] Weder Berlin noch Wien hatten Vergleichbares anzubieten, die angespannte Wirtschaftslage engte vielmehr den Handlungsspielraum der Mittelmächte ein.[41] Die daraus resultierende politische Unzufriedenheit beängstigte Hof- und Regierungskreise. Ihnen nahestehende Zeitungen vermerkten deshalb, dass sich nur „Ideologen und Halbnarren" für die Revolution als solche begeistern könnten. Der Umsturz sei zu begrüßen, weil er den Feind schwäche. Man müsse sich aber davor hüten, eine Revolution im Allgemeinen „zum Ideal zu erheben".[42]

Das war nicht zuletzt gegen Marxismus und Arbeiterbewegung gerichtet, denen mit dem Verschwinden des „despotischen Zarismus" der Hauptkontrahent verloren ging: Der „ungeheure geschichtliche Dammbruch", ähnlich dem der Französischen Revolution, fand in der „Arbeiter-Zeitung" eine derart begeisterte Aufnahme, dass die Zensur einschritt.[43]

Die Fassaden der patriotischen Einheit bröckelten. Schon im Herbst 1916 hatte Friedrich Adler, der Sohn des sozialdemokratischen Parteigründers und -führers, Victor Adler, den k.k. Ministerpräsidenten Stürgkh als Symbolfigur des „Kriegsabsolutismus" erschossen. Die Gewalttat sorgte auch in Russland für Aufsehen. Aus dem Attentäter wurde ein „Tyrannenmörder", der den „gerechten Zorn unmündig gehaltener Massen" zum Ausdruck brachte. Dass der aufsehenerregende Prozess gegen Adler mit einem Todesurteil endete, war vorhersehbar. Bezeichnend aber für das allgemeine Klima war die Furcht vor der Vollstreckung des Gerichtsbeschlusses. Die Behörden, erklärte die Linke, wagten es nicht, den „Delinquenten dem Henker zu überantworten".[44]

Bei den Feiern zum 1. Mai bejubelte die Arbeiterschaft die „neuen Freiheiten im Osten", etwa das Frauenwahlrecht oder den Achtstundentag. Die SP-Führung zog nach. „Man wird hier nicht verweigern können, was drüben ist", brachte es Otto Bauer auf den Punkt. Der führende Theoretiker und Repräsentant des linken Parteiflügels war soeben aus russischer Kriegsgefangenschaft zurückgekehrt. In Petrograd hatte er die dramatischen Monate nach dem Ende der Zarenherrschaft als Augenzeuge miterlebt.[45]

Im Umfeld von Kaiser Karl sah man sich gezwungen, zu reagieren. Sozialpolitische Maßnahmen wurden in die Wege geleitet, der Reichsrat trat nach dreijähriger Pause wieder zusammen. Außenminister Ottokar Czernin versuchte gleichzeitig, den ungarischen Ministerpräsidenten von der Notwendigkeit einer Zusammenarbeit mit den Linken zu überzeugen. Es müsse „überschüssiger Dampf abgelassen" werden, andernfalls, so seine Worte, „explodiert der Kasten".[46]

Freilich, ergänzte Czernin, habe das alles hauptsächlich nach dem Krieg zu geschehen. Damit stand die Frage eines Endes der Kampfhandlungen im Raum. Dafür setzte sich nicht zuletzt die Sozialdemokratie unter anderem im Rahmen einer internationalen Konferenz in Stockholm ein. Die Initiative auf neutralem skandinavischem Boden scheiterte allerdings – die Westmächte zeigten zu diesem Zeitpunkt wenig Interesse. Sie waren durch den Kriegseintritt der Vereinigten Staaten gestärkt worden und hielten seit Wochen auch das verbündete Russland auf Kriegskurs.[47]

Vor diesem Hintergrund entschied sich Alexander Kerenskij, seit Mai Kriegsminister und seit Juli Premier der Provisorischen Regierung in Petrograd, die russische Armee zu einer Offensive antreten zu lassen. Sie verlief nicht bloß erfolglos, sondern endete im Desaster. Das bereits destabilisierte Land schlitterte vollends ins Chaos. Kerenskij geriet schließlich auch mit den Militärs in Konflikt, während sich die radikale Opposition im Aufwind befand. Vladimir I. Lenin, mit Hilfe der Mittelmächte aus dem Exil zurückgekehrt, bediente sich einfacher und effektiver Parolen. Putschartig ergriffen Lenin und seine Bolschewiki die Macht in der später überhöhten „Oktoberrevolution". Und unverzüglich dekretierten sie als „Rätemacht" Frieden, Landreform und nationale Selbstbestimmung. Über das weitere Vorgehen waren sich die neuen Machthaber jedoch uneinig. Konfrontiert mit einer Unzahl von Widrigkeiten und Gegenkräften bekam das Regime die Zügel erst nach und nach in die Hand. Die Bolschewiki, die sich ab 1918 Kommunisten nannten, kämpften gegen eine vielschichtige innere Opposition, gegen separatistische Völker und ausländische Interventen. Dabei verwandelte sich das politische System rasch in eine besonders repressive Form der Einparteiendiktatur. Zensur, Verfolgung Andersdenkender, Aufstieg einer bald gegründeten Geheimpolizei, schließlich die Auflösung des gewählten Parlamentes und selbst die Ausgrenzung anderer sozialistischer Kräfte mussten aufmerksame Beobachter von Anfang an verstören.[48]

In der Donaumonarchie waren zunächst andere Aspekte von größerer Bedeutung: Lenins Friedenslosungen konnten nicht missachtet werden. Die Appelle der Sowjetregierung erschienen wie ein heller Lichtstrahl am Nachthimmel. Verhandlungsangebote nährten die Hoffnung, das Töten könnte bald an allen Fronten ein Ende finden. Am 22. Dezember 1917 begannen in Brest-Litowsk die Unterredungen zwischen den Mittelmächten und Räterussland. Das Gesprächsklima war frostig. Weltanschauliche Kontrahenten saßen einander gegenüber. Die Deutsche Oberste Heeresleitung unter Paul von Hindenburg und Erich Ludendorff plante militärisch eine Entlastung der Westfront und machtpolitisch eine Stärkung des deutschen Einflusses im Osten. Österreich-Ungarn geriet völlig in das Fahrwasser Hindenburgs und Ludendorffs. Auslöser war nicht zuletzt der Konflikt zwischen Petrograd und Kiew. Bedroht vom Oktoberregime und seinem lokalen Anhang erklärte sich die Ukraine im Jänner 1918 für unabhängig und suchte dann das Bündnis mit den Mittelmächten. Die Gespräche wurden unterbrochen. Deutsche und österreichisch-ungarische Truppen setzten sich in der zweiten Februarhälfte in Bewegung. Bis Anfang Mai 1918 marschierten sie weit nach Osten, in die Ukraine, nach Rostow am Don, auf die Krim und später auch noch in den Kaukasus.[49]

Die Bolschewiki lenkten ein. Am 3. März schlossen sie mit den Mittelmächten den Brester Frieden. Russland verlor riesige, teilweise höher entwickelte und speziell agrarisch wertvolle Randgebiete des untergegangenen Zarenimperiums. Berlin und Wien betrachteten die „befreundete" Ukraine nun als Requirierungszone für Rohstoffe und Lebensmittel. Die Rada, die Kiewer Führung, zeigte sich aber weder willens noch fähig, diesen Wünschen zu entsprechen. Deutsche und Österreicher setzten daraufhin kurzerhand ein willfähriges Regime, das „Hetmanat" des früheren zarischen Generals Pavlo Skoropad'skyj, ein.[50]

Trügerische Expansion

Tatsächlich waren die hinzugewonnenen Territorien im Osten ebenso Besatzungsgebiete wie auf dem Balkan. Die dominante Stellung der Streitkräfte unterstrich die wahren Machtverhältnisse, bezeichnenderweise wurden vielerorts Militärgouvernements eingerichtet.[51]

Das Einflussgebiet des Habsburgerreiches dehnte sich weiter aus. Der 12. Isonzoschlacht im Spätherbst 1917 folgte ein „rauschhafter" Vormarsch bis zur Piave. Beträchtliche Geländegewinne – die Provinzen Udine und Belluno sowie Teile von Venetien, Treviso und Vicenza – waren zu verzeichnen.[52]

Rein militärisch sah die Bilanz aus dem Blickwinkel der k.u.k. Armee damals einigermaßen zufriedenstellend aus. Die italienischen Angriffe hatte man abgewehrt, eine eigene Offensive gelang. Bei Tarnów-Gorlice war der „Durchbruch" hingegen schon zweieinhalb Jahre früher geglückt. Galizien wurde zurückerobert. Die Mittelmächte stießen bis ins Baltikum vor. Wenig später gelang unter Einbeziehung des neuen Verbündeten Bulgarien die „Niederringung Serbiens".[53] Als sich Rumänien auf die Seite der Entente stellte, reagierten die Mittelmächte energisch. Im Dezember 1916 marschierten sie in Bukarest ein. Das nun eingenommene Gebiet wurde in drei Gouvernements unter deutscher Oberhoheit geteilt. Österreich-Ungarn war an der Verwaltung vor allem wirtschaftlich beteiligt.[54]

Territoriale Zugewinne und strategische Erfolge erklärten in gewisser Weise auch die relativ gelassene Reaktion der k.u.k. Soldaten auf die Revolution in Russland. Nicht nur die Generalität stellte in der Folge Überlegungen an, wie der eigene Einfluss in der erweiterten Machtsphäre langfristig zur Geltung gebracht werden könnte. Zivile Entscheidungsträger und Honoratioren legten Konzepte und Memoranden über die Zukunft der Monarchie und ihre Expansionszonen vor. Die „historisch-christliche Mission" des Reiches im „barbarischen Osten" wurde als „Naturnotwendigkeit" bezeichnet, ein „Platz an der Sonne" gefordert, eine „imperiale und koloniale Orientpolitik".[55]

Nach innen hin ging es um das Verhältnis zu Ungarn. Für eine Lockerung, eine reine Personalunion, plädierten die einen, für ein gemeinsames Parlament und eine Wiederherstellung des Gesamtstaates die anderen. Viele favorisierten nach wie vor das dualistische System, weil sie Widerstände der Budapester Führung fürchteten. „Subdualistische" Ausgleichskonzepte kamen zur Sprache, in den Ländern der Stephanskrone das Übereinkommen zwischen Magyaren und Kroaten, in Cisleithanien zwischen Polen und „Österreich". Umstritten war auch, ob Galizien und die Bukowina abgetrennt werden sollten, um „austrophile" polnische und ukrainische Staatswesen zu schaffen. Die k.u.k. Dominanz in Rumänien, Serbien, Montenegro und Albanien beschäftigte wiederum „Think-Tanks" und Diplomaten des k.u.k. Außenministeriums am Ballhausplatz gleichermaßen.[56]

Signifikanterweise beklagten nur wenige unter jenen, die Zukunftsmodelle entwarfen, das „deutsch-österreichische Seigneurat". Im Gegenteil – von Berlin und Wien aus sollte „Mitteleuropa" gelenkt werden. Die volle Gleichwertigkeit der Völker verlangte lediglich eine Minderheit.[57]

Zahlreiche Verfasser von Entwürfen und Mitglieder von elitären Zirkeln gaben sich gemeinsam mit der Armee ganz germanophil, machten sich Gedanken, wie in einem starken Österreich das „Deutschtum" wieder gefördert werden könne. Bei allen Großmacht- und Kolonialplänen orientierte man sich zudem an Berlin. Offizielle Stellen des Habsburgerreiches reagierten auf die Ansichten allerdings kühl. Die Ministerpräsidenten Österreichs und Ungarns standen etwa Zollunionsplänen distanziert gegenüber, Gespräche mit Deutschland über eine wirtschaftliche Annäherung versandeten rasch. Am Ballhausplatz und in regierungsnahen Zeitungen gab man sich bezüglich der „Mitteleuropa-Idee“ zugeknöpft. Wien fürchtete um die Souveränität der Monarchie.[58]

Die Vorrangstellung des Hohenzollernreichs bereitete der k.u.k.-Führung Kopfzerbrechen. Das Verhalten der Vereinigten Staaten musste diesbezüglich nachdenklich stimmen: Sie hatten im April 1917 nur Deutschland den Krieg erklärt, nach dem Vormarsch der Mittelmächte bis zur Piave aber auch Österreich-Ungarn. US-Präsident Woodrow Wilson begründete diese Entscheidung vom Dezember 1917 damit, dass das Habsburgerreich „derzeit nicht Herr seiner selbst sei, sondern ganz einfach ein Vasall der deutschen Regierung“.[59]

Der „Durchbruch von Flitsch-Tolmein“ erwies sich in jeder Hinsicht als Pyrrhussieg. Das feindliche Bündnis erhielt wichtige Verstärkung, während die eigenen Truppen in den eroberten Gebieten verzweifelt nach Vorräten suchten und die „Heimatfront“ kaum mehr über Reserven verfügte. Beschlagnahmungen erwiesen sich unter diesen Umständen als kontraproduktiv. Unmut regte sich. In Serbien entstand eine lokale Guerilla. Einschüchterungsmaßnahmen trugen nicht dazu bei, die Lage zu beruhigen. Auch in Montenegro und Albanien konnte der anhaltende Widerstand nicht gänzlich gebrochen werden.[60]

In den Grenzregionen des ehemaligen Zarenreiches ergab sich ein ähnliches Bild. Konfiskationen und Repressalien trugen auch hier zur Eskalation bei. Der sogenannte „Brotfriede“ mit Kiew, der im Februar 1918 geschlossen wurde, hatte ungeheure Erwartungen geweckt. Ein Handschreiben Kaiser Karls an Eduard Freiherr von Böhm-Ermolli, den k.u.k. Befehlshaber in der Ukraine, ließ keinen Platz für Milde. Die Requirierungen in seinem Kommandobereich, so der Regent, hätten „rücksichtslos, eventuell mit Gewalt zu erfolgen“.[61]

Dagegen setzten sich die Bewohner der betroffenen Landstriche schließlich entschieden zur Wehr. Die Zusammenstöße nahmen den Charakter regelrechter Kriege an. Wie in so vielen anderen Fällen folgten Geiselaushebungen, Massenhinrichtungen und die Zerstörung ganzer Dörfer. Durch Gegenaktionen revoltierender Bauern drehte sich die Gewaltspirale weiter.[62]

Zerfall

Enttäuschte Loyalität

Die hässlichen Gewaltexzesse in den imperialen und kolonialen Expansionszonen nahm das Hinterland kaum wahr. Hier ging es um gesamtstaatliche Reformen, die in Ungarn prompt auf Widerspruch stießen. Ministerpräsident Tisza zeigte wenig Verhandlungsbereitschaft, die Opposition, angeführt von Mihály Károly, brandmarkte ihn daher als Verkörperung der Reaktion. Kaiser Karl befürwortete einen Regierungswechsel, und Tisza trat am 22. Mai 1917 zurück. Seine einflussreiche Anhängerschaft rückte von der Krone ab, Transleithanien ließ sich immer schwerer regieren. Mit jenen, die die strengen Zensushürden schafften und im Reichstag vertreten waren, ließen sich kaum Mehrheiten bilden. Dennoch hinterfragten die meisten Magyaren das bestehende System vorläufig nicht. Ähnliches galt für die Siebenbürger Rumänen, die sich einer mitteleuropäischen Zivilisation zugehörig fühlten und die Bukarester Führung wegen ihres Beitritts zur feindlichen Allianz als Verräter abqualifizierten.[1]

Auch in der westlichen Reichshälfte hielt man an der Einheit im Zentraleuropa fest. Eine entsprechende Erklärung gaben die Tschechen ab, die seit November 1916 in einem Verband, dem „Český svaz“, zusammengefasst waren. In Summe stärkte eine Welle von Treuegelöbnissen dem Nachfolger Franz Josephs den Rücken. Der Obmann des kroatisch-slowenischen Abgeordnetenklubs, Anton Korošec, hatte zum Beispiel am 19. Jänner 1917 bestätigt, dass seine Landsleute in „Not und Tod" zur Dynastie stünden. Alle Südslawen, also auch die Serben der Monarchie, forderten zwar einen Neubau des Staatskörpers auf demokratischer Grundlage, die Petitionen erfolgten aber explizit unter Verweis auf die habsburgischen Herrschaftsrechte.[2]

Derartige Loyalitätserklärungen waren durchaus ernst gemeint, dienten allerdings auch als Warnung. Die Machthaber sollten die „ernste Stunde" nutzen. Keineswegs war etwa abzusehen, wie lange es bei den k.u.k. Truppenverbänden ruhig bleiben würde. Noch aber war die prinzipielle Ablehnung des Staates nicht verbreitet. Soldaten aller Nationalitäten erfüllten für den Kaiser weiterhin ihre Pflicht. Und auch die Zivilisten hielten dem „allerhöchsten Haus Österreich" nach wie vor die Treue.[3]

Das vorhandene Vertrauenskapital wurde jedoch bald verspielt. Die Polen etwa lösten sich von den Habsburgern und Hohenzollern. Die Aussicht auf Unabhängigkeit mithilfe des revolutionären Petrograd, die Ablehnung größerer Rechte für Galizien durch die k.k. Regierung und die Präsenz deutscher Truppen bewirkten eine Abkühlung des Verhältnisses. Legionsverbände an der Seite der Mittelmächte, angeführt von Józef Piłsudski, verweigerten die Gefolgschaft und wurden interniert. Teile der Einheiten gingen zur Entente über. Zuvor war bereits die in Warschau amtierende Regierung zurückgetreten. Unmittelbarer Anlass für die heftige Reaktion war der „Brotfriede" zwischen Kiew einerseits, Berlin und Wien andererseits. Deutschland und Österreich-Ungarn hatten dem neuen Vertragspartner alle ukrainisch besiedelten Gebiete zugesprochen, selbst das von den Polen reklamierte Cholmer Land. Der Proteststurm glich gerade im Habsburgerreich einem politischen Erdbeben. Das galizische Establishment, bisher eine wichtige Stütze des cisleithanischen Systems, wandte sich von der Wiener Regierung ab.[4]

Das Distanzierungsbestreben mündete zunächst in Doppelstrategien. „Nach außen waren wir loyal zu Österreich, trafen jedoch Vorbereitungen zum Umsturz. Sollte sich Österreich retten, würden wir zu ihrem föderativen Wesen gehören. Sollte es aber zerfallen, waren wir auf die Selbständigkeit" vorbereitet, erinnerte sich später der ruthenische Reichsratsmandatar Lonhyn Cehels'kyj.[5] Nicht viel anders verhielten sich viele Tschechen. Man pendelte daher zwischen prohabsburgischer Loyalität und Kontakten zu Emigranten, die sich selbst lange nicht festlegen wollten.[6] Signale aus Wien wurden abgewartet. Die kaiserliche Thronrede infolge der Reichsratseröffnung im Mai 1917 blieb aber orakelhaft und nichtssagend. Das Regierungssystem erodierte. Die in Krisenzeiten nicht unübliche Idee einer Koalition, in der jede Nationalität und jede Partei mit einem Minister vertreten sein sollten, fand keine Zustimmung.[7] Eine Demokratisierung oder die Umwandlung zumindest Österreichs in einen Bundesstaat ließ gleichfalls auf sich warten. Entsprechend enttäuscht reagierten die Nationalitäten. Im Jänner 1918 forderten die Tschechen ein weitreichendes Selbstbestimmungsrecht.[8] Die Südslawen folgten, wie schon zuvor des Öfteren, dem tschechischen Beispiel, allerdings nicht ohne noch einmal auf den Kaiser einzuwirken. Anton Korošec wurde am 27. Februar 1918 zu ihm vorgelassen, gewann aber keineswegs den Eindruck, dass sich in der Frage der Reichsreform etwas bewegte. Am 2. und 3. März 1918 versammelten sich in Zagreb südslawische Repräsentanten beider Reichshälften. Die Tragweite der dort gefällten Beschlüsse erkannte auch die Wiener Presse, und Korošec schrieb aus der Rückschau: „Damals haben wir das Habsburgerzepter hinausgeworfen."[9]

Eine verhängnisvolle Affäre

In der Zwischenzeit überdachten die Regierungen der Feindstaaten ihre Haltung gegenüber der Donaumonarchie. Deren Zerstörung war für die Westmächte alles andere als eine ausgemachte Sache. Territoriale Versprechen an die Verbündeten, allen voran an Italien, wiesen zwar in diese Richtung. Offiziell hielt man sich aber zurück, während hinter den Kulissen sogar Übereinkünfte mit Wien gesucht wurden. Der Nachfolger Franz Josephs hatte seinerseits entsprechende Signale ausgesendet.[10]

Mittels verwandtschaftlicher Beziehungen – über seine Schwäger Sixtus und Xavier von Bourbon-Parma, die beide in der gegnerischen belgischen Armee dienten – versuchte Karl im Frühjahr 1917 einen eigenen Anlauf zu Verhandlungen. Sie erwiesen sich in weiterer Folge jedoch als höchst kontraproduktiv. K.u.k. Außenminister Graf Czernin, nur teilweise in die Initiativen des Monarchen eingeweiht, verhielt sich nach der Unterrichtung über die diskreten Kontakte reserviert und verlangte Garantien für die territoriale Integrität Österreich-Ungarns. Karl hingegen gab sich entgegenkommend bezüglich der französischen Ansprüche auf Elsaß-Lothringen, das in deutscher Hand war. Selbst bei italienischen Forderungen gegenüber dem Habsburgerreich zeigte er sich nach anfänglichem Zögern gesprächsbereit. Der junge Regent trat außerdem an die Vereinigten Staaten von Amerika heran, worüber sich Czernin ebenfalls nicht ausreichend informiert fühlte.[11]

Ausschlaggebend für die weiteren Begebenheiten aber war die Reaktion der Entente. Und dabei ging es vor allem um den Londoner Geheimvertrag von 1915: Italien wurde darin für seinen Kriegseintritt auf der Seite Frankreichs, Großbritanniens und Russlands mit Territorien der k.u.k. Monarchie bis zur Brennergrenze und in Dalmatien entschädigt.[12] Die Regierung in Rom hielt daran strikt fest, London und Paris wiederum vermieden einen ernsthaften Konflikt mit dem Bündnispartner. Washington nahm diese Vorgehensweise zunächst mit Verärgerung auf. Hier sah man eine ernsthafte Friedensbereitschaft Wiens und eine veritable Chance zur Beendigung der bewaffneten Auseinandersetzungen vereitelt. Der amerikanische Präsident Woodrow Wilson, unter anderem von Lenins Losungen über den Frieden und die nationale Selbstbestimmung herausgefordert, reagierte im Jänner 1918 mit seinen „Vierzehn Punkten". Sie stellten sich als grobe Skizze einer liberalen Weltordnung nach der Waffenruhe dar, mit vagen Zugeständnissen an das Selbstbestimmungsrecht der Völker. Gerade den Nationalitäten der Donaumonarchie wollte das Weiße Haus bezeichnenderweise nur die Gelegenheit zu einer autonomen Entwicklung ermöglichen.[13]

Graf Czernin holte indessen zu einem Rundumschlag aus. Die Befürworter des „nackten Siegfriedens" prangerte er ebenso an wie österreichische Pazifisten oder „tschechische Hochverräter". Scharf ging er zudem mit der unnachgiebigen Haltung der Feindstaaten ins Gericht. Frankreichs nunmehriger Ministerpräsident George Clemenceau, von Czernin wegen der Verhandlungen über ein Kriegsende als Bittsteller dargestellt, reagierte umgehend. Clemenceau wies nach, dass sich die Donaumonarchie – und zwar vor allem auch deren Regent persönlich – durch Vermittlung seiner Schwäger an die Westmächte gewandt hatte. Damit gelangten die von Karl verfassten Briefe an die Öffentlichkeit, in denen es um eine Verständigung zwischen den Kriegsparteien ging und um das Anrecht der

„Grande Nation" auf Elsaß-Lothringen, das der habsburgische Monarch zumindest nicht in Abrede stellte. Deutschland betonte, nicht eingeweiht zu sein, und zeigte sich brüskiert. Eine Vertrauenskrise zwischen Berlin und Wien war die Folge.[14] Karl bemühte sich nun erfolglos, die publik gemachte Korrespondenz als Lüge abzutun. Czernin seinerseits war nicht bereit, die Sache auf sich zu nehmen. Er rückte noch weiter von seinem Kaiser ab, brachte dessen Entmündigung in Form eines Regentschaftsrats ins Spiel und deutete einen möglichen Einmarsch deutscher Truppen in Österreich an. Karl reagierte mit der Entlassung Czernins am 14. April 1918. Einen Monat später besuchte der Herrscher der Donaumonarchie gedemütigt das deutsche Hauptquartier in Spa, um sich noch mehr als bisher an Wilhelm II. und seine Generalität zu binden. Der bloßgestellte Monarch traf auf die „Großherzigkeit" seiner Bündnispartner, die von der Causa unter den bestehenden Rahmenbedingungen sogar profitierten.[15]

Karl aber war in doppelter Hinsicht diskreditiert. Die Geschehnisse trugen in beträchtlicher Weise zur Abkehr vom Regenten bei, vor allem zahlreiche Deutsch-Österreicher sahen in den höfischen „Machinationen" einen Betrug an Berlin.[16] Die aufrichtige, jedoch ungeschickte Friedenspolitik führte zu Verratsvorwürfen, die sich speziell gegen Karls Frau Zita richteten.[17] Während die Kaiserin solcherart als „italienische Verräterin" abgestempelt wurde, vermerkte die britische Diplomatie eine Festigung des Bündnisses zwischen dem Hohenzollernreich und der Donaumonarchie. London setzte nun auf die Unterstützung der „unterdrückten Nationalitäten in Österreich", die Vereinigten Staaten schwenkten in den letzten Maitagen des Jahres 1918 gleichfalls auf diese Linie ein.[18]

Als hilfreich erwies sich unter solchen Umständen auch die Rekrutierung von Freiwilligenverbänden, Legionen oder „Druschinen“, die an der Seite der Entente-Truppen kämpften und vornehmlich unter den Slawen des Habsburgerreiches angeworben wurden.[19] Einsätze dieser Einheiten gingen schließlich mit Appellen einher, den antihabsburgischen Nationalbewegungen zu ihrem Ziel, der völligen Unabhängigkeit, zu verhelfen. Im September 1918 erkannte Washington den „Tschechoslowakischen Nationalausschuss“ als eine de facto am Krieg teilnehmende Regierung an. Eine Konferenz in der Carnegie Hall vereinte Repräsentanten der Tschechen, Polen, Italiener, Jugoslawen, Rumänen und Ruthenen. Wilson empfing die Delegierten am 20. September, um ihnen mitzuteilen, dass „die Auflösung der Habsburgermonarchie nun notwendig geworden“ sei.[20]

Autoritätsverlust

Bis zur Jahresmitte 1918 hatten sich die Zukunftsaussichten für die Habsburgermonarchie beträchtlich verschlechtert. Innen- wie außenpolitisch waren zumindest Vorentscheidungen getroffen worden. Ausschlaggebend blieb jedoch die Situation an den Fronten. Die Deutsche Oberste Heeresleitung bereitete einen Schlag gegen Frankreich und seine Alliierten vor. Das k.u.k. Armeeoberkommando sollte in diesem Zusammenhang zumindest Truppen in Italien binden, indem es eine Entlastungsoffensive an der Piave startete. Mehr Material und mehr Mannschaften als bislang sollten dafür aufgeboten werden. Als die Truppen im Juni angriffen, erwiesen sich schon die ersten Operationen als Fehlschlag. Der Piave führte viel Wasser und war nicht leicht zu bezwingen. Es mangelte an Munition, teilweise erwies sie sich als fehlerhaft. Der Gaseinsatz blieb fast wirkungslos. Die Fliegertruppe traf auf eine feindliche Übermacht. Binnen Stunden zerfiel die Attacke in Einzelgefechte, für die das Beschaffungswesen des AOK bald nur noch sporadischen „Zuschub“ versprechen konnte. Die vordersten Linien erhielten zu wenig Verstärkung. Kampfschauplätze verwandelten sich in „Leichenfelder“, bevor sich die deprimierten Einheiten kraftlos in ihre Ausgangsstellungen zurückzogen.[21]

Mehr als eine Schlacht war verloren. Die Ressourcenknappheit raubte der Armee die Offensivkraft. Die gegnerischen Alliierten registrierten den Fehlschlag der „Hungeroffensive“ und die nachhaltige Schwächung Österreich-Ungarns mit der zufriedenen Gewissheit, sich nun ganz auf die Deutschen an der Westfront konzentrieren zu können. Zugleich verschlimmerten die Nahrungsmittellieferungen an die südwestlichen Kampfschauplätze die Verhältnisse an der „Heimatfront“. Der Haupt- und Residenzstadt Wien stand ab dem 17. Juni kein Mehl mehr zur Verfügung. Das Deutsche Reich fiel als Stütze aus, da es selbst auf größere Mengen Getreides aus Rumänien und der Ukraine wartete. Requirierungen vor allem in Ungarn machten nur noch mehr böses Blut.[22]

Bei den Streitkräften brodelte es. Die Lage verschärfte sich, als Kriegsgefangene aus dem revolutionären Russland zurückkehrten und die eigene Heeresadministration sie als verdächtig und potenziell illoyal einstufte. Resultat war ein kühler Empfang, harte Disziplinierungsmaßnahmen und eine strenge Überwachung. Hinzu kamen ernüchternde Erlebnisse im Hinterland, das Elend ihrer Familien, das sie während eines meist kurzen Heimaturlaubs kennenlernten. Die trübe Aussicht, bald wieder in Marschformationen eingereiht und an verschiedenen Kriegsschauplätzen kämpfen zu müssen, tat ein Übriges.[23]

Die Betroffenen gingen auf Distanz zum eigenen Staat. Verärgerung und tiefer Groll verwandelten sich mancherorts in offene Rebellion. Bei der Marine gärte es schon seit Längerem. Im Kriegshafen von Cattaro brach Anfang

Februar 1918 eine allerdings binnen weniger Tage niedergeschlagene Matrosenrevolte aus. Zur Jahresmitte kam es dann bei den Ersatzkörpern des Heeres zu Meutereien. An mehreren Orten, etwa in Judenburg, Radkersburg und Murau in der Steiermark, im nordböhmischen Rumburg, im südungarischen Pécs oder im serbischen Kragujevac, beteiligten sich daran insbesondere Heimkehrer aus der Gefangenschaft. Die nachfolgenden Untersuchungen ergaben, dass einige „Aufwiegler" durchaus mit revolutionären oder nationalen Ideen liebäugelten. In Summe jedoch erkannten die ermittelten Behörden, dass speziell die Beschwernisse des Alltags und die Vorgangsweise der militärischen Vorgesetzten zu den Revolten beigetragen hatten.[24]

Die Niederschlagung des „Aufruhrs" lag unterdessen in den Händen von Assistenztruppen. Ihnen oblag auch die Durchführung des „Strafgerichtes". Und dieses sollte nach Wunsch der vorgesetzten Stellen drakonisch ausfallen. In Pécs exekutierte man neunzehn, in Rumburg zehn, in der Steiermark zwanzig und in Kragujevac vierundvierzig Soldaten.[25]

Derartige Begebenheiten erleichterten es vielen, sich endgültig von ihren Einheiten zu entfernen. Amtlichen Angaben zufolge fehlten bei den Ersatzkörpern des Habsburgerheeres im August 1918 knapp 50 000 Mann. Sie waren nicht mehr eingerückt oder verweigerten offen den Dienst. Im AOK kursierten indes mit einiger Berechtigung wesentlich höhere Zahlen: Man sprach von 100 00 bis 250 000 abgängigen Soldaten.[26]

Solche Angaben steigerten nur die Paranoia jener Militärs, die das bisherige Vorgehen für zu lasch hielten. Sie wollten das Kriegsgesetz in voller Schärfe zur Anwendung gebracht wissen.[27] Aufforderungen, rigoros durchzugreifen, häuften sich schon seit dem Jahreswechsel 1917/18.

Immer öfter kam es zu Arbeitsniederlegungen. Ausgehend vom südlichen Wiener Becken streikten Anfang des letzten Kriegsjahres eine Million Beschäftigte in allen Industriegebieten der Donaumonarchie. Über die Unzufriedenheit mit der Kürzung von Mehlrationen hinaus trug der Widerstand bald politischen Charakter: verlangt wurden die Milderung des Militärregimes und die Neuzusammensetzung der Gemeindevertretungen. Zudem entstanden Arbeiterräte, welche die Sozialdemokratie an die Kandare nahm. Österreichische SP-Funktionäre lenkten die Bewegung in geordnete Bahnen. Und die Ministerpräsidenten Österreichs und Ungarns wirkten durch ihre Kompromissbereitschaft ebenfalls beschwichtigend, auch wenn es sich dabei letztlich um leere Versprechungen handelte.[28]

Das Abflauen der Protestwelle vermochte die Staatsführung dennoch nicht zu beruhigen. Schließlich zeigte sich der ideelle Einfluss der „Oktoberrevolution". Die Menschen verlangten unter dem Eindruck der Verhandlungen in Brest-Litowsk den Verzicht auf imperialistische Expansionsgelüste. Viele rückten angesichts des Verhaltens der Mittelmächte im Osten weiter von ihren Regierungen ab. Hardliner in der Armee liebäugelten im Gegenzug mit einer „Politik der starken Hand", einem „Ministerium der Generäle". Energische Offiziere sollten die verschiedenen Ressorts übernehmen und ein einheitliches Befehlssystem im Hinterland gewährleisten.[29]

Den diktatorischen Eifer bremsten umgehend zahlreiche Institutionen, darunter das k.u.k. Kriegsministerium.[30] Die vorhandenen Probleme konnten aber auch die zivilen Behörden und das Parlament nicht aus der Welt schaffen. Im Gegenteil. Weitere Ansätze, die Nationalitätenkonflikte zu lösen, scheiterten. Die k.k. Regierung vertagte den Wiener Reichsrat, ein deutsch-völkischer Kurs entfernte das System noch weiter von den anfänglichen Verständigungsversuchen unter Kaiser Karl.[31]

Die Weichen wurden mittlerweile aber anderswo gestellt: in den Kanzleien der feindlichen Regierungen, an den verschiedenen Kampfschauplätzen, innerhalb der nationalen Bewegungen im In- und Ausland. Vielerorts hielten sich geheime Militärzirkel für den Umsturz bereit.[32],[33]

Offen agierten politische Entscheidungsträger. In Laibach fanden Mitte August 1918 „Slawische Tage" statt. In der Anwesenheit polnischer und tschechischer Repräsentanten entstand ein „Volksrat für Slowenien und Istrien" als Parallelinstitution zur bestehenden, immer noch über gewisse Sympathien verfügenden k.k. Verwaltung.[34] Mitte Juli war bereits ein „Národni výbor", ein „Nationalausschuss", ins Leben getreten, dem sich alle tschechischen Parteien nach dem Schlüssel der letzten Reichsratswahlen vom Jahr 1911 anschlossen. Vorbereitungen für den „Staatsgründungstag" wurden getroffen, die Bildung von Bezirks- und Ortsausschüssen vorangetrieben. Die Autorität der Emigrantenzirkel stand zugleich spätestens Mitte September außer Frage. Man wartete auf Weisungen von den führenden Exilgremien um Edvard Beneš und Tomáš Masaryk.[35]

Die auch dadurch geschaffene Ruhe vor dem Sturm schien ihren Teil zum Unvermögen der Regierung beizutragen, den Ernst der Lage voll und ganz zu begreifen. Andere steckten den Kopf in den Sand oder reagierten mit Halsstarrigkeit auf die Veränderungen. Karl hatte als König von Ungarn zum Beispiel immer noch die Illusion, den früheren Ministerpräsidenten István Graf Tisza zu einem tiefgreifenden Meinungsumschwung zu bewegen.[36] Tisza aber brüskierte eine südslawische Abordnung. Er beharrte auf dem Dualismus und dem bestehenden kroatisch-ungarischen Verhältnis.[37] Die Unbeweglichkeit der alten Machteliten verband sich mit einer Neigung zur Abstumpfung. Ständige Warnzeichen des bevorstehenden „Infarktes" rüttelten nicht mehr auf.[38] Außerdem wirkte die Opposition keineswegs einschüchternd. Nationale und sozialrevolutionäre Aktivisten glichen eher „Avantgardisten", denen die Mehrheit nicht, noch nicht oder nur teilweise folgte.[39] Nach Jahren blutiger Kämpfe, unzähliger Übergriffe insbesondere der Militärs und einer zur Hungersnot gesteigerten Versorgungskatastrophe war es bemerkenswert genug, wie gering das Potenzial zur Auflehnung blieb.[40]

Der Stimmungsumschwung vollzog sich langsam und unterschwellig. In der Geschäftswelt etwa baute man allmählich auf Finanzierungs- und Kreditmodelle innerhalb der eigenen nationalen und weltanschaulichen Gesinnungsgemeinschaft.[41] Spätestens Mitte 1918 rückten außerdem Gesellschaftsgruppen von der Monarchie ab, die sich bisher stets loyal verhalten hatten. Dem katholischen „Erzhaus" gelang es nicht einmal mehr, das Episkopat hinter sich zu vereinen. Im Namen des Kaiserpaares setzte sich das Armeeoberkommando vergeblich bei den österreichischen Bischöfen dafür ein, öffentlich an die Einigkeit der habsburgischen Völker zu appellieren. Ein entsprechender Hirtenbrief lag am 4. August 1918 vor. Die Oberhirten von Prag, Laibach, Trient und Triest weigerten sich jedoch, ihn zu veröffentlichen. Die Diözesen meldeten sich gewissermaßen ab, hielten nicht mehr zum Kaiser und zum gemeinsamen Staat.[42]

Auflösung

Bisweilen herrschte Apathie. Die bestehende Ordnung war diskreditiert. Eine ablehnende Haltung gegenüber den russischen Entwicklungen blieb indessen fast überall vorherrschend. Anders als Lenin es gehofft hatte, stellten sich das Ende der Zarenherrschaft und der „Rote Oktober" vor allem als warnendes Schreckbild dar. Als die sozialistischen Parteien der Tschechen am 14. Oktober 1918 einen Umsturzversuch wagten, stellten sich bürgerliche Kräfte erfolgreich gegen die Herausforderung von links und das Entstehen einer „anarchistischen Situation".[43]

Auf den „Tag X" zu warten, hieß, die Geschehnisse im Ausland und an den Fronten zu beachten. Von hier kamen jene Zeichen, die schließlich alle Akteure zum Handeln drängten. Nachdem Bulgarien seinen Widerstand gegen die vorrückenden Entente-Truppen eingestellt hatte, wandten sich auch Berlin, Istanbul und Wien an die Alliierten. Waffenstillstandsverhandlungen auf der Basis von Woodrow Wilsons „Vierzehn Punkten" sollten eingeleitet werden. Parallel dazu kam die Lawine im Habsburgerreich selbst ins Rollen. Der gemeinsame Ministerrat vom 27. September 1918 kündigte gemäß den Worten des Monarchen eine „Rekonstruktion im Innern" an. Das ging beide Reichshälften vor allem auch deshalb an, weil die „südslawische Frage" aufgeworfen wurde.[44]

Die ungarische Regierung unter Sándor Wekerle widersetzte sich aber nicht bloß jeder „föderalistischen Lösung". Sie stellte nun sogar die geltenden Beziehungen zwischen Wien und Budapest zur Disposition. Mit den Schlagworten „Frieden, Demokratie, Unabhängigkeit" rückte die linke Opposition um Mihály Károly in den Vordergrund. Der schließlich verhandlungswillige Wekerle wurde von den eigenen Mitstreitern und zudem von Tisza fallengelassen. Er trat am 11. Oktober ebenso wie sein österreichischer Amtskollege Max Hussarek zurück. Beide Premiers führten die Geschäfte vorläufig weiter, verfügten aber eigentlich über keinen Handlungsspielraum. Am 2. Oktober 1918 wollten die „nationalbewussten" Südslawen selbst von einer Autonomie nichts mehr wissen. Den Worten folgten Taten, auch in Ungarn. Der in Zagreb kurz darauf konstituierte Nationalrat der Slowenen, Kroaten und Serben repräsentierte nun deren gemeinsame Interessen. Seine Mitglieder nahmen in der Folge nicht mehr an den Sitzungen des Budapester Reichstages teil. In Kroatien beanspruchten sie bereits die provisorische Regierungsgewalt. Parallel dazu gingen die Polen eigene Wege. In Krakau gründete sich am 11. Oktober ein Nationalrat. Eine Vereinigung aller polnischen Gebiete zu einem souveränen Staat stand an. Die Sezession war in vollem Gange.[45]

Inmitten der Regionalisierung und Dezentralisierung wagte Kaiser Karl mit einem „Völkermanifest“ den letzten Reformversuch. Approbiert wurde es vom gemeinsamen Ministerrat am 15. Oktober. Allerdings fehlten die Ungarn. Das am 16. Oktober publik gemachte Dokument ließ den zentralen Aspekt des Dualismus unberührt. Alle Zugeständnisse an die Südslawen wurden dadurch ebenso relativiert wie das Entgegenkommen gegenüber den Tschechen. Sie taten sich mit den Slowaken aus der transleithanischen Reichshälfte zusammen. Nachdem auch der Lösung der „polnischen Frage“ nicht vorgegriffen werden sollte, blieb vor allem ein Effekt: Der „Bundesstaat“ für Österreich, gebildet aus Nationalräten, trieb den schon begonnenen Zerfall der Habsburgermonarchie nur noch voran.[46]

Die Würfel fielen nicht zuletzt im Ausland. Deklarationen und Absprachen der serbischen Regierung mit Emigrantenorganisationen in London zeigten ihre Wirkung. Das Zusammengehen der Serben, Kroaten und Slowenen unter Führung Belgrads zeichnete sich ab. Zeitgleich kam es zur Aufwertung der tschechischen Exilorganisationen unter Einbeziehung der Slowakei. Edvard Beneš wählte den 14. Oktober, um eine Provisorische Regierung der „Tschechoslowakei" mit dem vorläufigen Sitz in Paris vorzustellen. Ihr Vorsitzender wurde Tomáš Masaryk, der in Washington am 18. Oktober die Unabhängigkeitserklärung veröffentlichte. Die Anerkennung erfolgte durch Frankreich bereits am 15., dann durch die Vereinigten Staaten am 19., durch Italien am 21. und durch Großbritannien am 23. Oktober 1918.[47]

In Böhmen und Mähren begannen Verhandlungen zwischen dem Nationalausschuss und der alten Macht. Die Einführung der tschechischen Amtssprache in der inneren Verwaltung wurde genehmigt, die Rückführung der Truppen geplant. Heimat- und Exilgruppen koordinierten das weitere Vorgehen, während sich für alle Beteiligten überraschend der formale Akt der Staatsgründung vollzog: Der letzte k.u.k. Außenminister, Gyula Graf Andrássy, akzeptierte in einer Note an Washington sowohl die Waffenruhe als auch die vorbehaltlose Berücksichtigung der jugoslawischen und tschechoslowakischen Interessen durch die USA. Eine Sitzung wurde einberufen, eigentlich ging es dabei um die Übernahme der zentralen Lebensmittelversorgung, der „Kriegsgetreide-Verkehrsanstalt". Währenddessen versammelte sich eine immer größer werdende Menschenmenge. Sie verband mit der „Andrássy-Note" fälschlicherweise schon das Ende der Kampfhandlungen. Demonstrationszüge bejubelten des Weiteren den eigenen Staat. Es war der 28. Oktober 1918. Die politische Führung hielt den Moment zum Handeln für gekommen.[48]

Die Überführung der Landesverwaltung, die Ausarbeitung der betreffenden Gesetzeskonzepte und zahlreichen Manifeste an die Bevölkerung: Das alles vollzog sich unter Duldung der bisherigen Machtorgane. Deren Repräsentanten waren entweder uneins oder gar nicht mehr anwesend. Der neuen Regierung der „ČSR" gehörten im Übrigen auch vier Slowaken und ein Deutscher an. Eine

Großversammlung in Turócszentmárton am 30. Oktober vereinigte dann alle bedeutenden slowakischen Parteien im Beschluss, mit der neuen Prager Führung eine gemeinsame Zukunft zu suchen. Am nächsten Tag erging eine entsprechende Erklärung an die Öffentlichkeit.[49]

Italien war inzwischen gemeinsam mit seinen Verbündeten zu einer Offensive angetreten. Sie versetzte der Donaumonarchie den Todesstoß. Am 26. Oktober löste sich Wien vom Bündnis mit Berlin, das k.u.k. Armeeoberkommando nahm gesonderte Waffenstillstandsgespräche auf. Ergebnis der Unterredungen war die Übereinkunft vom 3. November in der Villa Giusti bei Padua. Die Italiener verwiesen allerdings auf weitere 24 Stunden, um alle ihre Truppen vom Ende der Kampfhandlungen zu verständigen. Durch die zeitverschobene Einstellung der Feindseligkeiten gerieten rund 350 000 k.u.k. Soldaten in Gefangenschaft – buchstäblich in letzter Minute.[50]

Parallel dazu schritt der Zerfallsprozess rasch voran. Am 29. Oktober übergab die alte Staatsmacht in Zagreb die Regierung an die Repräsentanten des neuen südslawischen Staates. Der kroatische Sabor erkannte den Nationalrat der Serben, Kroaten und Slowenen als oberste Gewalt an. Am 31. Oktober ernannte der Narodni svet in Laibach die Nationalregierung für den slowenischen Teil des neuen Gemeinwesens. Am 6. November verließ der k.u.k. Landeschef von Bosnien-Herzegowina Sarajewo. Den Schlussstrich unter die österreichisch-ungarische Herrschaft am Balkan zog die feierliche Vereinigung der bisher habsburgischen Länder mit Serbien und Montenegro am 1. Dezember 1918 in Belgrad.[51]

Davor hatten sich aus dem Reichsverband fast gleichzeitig mit den Tschechen die Polen gelöst. In Krakau entstand am 28. Oktober eine „Liquidierungskommission", die für Galizien provisorisch die Herrschaft ausübte. Gewartet wurde auf die Bildung einer gesamtstaatlichen Warschauer Führung. Bis man sich ihr unterstellen konnte, ging es der Kommission auch darum, rechtzeitig die Ruthenen in Ostgalizien in die Schranken zu weisen. Schließlich existierte in Lemberg seit dem 18. Oktober auch ein „Ukrainischer Nationalrat".[52]

Künftige Konflikte kündigten sich an. Am 6. November beanspruchten sowohl Ukrainer als auch Rumänen die Bukowina. Deren „Volksgenossen" in Siebenbürgen und im Banat strebten schon seit dem 6. Oktober die Vereinigung mit Rumänien an. Der am 12. September gegründete Slowakische Nationalrat wandte sich wiederum am 19. Oktober vom ungarischen Parlament ab.[53]

In Budapest kam es schließlich zu blutigen Zusammenstößen. Die Polizei feuerte an der Kettenbrücke in die Menge. Demonstranten setzten sich für einen ungarischen Nationalrat unter Mihály Károlyi ein. Einheiten der Honvéd gingen auf die Seite der Opposition über. Militärkommandant Baron Lukachich erbat wenigstens ein verlässliches Regiment, um die Ordnung aufrechterhalten zu können. Er telefonierte mit dem König. Schließlich hörte Lukachich die Stimme Karls, der nicht zu ihm, sondern zu sich selbst sagte: „Oh, es ist doch schon genug Blut geflossen."[54] Der Souverän kapitulierte, wissend, dass sich niemand mehr fand, die Befehle seiner Offiziere auszuführen. Das Kabinett Károlyi trat sein Amt an.[55]

In Wien fand indes Heinrich Lammasch als letzter k.k. Ministerpräsidenten kein „Österreich" mehr vor, um es zu regieren. Der bedeutende Straf- und Völkerrechtsexperte kümmerte sich nur noch um die friedliche Liquidierung des alten Staates – soweit es in seiner Macht stand. Daran beteiligten sich auch die Deutschösterreicher. Nach dem „Völkermanifest" gingen sie an die Errichtung eines eigenen Staates. Und schon nach ihren ersten Zusammenkünften ließ die Betonung der parlamentarischen Befugnisse eigentlich keinen Platz mehr für die allerhöchste Dynastie und ihre Minister.[56]

Dennoch blieb die Frage der Staatsform zunächst offen. Die versammelten Christlichsozialen, Sozialdemokraten und Deutschnationalen sprachen die Möglichkeit eines „Bundes freier Nationalstaaten“ an. Auch dafür war es allerdings längst zu spät. Statt um eine gemeinsame Zukunft der Völker des Donauraumes ging es um das Ende des Kaisertums. Karls Verzicht auf „jeden Anteil an den Staatsgeschäften“ empfand man als ausreichend, um Deutschösterreich am 12. November zur Republik und zum Bestandteil des Deutschen Reiches zu erklären. Stunden davor war im Schloss Schönbrunn die Regierung Lammasch entlassen worden. Orden, Titel und Auszeichnungen wurden verliehen, dann gingen das Kaiserpaar und seine Kinder in die Schlosskapelle. Nach einem kurzen Gebet folgten Abschieds- und Dankesworte an die „letzten Getreuen“. In die bedrückte Stimmung mischte sich Verunsicherung. Gerüchte über Unruhen machten die Runde. Karl trug nun „Zivil“. Im Hof warteten Autos. Sie passierten um sieben Uhr, am nebligen Herbstabend des 11. Novembers, unbemerkt ein Schönbrunner Seitenportal. Die aus sieben Fahrzeugen bestehende Kolonne verließ Wien und erreichte zu später Stunde Eckartsau. Der Privatbesitz östlich der Hauptstadt bot in den kommenden Monaten Aufenthalt. Hier trafen wenig später ungarische Aristokraten ein. Sie klärten den Monarchen über den „Ernst der Situation“ in Budapest auf. Karl entschloss sich, „in Ungarn das gleiche Verfahren zu befolgen wie in Österreich“.[57]

Die Abläufe glichen sich aber nur bedingt. Das Kabinett Károlyi hatte schon vor rund zwei Wochen alle Ungarn an der Front zur Waffenstreckung aufgefordert, die Unabhängigkeit von Österreich erklärt, das Bündnis mit Deutschland aufgekündigt. Auch vom Eid auf den habsburgischen König war Károlyi bereits entbunden. Am 16. November fand die Proklamation der ungarischen Republik statt. Der symbolische Akt machte offensichtlich, was sich seit Wochen ankündigte. Das Ende der Donaumonarchie war besiegelt.[58]

Fragile Neuordnung

Erlebnisse an einer Zeitenschwelle

Viele Zeitzeugen nahmen das Ende des Habsburgerreiches zwiespältig auf. In Linz erlebte der Jurist Richard Seeger als Leutnant die dramatischen Wochen vom Oktober und November 1918. Seinem Tagebuch vertraute er an, dass er für den sozialen Fortschritt eintrete. Jetzt aber sei alles „ein Graus". Nach der langen Phase des kriegsbedingten Durchhaltens sah er nun „allenthalben eingestürzte Luftschlösser". „Aufgeblasenen, von Standesdünkel erfassten Menschen dürfte es ja guttun, die neue Zeit zu erleben", schränkte Seeger ein. Aber: „Wie bedaure ich die anständigen, lobenswerten, verständigen, regierungs- und dynastietreuen Beamten und Offiziere, die zurzeit den Insulten von Lausbuben ausgesetzt sind. Ich bin über all das so empört, daß ich an nichts anderes zu denken mag."[1]

Unter den deutschsprachigen Untertanen der untergehenden Monarchie gab es viele, die sich mit Ordnungshütern und Uniformträgern identifizierten. Das galt primär für die Mittel- und Oberschichten. Vor allem die Wiener Bürgerschicht hatte in dieser Hinsicht Albert Fuchs, den Sohn eines Neurologen, im Visier. Sie, so Fuchs, könnten sich Revolutionen lediglich in irgendeinem „fernen Winkel der Erde" vorstellen. Für ihre „natürliche Bestimmung"

DAS SCHLOSS SCHÖNBRUNN STEHT LEER. ES WIRD WEDER ERSTÜRMT NOCH VERWÜSTET. DIE UMSTURZTAGE BRINGEN VERUNSICHERUNG UND AUCH BLUTVERGIESSEN MIT SICH. GRÖSSERE EXZESSE BLEIBEN ABER AUS.

hielten sie es demgegenüber, sich „im Bestehenden, Überlieferten gut einzurichten".[2]

Die Veränderungen voll und ganz anzunehmen, fiel dem letzten Leiter der altösterreichischen Post- und Telegraphendirektion in Triest entsprechend schwer. Hofrat Heinrich Ritter von Kamler lebte im Glauben, dass sich die Welt nicht so radikal verändern würde. Als ihn der Statthalter Ende Oktober 1918 aufforderte, sich mit seinen Angehörigen am Bahnhof zur Evakuierung einzufinden, verwies er zunächst auf die fehlende Order des Kaisers. Es sollte alles so bleiben wie immer, privat und beruflich. Doch vor den Amtsräumen hatte sich eine wütende Menge versammelt. Lediglich mit dem Nötigsten machte sich die Familie auf den Weg nach Graz. Dort wurde der sechsundfünfzigjährige Kamler am 1. August 1920 in Pension geschickt.[3]

Der Rückblick des Triestiner Beamten insbesondere auf die Zeit vor 1914 ähnelte der Retrospektive von Stefan Zweig, die er als „Welt von Gestern" verewigte.[4] Tatsächlich waren sie das Produkt einer idealisierten Nachbetrachtung. Die meisten aber nahmen die Geschehnisse einfach hin. Albert Fuchs, damals Gymnasiast, kam der „Umsturz" beispielsweise nur deshalb in den Sinn, weil er bei ihm Hoffnungen auf außertourliche Schulferien weckte, die sich dann nicht erfüllten.[5]

Abseits der Ballungszentren, speziell bei den ländlichen Unterschichten, merkte man von den großen Umwälzungen kaum etwas. Die Mühsal des Alltags überlagerte den Systemwechsel. Heimkehrer von den Fronten und aus der Gefangenschaft personifizierten zwar die Auswirkungen der großen historischen Zäsuren. Ganz konkret aber standen sie vor profanen Herausforderungen der Lebensbewältigung: Nach jahrelanger Abwesenheit von ihrem Zuhause fanden sich viele kaum zurecht. Erschwerend kam hinzu, dass der Friede kein Ende der Not und der Entbehrungen brachte. Im Gegenteil. Die Situation verschlechterte sich sogar zum Jahreswechsel 1918/19. „Das war der schrecklichste Winter“, erinnert sich die Ziegelarbeiterin Marie Toth: „Da brach die große Grippeepidemie aus. Die Menschen, halbverhungert, hatten keine Kraft, keine Abwehrkräfte.“ Die Zahl der täglichen Begräbnisse stieg erschreckend.[6]

Als es langsam aufwärts ging und der Frühling kam, drangen die Veränderungen ins Bewusstsein. In der jungen Alpenrepublik ähnelten sich die Wahrnehmungen: Alle Nationen hatten sich „losgesagt“. Ein Kleinstaat sei übrig geblieben, „von allen anderen Völkern gehasst. Ein armes, ausgeblutetes, nicht lebensfähiges Land. Ein in Lumpen gehülltes Volk“, eine Regierung, die immer wieder betteln gehen müsse und von den Großmächten gedemütigt werde.[7]

Das erfahrene Leid vermengte sich in (Deutsch-)Österreich mit einer langlebigen Opferhaltung. Eine ganz andere Stimmungslage vermittelte hingegen der Statthaltereibeamte František Vaniš. Die ersten Schritte der tschechoslowakischen Staatsverwaltung verband er mit einem „Jauchzen und Singen von Volksliedern“, die kommenden Aufgaben wurden in hoffnungsfroher Erwartung übernommen.[8] Wie Vaniš erlebte auch František Svoboda in Prag den Beginn einer neuen Ordnung. Der zehnjährige Sohn eines Greißlers und Bäckers begrüßte sie, von der Menge getragen, aus vollem Herzen. Tschechen der verschiedensten Gesellschaftsschichten fühlten sich, so sein Eindruck, befreit und waren enthusiastisch. Jubelnde Massen zogen durch die Straßen, das Leben geriet in Bewegung. Es herrschte „ein unvorstellbar begeistertes Treiben“.[9]

Privat aber unterschieden sich die Sorgen der Menschen in der ČSR kaum von jenen im benachbarten „Rest-

Österreich". František Svoboda gestand, dass ihn nach seiner Rückkehr auf die Schulbank die Wohnungsnot der Familie und die „Aura der Armut" quälten.[10] Marianna Fragnerová aus dem ostböhmischen Kolín ging es nicht anders. Ergriffen erzählte sie, wie zunächst die „uns allen so teure böhmische weiß-roten Fahne" gehisst wurde. Dann aber folgte ein nüchterner Blick auf die Welt um sie herum: Nach vier Jahren Krieg war „alles ruiniert".[11] Bei Karel Fasse, einem Mitarbeiter des k.k. Eisenbahnministeriums, hielt sich die Freude über den Zusammenbruch des alten Systems ebenfalls in Grenzen. In Wien, wo er bislang gearbeitet hatte, befanden sich seine tschechischen Landsleute in einer schwierigen Lage. Sie blieben unter sich und wirkten gesellschaftlich „ziemlich eingeschränkt". Persönlich empfand er außerdem die Übersiedlung in die Tschechoslowakei als „Plackerei". Die Anfänge in Prag waren beruflich wie privat beschwerlich. In bescheidenen Wohnverhältnissen erkrankte seine Frau an der Spanischen Grippe. Eine Tochter war gerade geboren. Sie musste für einige Zeit im Findelhaus unterkommen.[12]

Keine Waffenruhe

Die zerfallende Donaumonarchie und das Deutsche Reich unterzeichneten wohl im November 1918 Waffenstillstandsvereinbarungen. Abseits der bisherigen Frontgebiete im Westen und Südwesten Europas war jedoch kein Ende der Kampfhandlungen abzusehen. Der Zusammenbruch des Osmanischen Reichs, des Romanowimperiums und der Habsburgermonarchie schuf vielmehr neue Krisenherde. Ein Geflecht von inneren und zwischenstaatlichen Konfrontationen kennzeichnete die Entwicklung vom Baltikum und von der Adria bis nach Ostsibirien und in den arabischen Raum.[13]

Vom Sturz des Zaren im Frühjahr 1917 bis zur Gründung der UdSSR 1922/23 spielten sich in Russland und den Nachbarstaaten Tragödien unermesslichen Ausmaßes ab. Die blutige Epoche forderte viermal so viele Opfer wie der Weltkrieg. In den folgenden fünf Jahren starben neun bis zehn Millionen Menschen, davon in etwa die Hälfte aufgrund der sich ausbreitenden Hungersnot und des fast völligen wirtschaftlichen Zusammenbruchs.[14]

Vor allem Bildungs- und Besitzeliten suchten das Weite, fast zwei Millionen verließen die entstehende Sowjetunion. Der Verlust der Heimat blieb eine zentrale Erfahrung. Unter anderem warteten auch Hunderttausende Soldaten der früheren k.u.k. Armee auf ihre Repatriierung. Für sie und ihre Angehörigen in der zerfallenen Donaumonarchie begann die Suche nach der eigenen Identität und der künftigen Staatszugehörigkeit. Die Konsequenz waren Probleme, die sich nicht allein auf dem Verhandlungsweg schlichten ließen. In gewisser Weise brach ein letzter „österreichischer Erbfolgekrieg" aus – nicht mehr im Namen der vormaligen Herrscherdynastie, sondern um die von ihr bislang beanspruchten Gebiete und Untertanen. Zwar gab es dabei weniger Opfer als in den weiter östlich gelegenen Regionen. Gänzlich unblutig verliefen die Auseinandersetzungen allerdings nicht.[15]

Dabei war zunächst weitgehend auf Gewaltmittel verzichtet worden. Österreich-Ungarn dankte nach den Jahren des Massenschlachtens, den Entbehrungen an den Fronten und im Hinterland ohne wesentliche Gegenwehr ab. Trotzdem gab es vielerorts nicht einmal eine kurze Atempause.[16] Truppentransporte stifteten Unruhe, Heimkehrer galten als potenzielle Marodeure. Eine katastrophale Versorgungslage führte zu Plünderungen, an denen sich neben Soldaten auch Zivilisten beteiligten. Die Aufrechterhaltung der Ordnung schien beinahe unmöglich.

Speziell an den Verkehrsknotenpunkten kam es zu tumultartigen Szenen. Gerüchte über eine bevorstehende Anarchie oder einen neuerlichen Machtwechsel trugen zur weiteren Verunsicherung bei. Die angsterfüllte Alarmstimmung mündete in Exzesse und Krawalle. Am Wiener Nordbahnhof ging das zuständige Wachpersonal gegen russische Kriegsgefangene vor, die auf ihren Abtransport warteten. Mehrere von ihnen kamen ums Leben.[17]

Auch „wilde Demobilisierungen" verschärften die Situation. Ganze Truppenverbände verließen Kasernen, zogen unkontrolliert umher, überfielen Magazine und nahmen unautorisiert Waffen an sich. In Czernowitz kam es daraufhin zu Feuergefechten. Detonationen von Handgranaten waren zu hören. Tote und Verletzte waren zu beklagen.[18]

Unter solchen Umständen erbat die lokale Bevölkerung gelegentlich die Hilfe der bisherigen Amtsträger. Zumindest kurzfristig sollten sie ihre Arbeit fortsetzen und für Ruhe sorgen. Gefragt war die provisorische Unterstützung der alten Ordnungshüter speziell in multiethnischen Regionen. Hier erwies sich die Lage als explosiv. Ukrainer kämpften etwa in der Bukowina gegen Rumänen und in Ostgalizien gegen Polen. Lemberg wurde zum Schlachtfeld. Im Juli 1919 unterlagen die ukrainischen Verbände. Dennoch dauerte es Jahre, bis ihre polnischen Kontrahenten endgültig die Oberhand behielten. Formal kam die Region erst 1923 zur Ruhe.[19]

Nicht viel besser sah es auf dem Balkan aus. Gegen die Praktiken des serbischen Militärs regte sich bald Widerstand. Von der Belgrader Regierung rückten vor allem die Kroaten ab. Ihre separatistischen Gruppierungen erhielten von Budapest und Rom Rückendeckung, der italienisch-jugoslawische Gegensatz an der Adria vertiefte sich. In der Südsteiermark löste wiederum der slowenische Zugriff auf Marburg Unruhen aus. Wien war alarmiert. Eine bewaffnete Gegenaktion wurde angedacht, in Ermangelung verfügbarer Kräfte aber nicht durchgeführt. Prekär blieben die Verhältnisse allemal. Das Säbelrasseln hatte Plünderungen, Verhaftungen und Geiselnahmen zur Folge. Kärnten begann mit der Aufstellung militärischer Verbände. Nachdem in Marburg auf deutsch-österreichische Demonstranten geschossen worden war, brachen offene Grenzkonflikte aus. Sie kosteten bis Ende Juli 1919 mehr als 250 Österreichern beziehungsweise Kärntnern und 154 Südslawen das Leben.[20]

In der ČSR wollte man ein solches Blutvergießen eigentlich verhindern. Ohne Ausschreitungen sollte die Besetzung der deutschen Teile des neuen Staates ablaufen. Das Klima zwischen Prag und Wien war allerdings bereits vergiftet, als es in den umstrittenen Gebieten zur offenen Konfrontation kam. Auf Unmutsäußerungen folgten Gewaltaktionen. In sieben böhmischen und mährischen Städten starben bei Einsätzen der Sicherheitsbehörden 54 Menschen, mindestens 84 wurden verletzt. Die Streitparteien gossen weiter Öl ins Feuer. Im Namen des „heiligen Kampfs um das Volkstum" – so die Diktion – wurde gemordet und „hingemetzelt".[21]

Der Sozialdemokrat Karl Seitz, damals einer der nominell ranghöchsten Repräsentanten Deutschösterreichs, bezichtigte die Prager Regierung des Imperialismus.[22] Schon zuvor hatte die „Arbeiter-Zeitung" als SP-Sprachrohr den Zugriff Bukarests auf Siebenbürgen zum Anlass genommen, von einem rumänischen Imperium zu sprechen.[23] Das „Illustrierte Österreichische Journal" äußerte sich fast zeitgleich zum „Imperium der Rumänen".[24] Die „Grazer Mittagszeitung" wiederum informierte ihre Leser über die Verlautbarung einer in Budapest weilenden Delegation, in der es hieß: Das „slowakische Volk als solches will nicht unter ein tschechisches Imperium gestellt werden".[25]

Damit richtete sich die Aufmerksamkeit auf die Länder der Stephanskrone. Hier machte sich allerdings ein besonderer Ideologisierungsschub bemerkbar: Anders als in Österreich, wo linkssozialistische und kommunistische Kräfte vergeblich den Aufstand versuchten, etablierte sich in Ungarn zumindest kurzfristig ein probolschewistisches Regime. Grund dafür war die Verflechtung leninistischer Losungen mit nationalen Anliegen. Eine relativ kleine KP-Gruppierung unter Béla Kun proklamierte mit Teilen der Sozialdemokratie in Budapest die Räterepublik, nachdem sich die Magyaren enttäuscht von der Entente und ihren Gebietsforderungen abgewandt hatten.

Vor diesem Hintergrund sind die Imperialismusvorwürfe gegen Prag und Bukarest in der österreichischen Presse zu verstehen. Die Frontstellung zwischen Kuns Mitstreitern und seinen Feinden war nicht von der internationalen Lage zu trennen. Tschechische und mehr noch rumänische Truppen versetzten dem „pannonischen Sowjetexperiment" den Todesstoß. Zu dessen Niederlage hatte allerdings auch der Widerstand der lokalen Bevölkerung beigetragen. Sie lehnte allzu weit reichende soziale Reformen vielfach ab. Ähnlich wie auf dem Gebiet des früheren Zarenreichs verquickten sich solcherart Revolutions-, Bauern-, Bürger-, Nationalitäten- und Staatenkriege. Allein der Streit zwischen Prag und Budapest um die Slowakei bedeutete in diesem Zusammenhang den Tod von etwa 1300 Offizieren und Mannschaftsangehörigen. Knapp 6500 Kombattanten wurden verwundet. Noch wesentlich höher waren indes die Opferzahlen des Terrors in Ungarn, für den sowohl die „Roten" als auch ihre „weißen" Kontrahenten die Verantwortung trugen. Getragen von konservativ-autoritären Kräften ging aus dem blutigen Machtkampf ein Königreich hervor, das keinen neuen Monarchen an seine Spitze stellte. Für die Dauer der Thronvakanz berief man vielmehr den letzten Befehlshaber der k.u.k Marine, Admiral Miklós Horthy, zum Reichsverweser.[26]

Horthys Herrschaft führte zunächst zum Konflikt mit Österreich. Zankapfel zwischen Wien und Budapest war das Burgenland. Erst nach einer neuerlichen militärischen Konfrontation konnte der Streit beigelegt werden und die Alpenrepublik ihre östlichsten Gebiete in den Staatsverband aufnehmen.

Der brüchige Friede

Als Grundlage dienten jene Abkommen, die in den Pariser Vororten unterzeichnet wurden. Hier hatten die Sieger des Ersten Weltkrieges auch über die Zukunft des Donauraumes ein Machtwort gesprochen. Maßgeblich dafür waren die Verträge von Saint Germain für Österreich und Trianon für Ungarn. Mit ihnen zerbröckelte die habsburgische Erbmasse: also ein Gebiet von 676 614 Quadratkilometern mit – gemäß Zählung aus dem Jahr 1910 – 51 390 649 „Untertanen". Davon gingen nun 140 184 Quadratkilometer mit 13 565 167 Einwohnern an die ČSR, 143 297 Quadratkilometer mit 7 696 843 Einwohnern an das Königreich der Serben, Kroaten und Slowenen (SHS) und 113 123 Quadratkilometer mit 6 053 516 Einwohnern an Rumänien. 80 089 Quadratkilometer mit 7 623 206 Einwohnern fielen an das wiedererrichtete Polen, knapp 23 400 Quadratkilometer mit rund 1,6 Millionen Einwohnern an Italien.[27]

Die Republik Österreich umfasste 83 709 Quadratkilometer mit 6 426 475 Einwohnern und das Königreich Ungarn 92 833 Quadratkilometer mit 7 980 143 Einwohnern.[28] Beide Länder gingen zur Gänze aus der Doppelmonarchie hervor. Ihr neues Hoheitsgebiet verdeutlichte zudem, dass es nicht nur zur Auflösung des alten Imperiums gekommen war. Auch die beiden Reichshälften zerfielen in ihre Bestandteile. Niemanden schmerzte diese Tatsache mehr als die Magyaren. Am Tag der Vertragsunterzeichnungen senkten sie die Flaggen auf Halbmast, die Verkehrsmittel standen für zehn Minuten still. Keine politische Kraft konnte es sich in der Folge leisten, nicht auf die Revision der Pariser Beschlüsse zu drängen. Dabei dachten viele immer noch in den Kategorien des früheren Transleithanien. Betrauert wurde daher der Abgang von 70 Prozent des vormaligen Staatsgebiets und fast 60 Prozent der früheren Bevölkerung.[29]

Nicht viel besser sah die Verlustbilanz allerdings für Österreich aus. Dem Land verblieben vom alten Cisleithanien gerade einmal zirka 30 Prozent des Territoriums und knapp 23 Prozent der Bewohner. Untersagt hatte die Entente zudem eine Vereinigung mit Deutschland.[30]

Mit den neuen Grenzen bildeten sich überdies beachtliche ethnische Minderheiten. Fünf Millionen Deutschsprachige Österreich-Ungarns lebten vor allem in der Tschechoslowakei sowie in Italien, Jugoslawien, Ungarn, Rumänien und Polen. Drei Millionen Magyaren verblieben als Minoritäten vorrangig in Rumänien, in der ČSR und im Königreich SHS. Viele von ihnen lehnten die neuen Staatszugehörigkeiten ab. Mit Blick auf ihr „eigentliches Mutterland" orientierten sie sich an den Entwicklungen in Wien oder Budapest. Verstärkt wurde die Tendenz durch die Missachtung von Minderheitenforderungen, etwa die anteilmäßige Beachtung im Budget des Staates, der Länder, Bezirke und Gemeinden. Die Idee der „Staatsnation", im Widerspruch zu fremden Kulturen, Sprachen und Identitäten, verschärfte die Lage zusätzlich. Selbst die dominanten Völker gerieten untereinander in Streit. Tschechen und Slowaken oder Serben und Kroaten standen sich bald als erbitterte Feinde gegenüber.[31]

In Prag fürchtete man währenddessen vor allem eine Verletzung internationaler Verträge. Sie schienen den Staatsspitzen der ČSR mehr als gefährdet. Edvard Beneš sah sein Land vor allem mit Blick auf Deutschland, Polen und Ungarn von „imperialistischen Staaten umgeben“.[32] Repräsentanten der Siegermächte gaben sich pessimistisch. Schwere Bürden, Elend und Schwierigkeiten prophezeite George Clemenceau als Vorsitzender der Pariser Friedenskonferenz. Eigentlich, vermerkte Clemenceau, könne er nicht sagen, für wie viele Jahre, ja für wie viele Jahrhunderte die Krise fortbestehen werde.[33] Weitsichtige Kenner der vertrackten mitteleuropäischen Situation hatten es vorausgesagt. Das habsburgische Erbe ließ sich nicht ohne Weiteres abschütteln. Schwere Zerwürfnisse zwischen den „Nachbarkleinstaaten“, ständige Streitigkeiten um nationale Autonomie- und Unabhängigkeitsbestrebungen wurden zu einem Signum des 20. Jahrhunderts – gerade im ehemaligen Herrschaftsgebiet der Habsburger.[34]

Das Scheitern der Restauration

Schon im November 1918 war deutlich geworden, dass das Erzhaus sich nicht ohne Weiteres in sein Schicksal fügen wollte. Offiziere der alten Armee, die sich im Verlauf des Umsturzes zahlreichen „Insultationen“ ausgeliefert sahen, erfuhren, dass der Ex-Regent „keinen Soldaten seines auf ihn geleisteten Eides entbinden“ wollte. Als im März 1919 die republikanische Staatsform in Österreich endgültig verankert wurde, weigerte er sich außerdem, auf den Thronanspruch zu verzichten. Das Gesetz über die Landesverweisung und die Übernahme des habsburgischen Vermögens trat in Kraft. Karl wiederum beharrte auf seinem Standpunkt. Seit April 1919 im Schloss Prangins am Genfer See hoffte er nicht bloß auf die Wiedererrichtung der Monarchie, sondern auf die neuerliche Etablierung der einzig „legitimen“ Herrschaft, nämlich die seiner Person und Familie.[35]

Die Kräfteverhältnisse in Österreich sprachen allerdings gegen ihn. Deutschnationale und sozialdemokratische Überzeugungen standen in Österreich einer Restauration im Wege. Und selbst im stets als kaisertreu eingestuften Tirol hielt lediglich eine verschwindende Minderheit zu ihm. In Ungarn jedoch sah man mit Miklós Horthy eine Möglichkeit der Wiederkehr. Trotz der schwierigen Lage der Legitimisten ließ sich die engste Umgebung des Exmonarchen zu Ostern 1921 auf ein politisches Abenteuer ein, das der Reichsverweser in Budapest mit Blick auf die internationale Lage rasch beendete. Karls Griff nach der Krone scheiterte. Dennoch entschied er sich, begleitet von seiner Frau Zita, ein halbes Jahr später noch einmal, den Coup zu wagen. Dieses Mal sah es beinahe nach einem längeren gewaltsamen Kräftemessen aus, als bewaffnete prohabsburgische Einheiten vor Budapest der ungarischen Nationalarmee gegenüberstanden. Ein kurzer Zusammenstoß machte dem Spuk aber ein Ende. Horthy war für den früheren Souverän und seine Frau zum Feind und Verräter mutiert. Das Paar kam in Gefangenschaft. Ungarn erklärte die Herrschaftsrechte der Habsburger für erloschen und nahm auch die freie Königswahl nicht in Anspruch. Horthy blieb in Ungarn an der Staatsspitze. Karl musste mit seiner Familie erneut ins Exil. Auf der portugiesischen Insel Madeira starb er am 1. April 1922.[36]

Während seiner letzten Lebensjahre hatten im Übrigen internationale Kräfte daran mitgewirkt, den Ex-Regenten zur Rückkehr auf den Thron zu ermutigen. Das französische Außenministerium am Pariser Quai d’Orsay ließ durchblicken, dass es sich eher mit einer Doppelmonarchie anfreunden könne als mit der Annäherung zwischen Wien und Berlin.[37]

Großbritannien war indessen um das Gleichgewicht der Kräfte auf dem Kontinent bemüht. Das Empire verfolgte auch die fragilen Verhältnisse in Zentraleuropa mit Sorge. Monarchistisch gestimmte Staatsmänner wie Winston Churchill neigten ohnehin zu einer gewissen Habsburg-Nostalgie. Wichtiger aber erschien es, einen Stabilitätsfaktor im Donauraum zu schaffen oder zu erhalten. Schon im Spätherbst 1918 kursierten im Foreign Office entsprechende Memoranden. Sie verknüpften eine dauerhafte Ordnung in der Region vor allem mit der Bewahrung einer supranationalen Organisation, der Schaffung einer Föderation kleiner zentral- und südosteuropäischer Staaten. In den englischen Botschaften hielt sich die Kritik an der Zerstörung des Habsburgerreiches. Londons Repräsentant in Prag prangerte das alliierte Verhalten von 1918 noch 1932 als „Missetat", „Narretei" und Konsequenz „unausgereifter Gedanken" an.[38]

In anerkennendem Ton meinte der deutsche Außenminister Gustav Stresemann, dass das ehemalige Habsburgerreich wenigstens teilweise positiv zu beurteilen sei. Schließlich, so Stresemann, hätten unter den einzelnen Teilen der Monarchie rege und ungehinderte wirtschaftliche Beziehungen bestanden.[39]

Die Urteile über den zerfallenen Habsburgerstaat waren also in vielen europäischen Regierungskanzleien keinesfalls nur negativ. Angesichts dessen verwundert es nicht, dass Karls Erben lange mit dem Gedanken spielten, verlorenes Terrain wiederzuerlangen. Immerhin fühlten sich auch etliche Offiziere immer noch ans „Reich" gebunden. Karls Sohn Otto fand zudem in konservativen, rechten und faschistischen Kreisen Unterstützung. Das autoritäre österreichische Regime unter Bundeskanzler Engelbert Dollfuß und seinem Nachfolger Kurt Schuschnigg ließ den Worten Taten folgen: Die Habsburgergesetze des Jahres

1919 wurden aufgehoben. Entschädigungen aus verschiedenen Fonds flossen an das „Erzhaus". Die Gedächtnispolitik, etwa im Hinblick auf die „Heldentaten der k.u.k. Wehrmacht", gestaltete sich offensiv prohabsburgisch. Die kleinen legitimistischen Gruppierungen befanden sich speziell unter Schuschnigg im Aufwind.[40]

Dessen Sympathien für eine Wiederherstellung der Monarchie blieben trotzdem folgenlos. Die Haltung der Nachbarstaaten und Großmächte gab den Ausschlag. Die Frage befasste unzählige Regierungen. Für London und vor allem für Paris stellte eher die Stärkung Berlins als die habsburgische Restauration einen „casus belli" dar. Die Kleine Entente, ein Bündnissystem der ČSR, Jugoslawiens und Rumäniens, ließ jedoch keinen Zweifel aufkommen, dass eine Rückkehr des ehemaligen Herrscherhauses seinen Wünschen widersprach. Im November 1920 unterzeichneten außerdem Rom und Belgrad ein Abkommen, das eine konzertierte Aktion gegen eine Inthronisierung Karls oder seiner Verwandten vorsah. Großbritannien bekümmerte Mitte der 1920er Jahre überdies das mögliche Ansinnen Ungarns, wieder einen Habsburger zum König zu wählen. Die alliierten Siegermächte könnten dagegen wenig unternehmen, hieß es im Foreign Office 1926: Angesichts der unbefriedigenden Beziehungen zwischen den Magyaren und ihren Nachbarn, nicht zuletzt aufgrund der Grenzregelung in den Pariser Friedensverträgen, müsse aber mit einem unabhängigen Vorgehen der Kleinen Entente gerechnet werden.[41]

Im Berliner Auswärtigen Amt beobachtete man die Entwicklungen genau. Anlässlich der „Großjährigkeitserklärung von Erzherzog Otto" im Jahr 1930 beschäftigte man sich hier mit den Kommentaren in Belgien, wo der „Thronprätendent" mittlerweile residierte. Die dortige Presse sprach übereinstimmend von einer ernsten Gefährdung des europäischen Friedens. Insbesondere die Tschechoslowakei werde sich der Habsburgerrestauration widersetzen. In Frankreich nehme die Linke eine ähnliche kritische Haltung ein. Die übrigen Kräfte des Landes suchten hingegen eine „mittlere Linie“. Einige Zeitungen ließen durchblicken, dass maßgebliche Kräfte in Paris nach wie vor „die Rückkehr der Habsburger und gegebenenfalls die Wiedervereinigung Österreichs mit Ungarn gutheißen“ könnten, damit der Zusammenschluss von Wien und Berlin verhindert werde: „Alles, was einen Machtgewinn Deutschlands verhindere, sei als die geringere Gefahr zu bewerten und daher vorzuziehen.“[42]

Mitte der 1930er Jahre befasste sich dann auch das nationalsozialistische Deutschland mit der Restaurationsfrage. Der deutsche Gesandte in der österreichischen Hauptstadt empfahl im März 1934 „ein gewisses Einvernehmen mit Italien in den Donauproblemen“.[43] Das Auswärtige Amt brachte jedoch Einwände vor. Am 30. April 1934 wies es auf die Haltung des faschistischen Regimes unter Benito Mussolini hin. Der „Duce“, hieß es, betrachte „die Restauration als einziges Mittel“, um „eine politische und wirtschaftliche Eingliederung Österreichs in das Reich zu verhindern“. Ihm komme in der Causa eine Schlüsselrolle zu.[44]

Mit dem Abessinienkrieg Mussolinis, seiner weitgehenden internationalen Ächtung und der nachfolgenden Bildung der Achse „Rom-Berlin“ verlor ein möglicher prohabsburgischer Kurs des Apenninenkönigreiches aber an Bedeutung.[45] Entscheidend war letztlich der Standpunkt des „Dritten Reiches“. Der für auswärtige Angelegenheiten zuständige österreichische Staatssekretär Guido Schmidt verschaffte sich darüber im November 1936 Klarheit. In Berlin, beim Reichsaußenminister Konstantin von Neurath, bekam er eine eindeutige Antwort. Neurath bekräftigte die kompromisslose Ablehnung Deutschlands und sah sich dabei im Bund mit den anderen Nachbarn Österreichs.[46] Tatsächlich opponierte die Kleine Entente unverändert kompromisslos gegen die Wiederherstellung der Monarchie, in welchem Territorium auch immer. Einige tschechische Politiker gingen so weit, den „Anschluss" Österreichs an Deutschland einer Restauration vorzuziehen. Generalstabsplanungen für den Fall einer Rückkehr der Habsburger unterstrichen die Interessenkonvergenz zwischen Berlin, Belgrad, Prag und Bukarest. Angesichts dessen, der prodeutschen Ausrichtung Italiens sowie der Kluft zwischen den Westmächten und dem „Ständestaat" ergab sich daraus für die Wiener Regierung ein trauriger Befund: Die Isolierung Österreichs trat anhand der Habsburgerfrage viel stärker und früher zu Tage, als es nach außen erscheinen mochte.[47]

Gebremster Optimismus

Politische Zielsetzungen und nationalistische Maximen erschwerten eine grenzüberschreitende Zusammenarbeit. An deren Stelle sollten deshalb ökonomische Konzepte treten. So sahen es zumindest die Wirtschaftsexperten Charles Rist und Walter T. Layton. In ihrem Bericht an den Völkerbund vom 19. August 1925 glaubten sie an positive Entwicklungspotenziale. Es wäre ein Irrtum, anzunehmen, dass Wien nach dem Zerfall der Donaumonarchie wirtschaftlich ausgespielt habe, vermerkten sie: Die Firmen der Stadt und ihrer Umgebung seien nach wie vor exportfähig. Die Warenlager der Region stellten eine beachtliche Quelle für den gesamten osteuropäischen Handel dar.[48] Als Erbe der Monarchie verfügten österreichische Kaufleute über gute Kontakte in zahlreichen Ländern.[49]

Diese Sichtweise entsprach unter anderem den Überzeugungen der sowjetischen Staats- und Parteiführung.

Die alten Beziehungen und Erfahrungen bedeuteten aus der Perspektive Moskaus „einen nicht so leicht einzuholenden Vorsprung gegenüber Konkurrenten".[50]

Mindestens ebenso wichtig waren im Übrigen die infrastrukturellen Voraussetzungen. Die Eisenbahnstrecken Mitteleuropas verdichteten sich in Wien zu einem Verkehrsknotenpunkt.[51] Die Donaumetropole, ergänzten Rist und Layton, bleibe außerdem ein großes Bankenzentrum. Der Aufbau unabhängiger Finanzmärkte in der ČSR, in Ungarn und im SHS-Königreich limitiere zwar den Aktionsradius österreichischer Geldinstitute. Sie orientierten sich jedoch nicht an der Größe der Alpenrepublik. Internationale Geschäftsbeziehungen bestünden weiter – zum Vorteil aller Beteiligten in den Nachbarstaaten. Die Kooperation werde von allen Seiten gewünscht. Wien bilde unverändert den Mittelpunkt eines weitverzweigten Kreditsystems, mit entsprechenden Impulsen für die industrielle Produktion.[52]

Der Völkerbundbericht erfasste die Sachlage durchaus zutreffend. Vorerst überwogen Kontinuitäten. Mindestens eine Dekade über den Zusammenbruch der Monarchie hinaus verfügten Banken in der früheren k.k. Haupt- und Residenzstadt über einen beträchtlichen Einfluss. Nach wie vor lenkte man die Geschicke zahlreicher Unternehmen, trieb Fusionen und Kartellierungen voran, schielte auf den Balkan als Expansionsraum und träumte mitunter sogar von „überseeischen Absatzgebieten".[53]

Die UdSSR nahm darauf in ihren Planungen Rücksicht.[54] Der für die Außenpolitik zuständige Volkskommissar Georgij Čičerin sprach davon, dass der „kapitalistische Prozess" die Rolle der alten Dynastien übernehme. Große wirtschaftspolitische Gebilde blieben solcherart erhalten. Die durch die „Zerstörung Österreich-Ungarns bewirkte Atomisierung" werde „fortschreitend aufgehoben".[55] Im

Blickfeld Čičerins befand sich vor allem die Finanzwelt. Einigermaßen säuerlich reagierten Frankreichs Diplomaten.[56] Den „Sowjets“ warfen sie Ende Februar 1922 die Unterwanderung des Bankensektors im mitteleuropäischen Wirtschaftsleben vor. Mit Geldern aus dem Kreml, hieß es, wolle man die Anglobank und die Länderbank „in die Tasche stecken“.[57]

Letztere gelangte allerdings, wie schon zu Beginn der 1880er Jahre, in französische Hände. Die „Grande Nation“ verfügte damit über ein Filialnetz im ganzen Donauraum. Der Einfluss westeuropäischer Finanziers wuchs. Am Bankenstandort Wien herrschten nicht die Bolschewiki, sondern die Wirtschaftsstrategen in Paris und London.[58]

Dennoch schafften es internationale Investoren nicht, einem langfristigen Trend erfolgreich entgegenzutreten: Die zehn wichtigsten Finanzinstitute Wiens verloren letztlich ihre Zweigstellen in den Nachbarstaaten fast zur Gänze. Von 143 im Jahr 1918 blieben 1923 gerade einmal neun übrig. Das Kreditgeschäft begann sich auf den Inlandsmarkt zu konzentrieren. Zwischen 1925 und 1931 bekamen österreichische Kunden 87 Prozent aller Darlehen.[59]

Diese Umstrukturierung betraf neben dem Finanzsektor auch die Warenproduktion. Die Alpenrepublik baute Überkapazitäten ab – und zwar schockartig und in Schüben. Regelrecht traumatisierend wirkte etwa der plötzliche Konjunkturzusammenbruch nach der Hyperinflation der frühen 1920er Jahre. Auslandsanleihen zur Beseitigung des Budgetdefizits und zur Stabilisierung der Währung gingen mit Sparmaßnahmen, Personalabbau und Steuererhöhungen einher.[60] Die Reduzierung des Wirtschaftspotenzials auf Kleinstaatsniveau mündete in einem bleibenden Reputationsverlust des regionalen Kapitalmarkts. Im Kollaps vieler Banken und Unternehmen fand er seinen Ausdruck. Die Zahl der Konkurse stieg von 125 1921 auf 2994 1925.[61]

Auch als Ort der Begegnung verlor die frühere Kaiserresidenz an Bedeutung. Die geostrategisch und verkehrstechnisch günstige Lage konnte daran nichts ändern. Großbritannien hoffte zunächst auf eine gegenteilige Tendenz. Immerhin hätten, notierte das Foreign Office, allein 1926 nicht weniger als 32 internationale Tagungen in Wien stattgefunden. Tatsächlich bestand jedoch kein Grund für allzu großen Optimismus. Die ideologische Radikalisierung der Zwischenkriegszeit ließ kaum Platz für eine friedliche Kooperation. Wien wurde nicht, wie in London angedacht, zu einer „Clearing-Stelle“ für alle möglichen politischen, wirtschaftlichen und sozialen Probleme.[62] Noch bevor sich die Lage während der 1930er Jahre verschlimmerte, scheiterte auch der „proletarische Internationalismus“. Die Spaltung der Arbeiterbewegung in ein sozialdemokratisches und kommunistisches Lager ließ sich nicht überwinden. Versuche des Austromarxismus, zwischen den „verfeindeten Brüdern“ zu vermitteln und eine „Wiener Internationale“ zu begründen, missglückten.[63] Die vor allem von SP-Repräsentanten befürworteten Ansätze einer aktiven Neutralitätspolitik vereitelte der Systemantagonismus: Jede Gesprächsbereitschaft gegenüber der Sowjetunion löste bei den Westmächten und ihren zentral- oder südosteuropäischen Verbündeten Misstrauen aus. Kontakte zwischen Moskau und Wien blieben davon nicht unberührt. Die Intentionen der Großmächte galten als ebenso unvereinbar wie die Ziele Ungarns und Österreichs einerseits und die Interessen Jugoslawiens, Rumäniens und der Tschechoslowakei andererseits.[64]

Neuerung auf halbem Weg

Die Zeichen der Neuorientierung waren unübersehbar. Dennoch blieb die Frage, ob die Jahre 1917 und 1918 tatsächlich eine umfassende Zäsur darstellten. Ein internationaler Vergleich rät jedenfalls zur Differenzierung. Im Donauraum erlebten die Menschen das Ende des Ersten Weltkriegs und seine Folgewirkungen anders als in Deutschland oder Russland. Meutereien in Kiel und Sankt Petersburg lösten den Flächenbrand aus, breite Massenbewegungen bewirkten den Systemzusammenbruch. Desertionen, Streiks und Krawalle hatte es zwar auch im Habsburgerreich gegeben. Aber nirgendwo in der Monarchie führten Kritik und Widersetzlichkeit unmittelbar zum Systemkollaps. Das Reich lag in Agonie – durch die materielle Erschöpfung, durch die schwindende Loyalität im In- und Ausland. Oppositionskräfte warteten ab, während die Entscheidung an den Fronten fiel. Der militärische Zusammenbruch löste den Umbruch aus.[65]

An diesem Punkt fing für manche Zeitzeugen die Revolution an. Der sozialdemokratische Theoretiker Otto Bauer hielt den ersten bedeutsamen Einschnitt fest: Die parlamentarisch-demokratische Republik trat an die Stelle der alten Ordnung. Prag und implizit auch Wien erlebten Ende Oktober 1918 den „Bruch der Rechtskontinuität". In drei Etappen vollzog sich laut Bauer das weitere Geschehen in Österreich: Dem politischen Umbruch mit breitester gesellschaftlicher Basis bis Februar 1919 folgte eine sozialrevolutionäre Phase, in der insbesondere Soldaten und Arbeiter, Invalide und Arbeitslose einen grundlegenden Wandel erwarteten. In einer dritten Zeitspanne bis Anfang der 1920er Jahre erstarkten dann wiederum bürgerliche Kreise. Das Abklingen des „Neuerungsfiebers" brachte den Machtverlust und letztlich das Verschwinden der Rätebewegung mit sich.[66]

Die deutlichsten Einschnitte ließen sich zur Jahreswende 1918/19 erkennen. Eine neue Form der staatsbürgerlichen Mitverantwortung manifestierte sich im allgemeinen Wahlrecht. Es galt nun vor allem auch für Frauen sowie auf Länder- und Gemeindeebene. Zur Parlamentarisierung kamen tiefgreifende sozialpolitische Reformen hinzu. Die junge Alpenrepublik blieb diesbezüglich kein Ausnahmefall. Nach einem vergleichsweise gewaltsamen Systemwechsel beschritt Ungarn unter der Regierung Károlyi ähnliche Wege: Das neue Wahlrecht galt für alle Männer und zumindest den Großteil der Frauen ab dem vollendeten 21. Lebensjahr. Presse-, Versammlungs- und Redefreiheit wurden in großzügiger Art verbürgt. Eine Bodenreform lief an, der Achtstundentag erfüllte Forderungen der Arbeiter.[67]

Errichtung und Fall einer kurzfristigen ungarischen Räterepublik wirkten sich dann gleichfalls auf Österreich aus. Mit dem Scheitern des Sowjetexperiments ging den regierenden Koalitionsparteien der gemeinsame Gegner verloren. Die Lagergegensätze schienen auf Dauer unüberbrückbar, die Zusammenarbeit der maßgeblichen politischen Kräfte fand ihr Ende. Ungeachtet dessen hatten die gesetzlichen Bestimmungen der Umbruchsphase zunächst wenigstens bis zu den 1930er Jahren Bestand, während das Horthy-Regime im Großen und Ganzen zu den Verhältnissen vor 1918 zurückkehrte. Freiheitsrechte waren demgemäß durch „Notfallorgane“ bedroht. Die Zahl der Wahlberechtigten sank auf unter 30 Prozent. Am Land fiel das geheime Wahlrecht. Die Umgestaltung des Parlaments und die Erweiterung der Befugnisse des Reichsverwesers begünstigten daraufhin autoritär-konservative Strömungen. Traditionelle Gesellschaftshierarchien bestanden weiter. In Budapest erkannte man die Gefahr einer Revolte. Speziell Kleinbauern und „Agrarproletarier" waren unzufrieden. Die meisten von ihnen besaßen weniger als drei Hektar oder überhaupt kein Land. Eine Umverteilung von rund 450 000 Hektar brachte jedoch wenig. Oft handelte es sich um minderwertige Böden oder zu kleine Flächen. Die Empfänger konnten überdies nicht die dafür notwendigen Summen aufbringen. Die Kaufraten blieben zu hoch. Viele Begünstigte mussten den zugeteilten Grund wieder abgeben. Danach fehlte es den politisch und sozial Privilegierten an Bereitschaft, substanzielle Veränderungen zuzulassen. Die unproportionale Besitzverteilung bestand nicht bloß bis 1918. Sie erfuhr auch bis 1945 lediglich bescheidene Korrekturen.[68]

Unmittelbar nach dem Zerfall der Habsburgermonarchie hatten sich die Entwicklungen in den Nachfolgestaaten noch geglichen. Wie unter Károlyi in Budapest und der Koalition in Wien dominierten auch in der Tschechoslowakei staatsbürgerliche und soziale Reformen. Am Programm standen in rascher Folge die Abschaffung des Adels, der Orden und Titel, die Einführung der Arbeitslosenunterstützung und des Achtstundentages, die Förderung des Wohnbaus und der Krankenversicherung. Eine entschädigungslose Enteignung des habsburgischen Besitzes und der Adelsstiftungen schien konsensfähig und passte zu den Umgestaltungsplänen. Darüber hinaus gab es allerdings eine Reihe von Spezifika: Aus den „Ländern der Wenzelskrone" kamen vor 1914 70 Prozent der österreichisch-ungarischen Industrieproduktion. Die Slowakei hingegen wies nicht allein einen höheren Agraranteil auf. Sie wich überdies von den landwirtschaftlichen Anbaumethoden in Böhmen und Mähren ab. Unterschiede zwischen Cis- und Transleithanien spiegelten sich in den Gegensätzen zwischen dem westlichen und dem östlichen Teil der ČSR wider. Divergenzen zwischen den beiden „Staatsnationen" spalteten den neuen Staat ebenso wie die Bodenfrage. Zwar wurden 60 Prozent der Landarbeiter nun selbstständige Landwirte. Deren Existenzbedingungen sorgten aber für Spannungen. Mit jeweils durchschnittlich einem Hektar Bewirtschaftungsfläche blieb die Situation der Häusler und Kleinbauern prekär. Angehörige der „Agrarbourgeoisie“ besaßen hingegen rund 500 Hektar.[69]

Vergleichbar war die Lage in Jugoslawien. Per Gesetz vom Jänner 1919 gingen hier innerhalb einer Dekade knapp 438 000 Hektar des Großgrundbesitzes an ungefähr 260 000 bedürftige Familien. Die 1931 offiziell abgeschlossene Reform beseitigte allerdings nur teilweise die bestehenden Feudalbeziehungen. Die Abhängigkeit von Verpächtern und eine geringe Marktfähigkeit charakterisierten das Leben der meisten Kleingrundbesitzer. Ein mäßiges Tempo und ungelöste Probleme kritisierte man unterdessen auch in Polen, obwohl die dortigen Maßnahmen ab 1919/20 zum Entstehen von 154 000 Kleinwirtschaften beitrugen.[70]

Besitzverhältnisse und Gesellschaftsstrukturen verursachten Krisen, von denen autoritäre Bewegungen profitierten. Neben nationalistischen und rechtsextremen Gruppierungen wartete am anderen Ende des weltanschaulichen Spektrums Moskau mit radikalen Losungen auf. Zwar blieben österreichische Kommunisten meist bedeutungslos und die ungarische Räterepublik lediglich ein Intermezzo der weltrevolutionären Entwicklung. In der Tschechoslowakei und in Jugoslawien entstanden aber mächtige KP-Organisationen. Die Belgrader Regierung begegnete dieser Bedrohung von links bald mit repressiven Verordnungen. Sympathisanten des Oktoberregimes wurden in die Illegalität oder ins Exil abgedrängt.[71]

Wie immer die Geschehnisse eingeschätzt wurden: Unzweifelhaft traten neue Herrschaftseliten und Oppositionsbewegungen zu Tage. Sie offerierten bislang nicht bekannte Alternativen, veränderten das Parteienspektrum und die bestehenden Kräftekonstellationen. Auf dem Gebiet der untergegangenen Donaumonarchie markierte die Zeit ab 1917/18 solcherart politisch und territorial eine tiefere Zäsur als in sozioökonomischer Hinsicht.[72]

Abschied auf Raten

Jenseits der Zeitenbrüche

Es lohnt sich, die Epoche um 1900 als weiteren Entwicklungsschub in der neuzeitlichen Geschichte zu verstehen. Der Erste Weltkrieg und seine Konsequenzen wirken aus einem solchen Blickwinkel wie Beschleunigungseffekte in einer Ära der Modernisierungen. Die Teilnahme des Staatsbürgers am öffentlichen Leben, Wahlrechtsreformen oder die Frage der Wehrpflicht spielten in diesem Transformationsprozess eine wichtige Rolle. Hinzu kamen geistesgeschichtliche Umwälzungen im Spannungsfeld zwischen Kritik und Befürwortung der Aufklärung. Mediale und wissenschaftliche Innovationen trugen überdies zur Formierung von Massen- und Populärkulturen bei. Viele, die das „Fin de Siècle" gerade auch in den Zentren des Habsburgerreichs mitprägten, setzten ihre Arbeit über die Einschnitte von 1914 und 1917/18 hinweg fort. Vor diesem Hintergrund erweist es sich als sinnvoll, von einer „langen Jahrhundertwende" etwa von 1870 bis in die 1930er Jahre zu sprechen. Eine Phase der Kaiserzeit lässt sich demnach kaum von der Epoche der Republik unterscheiden.[1]

Das zeigt sich etwa im Angriff des Liberalismus auf traditionelle Eliten und Institutionen. Der sogenannte „Kulturkampf" – der Konflikt zwischen Kirche und Staat, die Auseinandersetzung um den Einfluss der Religion etwa auf das Schulwesen, Ehe- und Familienrecht – setzte sich fort und verschärfte sich sogar nach 1918. Mit dem Verschwinden der kaiserlichen und königlichen Institutionen traten vorhandene Bruchlinien zwischen den weltanschaulichen Rivalen noch deutlicher hervor. Die verstärkte Polarisierung der Gesellschaft äußerte sich in einer schweren Krise des Staates. Seine Organe standen nicht mehr für Gemeinsamkeit und Überparteilichkeit. Eine zunehmende Unversöhnlichkeit basierte auf der Bildung von Lageridentitäten und steigerte sich bis zur Bürgerkriegsmentalität. Abgeschlossene, einander feindlich gesinnte Milieus boten von der Kindererziehung bis zu den Bestattungsriten lebensweltliche Gesamtentwürfe an. Unschwer ließen sich die Abgrenzungsbestrebungen als problematisches Erbe der späten Donaumonarchie und ihrer sozialen wie ideologischen Zerwürfnisse erkennen.[2]

Dauerhaftigkeit zeigte sich überdies in einem anderen Bereich. Große Teile der „altösterreichischen" Gesetzesordnung galten unverändert in der Alpenrepublik, in der Tschechoslowakei und in Jugoslawien. Verwaltungsverfahren wiesen eine zum Teil wörtliche Übereinstimmung mit den cisleithanischen Regulativen auf. In der ČSR rührte man am bisherigen Normenbestand sogar weniger als in Österreich. Bemerkenswert waren diesbezüglich auch die magyarischen Ängste vor dem Abbröckeln des ungarischen Rechtsgebietes. Hier wurde wiederholt k.k. Gesetzen Priorität eingeräumt. Das Allgemeine Bürgerliche Gesetzbuch, die Zivilprozessordnung und oberstgerichtliche Entscheidungen der Monarchie standen in hohem Ansehen. Richter, Rechtsanwälte und Beamte verfügten über dieselbe oder zumindest eine ähnliche Schulbildung. In zahlreichen Berufsbereichen und Institutionen sorgten sie für eine personelle und inhaltliche Kontinuität.[3]

Mit dem Fortbestehen von Rechtssystemen wurden allerdings auch fragwürdige Bestimmungen beibehalten. Experten warnten deshalb vor Notverordnungsparagraphen. Sie konnten sich ihrer Meinung nach „ohne Hemmung durch die Gerichte" anstelle „der konstitutionellen Gesetzgebung" entfalten. Als verhängnisvoll erwies sich überdies das Kriegswirtschaftliche Ermächtigungsgesetz vom 24. Juli 1917. Es blieb in der Bundesverfassung der jungen Alpenrepublik erhalten und diente 1933 Bundeskanzler Dollfuß zur Überführung der parlamentarischen Demokratie in ein „ständisch"-autoritäres System.[4]

Kurzlebig war im Gegensatz dazu die kritische Auseinandersetzung mit der Rolle der Habsburgermonarchie im Ersten Weltkrieg. Anfängliche Bestrebungen sozialdemokratischer Regierungsmitglieder, Deutschland in der „Kriegsschuldfrage" zu entlasten und die Verantwortung der k.u.k. Entscheidungsträger hervorzuheben, zeigten kaum Wirkung. Wenig brachte auch die Tätigkeit einer „Kommission zur Erhebung militärischer Pflichtverletzungen" der k.u.k. Armee. Sie war im Dezember 1918 geschaffen worden, fand aber keine günstigen Rahmenbedingungen für eine gründliche und vorurteilslose Geschichtsaufarbeitung vor. Angehörige des Erzhauses und hohe Offiziere riefen zum Boykott der Nachforschungen auf. Die sich auflösenden, die – wie es hieß – „liquidierenden" Behörden des Habsburgerreiches machten es den Kommissionsvertretern ebenfalls so schwer wie möglich. Koordinationsschwierigkeiten mit den Nachfolgestaaten Österreich-Ungarns taten ihr Übriges, ganz abgesehen von der Empörung betont „patriotischer" und monarchistischer Kreise. 1922 wurde die Pflichtverletzungskommission aufgelöst. Zu diesem Zeitpunkt war die „Umsturzphase" bereits zu Ende, die Rätebewegung im

Abflauen begriffen und die Sozialdemokratie in der Bundesregierung nicht mehr vertreten. Eine relevante „Vergangenheitsbewältigung“ fand nicht mehr statt. Sie ließ noch lange auf sich warten.[5]

Die Schwierigkeiten, mit denen die Kommissionsmitglieder zu kämpfen hatten, bezogen sich aber auch auf ihren Kompetenzbereich und die Rechtslage. Viele Anklagepunkte beschränkten sich auf Vorgänge innerhalb der alten Armee, insbesondere auf das Fehlverhalten von Vorgesetzten gegenüber Untergebenen. Sehr viel seltener kam das Schicksal der Zivilbevölkerung oder der Kriegsgefangenen in der Donaumonarchie zur Sprache. Die großen Opfergruppen eines „schmutzigen Krieges“ in den Grauzonen zwischen Kombattanten und Nichtkombattanten blieben weitgehend ausgeklammert. Mitunter versuchte man, zweifelhaften Urteilen von Feld- und Standgerichten nachzuspüren. Deren Verfahrens- und Urteilspraxis konnte aber gar nicht im Zentrum der Erhebungen stehen. Schließlich beriefen sich die k.u.k. Truppenverbände und ihre Kommandeure hauptsächlich auf das Kriegsnotwehrrecht. Die „Pflichtverletzungskommission“ tat gut daran, sich mit dieser Fragestellung eingehender zu befassen. Gutachten wurden deshalb angefordert. Sie enthielten aber kaum eine rechtliche Handhabe, um die vielen Übergriffe und Grausamkeiten während des Ersten Weltkrieges zu ahnden. Die strittigen Geschehnisse ließen sich überdies selten rekonstruieren. Was blieb, war ein juristisch nicht verwertbares Unbehagen – und das Gefühl, in den Abgrund eines rechtsfreien Gewaltraumes geblickt zu haben.[6]

Enttäuschend endete für etliche Beobachter auch das Bemühen, dem nationalen Hass mit zukunftsträchtigen Modellen entgegenzutreten. Dabei dienten Ausgleichsverhandlungen in Mähren oder in der Bukowina bisweilen noch nach 1918 als Orientierungshilfe und Diskussionsgrundlage. Der Bund der Nationalitäten, den Kaiser Karl und sein engstes Umfeld zuletzt favorisierten, kam nicht mehr zustande. Dennoch: Die Sicherung der Gesamtstaatsinteressen stand einer Garantie von Länderprivilegien und Selbstbestimmungsforderungen nicht notwendigerweise im Weg. Das System speziell der cisleithanischen Repräsentativkörperschaften und die Vorschläge zur Erweiterung individueller und ethnischer Autonomierechte schienen fein genug austariert, um Extremismen zu vermeiden und in weiterer Konsequenz eine entschieden föderale Ausrichtung des Reiches zu ermöglichen.[7] Trotzdem hatten alle wichtigen Parteien abgewunken. Die Völker, stellten kaiserliche Berater ernüchtert fest, hätten es nicht so sehr auf Gleichberechtigung abgesehen, sondern darauf, über andere zu herrschen.[8]

Die Nation als kulturelle und sprachliche Gemeinschaft wurde zum Leitgedanken. Als „Causa prima“ konnte die Frage per definitionem nicht auf nachgeordneter Ebene verhandelt werden. Kreiseinteilungen, kommunale Übereinkünfte und Personalautonomien umgingen eher das Problem der Herrschaftsausübung. Sie gaben keine Antwort auf Schlüsselfragen: zum Beispiel die Zusammensetzung der Regierungen, das Verhältnis zwischen Peripherie und Zentrum, den Stellenwert der verschiedenen ethnischen Gruppen im staatlichen Gefüge.

Die Habsburger als Opfer der „völkischen Leidenschaften“ darzustellen, greift allerdings zu kurz. Das Herrscherhaus, die entscheidenden Hofcliquen, die zivile und militärische Führung hatten nationale Kontrahenten bisweilen gegeneinander ausgespielt und keinen unwesentlichen Beitrag zur Verschärfung der Gegensätze geleistet. Ein vor allem von Wien ausgehendes europäisches Friedensprojekt, das speziell im Rückblick öfters mythisch überhöht wurde, ließ sich schwerlich erkennen. Realiter handelte es sich um ein multiethnisches Reich, das die Vorrechte von Oberschichten und die Dominanz zweier Völker absicherte. Bis zuletzt zogen maßgebliche Kräfte zudem imperiale und koloniale Expansionen in Betracht. Konzilianz wurde hingegen meist nur im Augenblick der Schwäche gezeigt. Bestimmend blieb demgegenüber die Reputation des Erzhauses und „seiner" Monarchie. Dem eigenen Ansehen zuliebe das „Feld der Ehre" zu beschreiten, engte den Handlungsspielraum für Verständigungsmöglichkeiten beträchtlich ein. Die Geduld vieler „Untertanen" wurde auf die Probe gestellt. Ihre immer noch vorhandene Loyalität blieb ein ungenutztes Potenzial für Reformen und die Neugestaltung des Zusammenlebens im Donauraum. Der „Sprung ins Dunkle" und die Entscheidung für den Waffengang führten in ein vierjähriges Massenschlachten. Millionen Tote, körperlich Versehrte und seelisch Verkrüppelte waren das Resultat. Erschreckend destruktiv ging eine Ordnung unter, der selbst erklärte Feinde lange eine gewisse Sympathie entgegenbrachten. In den letzten Tagen der Erschöpfung wollte ihr niemand mehr beispringen. Die Kraft zur Gegenwehr war abhandengekommen.

Die Verlockung der großen Räume

Angesichts der ambivalenten Problem- und Gefühlslagen kam das oft erwartete Ende der Donaumonarchie dann doch unzeitig. Innerhalb weniger Wochen empfand man sich von Jahrhunderten mitteleuropäischer Geschichte abgekoppelt. Die verhältnismäßig scharfe politische Zäsur stellte eine Erfahrung dar, die sich den Zeitgenossen nur langsam in ihrer ganzen Tragweite erschloss. Oft dachte man weiterhin in imperialen Dimensionen.[9]

Speziell in den deutschsprachigen Gebieten des ehemaligen Habsburgerreiches hielt man an alten Denkmustern fest. Zahlreiche Organisationen hießen hier unverändert „Reichsvereinigungen". Kritik an der Kaiserzeit galt manchmal sogar als Verrat an einer immer noch wirksamen k.u.k. Staatsräson. Der milde Blick zurück und die nostalgische Wehmut von maßgeblichen Teilen der Gesellschaft provozierte allerdings auch Gegenreaktionen. Sozialistische und nationale Kreise ließen meist kein gutes Haar an der „alten Welt". Allen gemeinsam aber war der Zweifel an der Lebensfähigkeit der Alpenrepublik. Der kleine „Reststaat" erschien als unbefriedigendes „Konstrukt" der alliierten Siegermächte. Sie hatten ihn 1919/20 gegen den Willen der Einheimischen geschaffen und deren Wunsch nach einem „Anschluss" an Deutschland ignoriert.[10]

Politische Persönlichkeiten wie Prälat Ignaz Seipel, Minister für öffentliche Arbeit und soziale Fürsorge in der letzten k.k. Regierung, bedauerten unterdessen den Reichszerfall im Jahr 1918. Eine Dekade später bezeichnete er die Österreicher als „Großstaatmenschen" mit langer historischer Prägung. „Unser eigenes Gärtchen zu bebauen und gegen Entrée dem Fremden zu zeigen, ist", so seine Einschätzung, „keine Aufgabe für die Bewohner der karolingischen Ostmark und die Erben der Türkenbesieger."[11]

Seipel, während der 1920er Jahre zweimal christlichsozialer Bundeskanzler, urteilte sozusagen vom imperialen Beobachtungsstand aus. Er leistete sich dabei einen kleinen Seitenhieb gegen die touristisch verwertbare „Selbst-Musealisierung". Dahinter verbarg sich jedoch das durchaus ernsthafte Ansinnen, die Völker im Donauraum in einer losen Form der Kooperation zu vereinen. Derartige Überlegungen riefen einen seiner wichtigsten politischen Kontrahenten auf den Plan. Der Sozialdemokrat Otto Bauer witterte hinter den Konföderationsplänen eine „imperialistische" Strategie ausländischer Mächte. Von Prag aus solle mit einer „slawischen Mehrheit" Deutschland über-

SCHNELL LEGT SICH STAUB AUF DIE ALTE MONARCHIE. DENNOCH IST IHR NACHLEBEN IN VIELEN BEREICHEN SPÜRBAR.

wacht werden, erklärte Bauer, der den „Anschluss" auch als Kritik an einem „von Paris aus geleiteten Klientelstaatensystem" verstand.[12]

Ungeachtet dessen dominierte überall das „Großraumdenken". Für die gelegentlich diskutierte „Verschweizerung" hatten viele bloß Häme übrig. In einem „Zwergstaatenleben", „einem Leben der Kleinheit und Kleinlichkeit", könne „nichts Großes gedeihen, am allerwenigsten", so Bauer, „das Größte, was wir kennen, der Sozialismus".[13]

Die Kremlführung sah es ähnlich. Früh befasste sie sich mit der Frage, ob eine politische Einheit des Donauraumes nicht zu bevorzugen sei. Im Rahmen weltrevolutionärer Umsturzideen schien es naheliegend, möglichst große Territorien zu „sowjetisieren". Auf dem Territorium des zerfallenden Habsburgerreichs galt es, eine Union der Räterepubliken zu schaffen. Wladimir I. Lenin rief deshalb schon am 3. November 1918 das „Proletariat" Zentraleuropas auf, der nationalen Separation entgegenzutreten. Deutschösterreicher, Tschechen, Kroaten, Magyaren und Slowenen sollten einen „brüderlichen Bund der freien Völker im Kampf gegen die Kapitalisten" bilden.[14] Das „Oktoberregime" hielt sich allerdings gar nicht erst lange mit Proklamationen auf. Lenins ausländische Gefolgsleute auf russischem Boden, sogenannte „Internationalisten", erhielten die Anweisung, von der Theorie zur Tat zu schreiten. Im Wesentlichen unter den Kriegsgefangenen im Zarenreich gewonnene Aktivisten formierten den Kern der Kommunistischen Internationale, kurz Komintern. Sie bekamen die Order, im Herzen Europas das „Proletariat" an die Macht zu bringen.[15]

Ihrem Ziel kamen sie mit der Errichtung der ungarischen Räterepublik näher. Diese fungierte in der Folge als Plattform zur Gesamtrevolutionierung des Donauraumes. KP-Kader traten an, in Tschechien und der Slowakei, in der West- und der Karpatho-Ukraine, in Österreich und im SHS-Staat den Umsturz herbeizuführen.[16] Das Vorhaben scheiterte auf der ganzen Linie. Am Ende ging auch die Operationsbasis in Budapest verloren. Nach dem Sturz der Räteregierung arbeiteten die Komintern-Netzwerke im Untergrund weiter. Eine Neugestaltung der Gesellschafts- und Herrschaftsstrukturen im gesamten Gebiet der früheren k.u.k. Monarchie blieb hingegen die Handlungsmaxime.[17] Moskaus Vorliebe für die „Zusammenfassung der Donaustaaten", für die „Wiederherstellung des alten Reichsgebildes", war kein Geheimnis.[18] Außenkommissar Georgij Čičerin hob die politische Komponente einer derartigen „(Re-)Konstruktion" stets hervor. Wichtiger wurde aber im Verlauf der 1920er Jahre das „wirtschaftliche Element" eines mitteleuropäischen Bundes. Nicht bloß der Kreml entwickelte diesbezügliche Konzepte. Das Londoner Foreign Office dachte beispielsweise 1924 an eine regionale Freihandelszone. Die Briten registrierten allerdings bald, dass sich die Staatengemeinschaft reserviert verhielt. Wiens Annäherung an die Kleine Entente war speziell für Prag keine Option. Ablehnend reagierte aber auch Italien, das seinen eigenen Kurs in Zentraleuropa verfolgte.[19] Das Pariser Außenministerium am Quai d'Orsay zog daraus 1925 entsprechende Schlussfolgerungen. Die Kooperation im Donauraum scheitere, so der Befund, am Unabhängigkeitsdrang der einzelnen Nachfolgestaaten Österreich-Ungarns und am Veto Roms.[20]

Den britischen Vorschlag einer „wirklichen Zollunion der Donaustaaten" lehnte wiederum das Auswärtige Amt in Berlin ab. Die Initiative diene, hieß es hier, vornehmlich den Westmächten.[21] Deutschland erhielt von Österreich Rückendeckung. Die beiden Länder hielten auch in ökonomischer Hinsicht zusammen. London machte daraufhin einen Rückzieher. Ein modifiziertes Vorgehen wurde diskutiert.[22] Auf den Tisch kam schließlich das Dossier des französischen Premiers André Tardieu. Vom britischen Papier abweichend befürwortete er ein „System von Präferenzverträgen". Ein Notenaustausch zwischen Paris, London und Rom regte Verhandlungen zwischen den betroffenen mitteleuropäischen Staaten an. Unbeachtet blieb jedoch die Meinung der Berliner Regierung. Als sie durch „Presseindiskretionen" Kenntnis von den Planungen erlangte, erteilte sie dem „Donaubund" neuerlich eine Absage. Tardieus Vorschläge erwiesen sich als unrealisierbar, auch weil Italien ausweichend antwortete. Benito Mussolini legte seine eigenen Hegemonialstrategien in Zentraleuropa durch die Annäherung an Österreich und Ungarn offen.[23]

Die Verantwortlichen in Wien und Budapest gingen auf Distanz zu den Westmächten. Hauptsächlich Frankreich wurde in diesem Zusammenhang „imperialistischer Tendenzen" verdächtigt. Selbst die Kleine Entente, die vielfach als verlängerter Arm eines „napoleonischen Expansionismus" galt, zeigte sich brüskiert. Der Stil, mit dem über die Köpfe der Betroffenen hinweg Großmachtpolitik gemacht wurde, missfiel auch den Entscheidungsträgern in Prag, Belgrad und Bukarest. Rumänien und Jugoslawien waren zudem Agrarstaaten. Wie Ungarn waren sie an die Absatzmärkte in Deutschland und Italien gebunden.[24]

Die „germanophilen Neigungen" der Alpenrepublik traten indessen durch das Zollunionsprojekt mit Deutschland zu Tage. Es scheiterte schließlich ebenso wie der Tardieu-Plan. Zur Jahresmitte 1932 trat der neue österreichische Bundeskanzler Engelbert Dollfuß an Édouard Herriot heran. Dollfuß appellierte an den französischen Premier, nicht weiter auf Mitteleuropakonzeptionen zu achten. Dem in seiner Existenz bedrohten Kleinstaat solle mit Direktkrediten geholfen werden. Der Weg zur „Lausanner Anleihe“ wurde geebnet. Die Idee der „Donauföderation“ sollte bis 1938 keinen größeren Stellenwert mehr erlangen.[25]

Für den ab 1933 autoritär regierenden Dollfuß und den vom ihm geschaffenen „austrofaschistischen Ständestaat“ war dann allerdings niemand bereit, in die Bresche zu springen. Die zunächst an reaktivierten „Donauplänen“ interessierte Regierung in Bukarest wollte sich letztlich nicht gegen das nunmehr nationalsozialistisch beherrschte Deutschland stellen. Paris musste erkennen, dass sich das „Dritte Reich“ nach und nach strategische Partner durch die Verständigung mit Italien und bilaterale Abkommen mit mittelosteuropäischen Staaten schuf.[26]

Schwundstufen

Während viele Menschen noch lange an Großmachtideen festhielten, verabschiedeten sie sich von der Kaiserzeit. In Prag verschwanden die Symbole des alten Reichs schon Ende 1918. Nicht länger zierte der Doppeladler Amtsgebäude oder Uniformen. Die Demontage der „verhassten Zeichen“ einer untergehenden Ordnung vollzog sich bisweilen rauschhaft. Aggressionen und Glücksgefühle herrschten vor. Demonstranten attackierten Repräsentanten des „zerfallenden Österreich“, bejubelten die „Kapitulation Deutschlands“ und umarmten sich. Alkohol floss in reichlichen Mengen.[27]

Den ersten spontanen Aktionen folgte der systematische Denkmalsturz. Mariensäulen als Verkörperung der siegreichen habsburgischen Gegenreformation mussten weichen. Historische Persönlichkeiten der „schwarzgelben“ Geschichte ebenso: Statuen von Feldmarschall Radetzky wurden zunächst verhüllt, dann kamen sie ins

Museum. In Pressburg, nun Bratislava, ging man mit Maria Theresia weniger sanft um. Ihr Denkmal wurde ohne langes Zögern zerstört.[28]

Emotionelle Befreiungsakte wandelten sich zu Riten der neuen Staatswesen. Trauerzüge für hingerichtete Legionäre fanden statt: Die gegen Österreich-Ungarn eingesetzten Freiwilligenverbände erhielten einen zentralen Platz in der Gesellschaft. Sie prägten den Patriotismus und das öffentliche Bewusstsein nicht zuletzt in der Tschechoslowakei.[29]

Das Habsburgerreich schien weitgehend diskreditiert. Eine vierjährige Ressourcenschlacht und die darauffolgenden Nachkriegskrisen zeigten ihre Wirkung. Ideen des Zusammenhalts im Donauraum verloren durch Grenzkonflikte der Nachfolgestaaten an Attraktivität. Medien reflektierten den Desintegrationsprozess. In einigen Ländern pries das Kino den nationalen Widerstand gegen den habsburgischen „Völkerkerker". Dabei fand der Kontext kaum Beachtung. Polnische und tschechoslowakische Filme, die sich in den 1920er und 1930er Jahren den gegen „Österreich" kämpfenden Legionären widmeten, waren dafür ein gutes Beispiel.[30]

Nur noch selten geriet die Monarchie selbst ins Blickfeld. Nach 1945 galt sie gelegentlich als Sinnbild des unvermeidlichen Verfalls eines morschen Systems. Mittelosteuropäische Länder unter kommunistischer Herrschaft stimmten den Abgesang auf eine aristokratisch-bürgerliche Welt an, ein „dekadentes" Kaisertum.[31] Allerdings gab Österreich-Ungarn dabei eher die Hintergrundfolie für eine ideologisierte Sozialkritik ab. Das Filmschaffen der UdSSR und ihrer „Bruderstaaten" wandte sich der „Oktoberrevolution" zu, dem „Großen Vaterländischen Krieg" von 1941 bis 1945, dem Kampf der Partisanen gegen die fremde (NS-)Gewaltherrschaft. Falls die Entwicklungen in der k.u.k. Monarchie überhaupt noch thematisiert wurden, geschah es in Form einer Art Fragmentierung: Auf der Kinoleinwand ging es selten um das ehemalige Vielvölkerreich, sondern um nationale Blickwinkel und die jeweilige Geschichtspolitik. Bestimmte ethnische Konflikte, Kronländer, Kampfformationen, Front- und Einsatzbereiche standen im Fokus: Aus rumänischer Sicht vertraten etwa Siebenbürgen und Ungarn den heterogenen Herrschaftskomplex der Habsburger, aus südslawischer und italienischer Perspektive die Gefechte am Isonzo oder in den Alpen.[32]

Auslöschung

Der Erste Weltkrieg und seine Folgen lösten auch eine neue Welle des Antisemitismus aus. Jüdische Flüchtlinge aus Galizien waren vermehrt Anfeindungen ausgesetzt. Den Hass befeuerte der Systemkollaps. Für die militärische Niederlage, die Versorgungskatastrophe und die revolutionären Bewegungen suchte man nach Schuldigen. Rassistische Hetzkampagnen richteten sich gegen „mosaische Volksverführer", „Brunnenvergifter" und „Sendboten des Bolschewismus". Von „Heuschrecken" war die Rede, von „Schädlingen", die vertrieben oder in Lager gesperrt werden sollten. Eine „fremde Minorität", hieß es, müsse abgesondert und insbesondere aus dem öffentlichen Leben entfernt werden. Die aufgeheizte Stimmung befeuerte heftige innerjüdische Debatten. Es ging um die eigene Identität, die Anpassung an die „Mehrheitsgesellschaft", religiöse Traditionen oder säkulare Strömungen. „Assimilierte" hofften auf sozialistische Reformen. Nicht selten sahen sie sich in einem unüberbrückbaren Gegensatz zu den „Orthodoxen" oder „Zionisten". Migrationserscheinungen, Konflikte zwischen den Zugewanderten und den „Alteingesessenen", vertieften die Kluft.[33]

„Jüdische Nationalräte“, die sich im Oktober 1918 gebildet hatten, zeigten sich besorgt angesichts des spürbar aggressiveren Klimas. In Prag verlangten sie kulturelle Autonomie, die Anerkennung ihrer Nationalität und Maßnahmen gegen den um sich greifenden Rassismus. Die tschechische Führung zeigte Entgegenkommen, Mitglieder des „Národni vybor“ wählten in ihren Parteizeitungen aber eine andere Sprache. Judenfeindliche Verbalattacken waren hier an der Tagesordnung.[34]

Anderswo blieb es nicht mehr nur bei Beschimpfungen. Im polnisch-ukrainischen Kampf um Lemberg geriet eine „jüdische Miliz“ zwischen die Fronten. Obwohl sie sich für neutral erklärt hatte, wurde sie von den siegreichen Polen verdächtigt, zu den Ruthenen zu halten. Den Beschuldigungen folgte ein Pogrom, in dessen Verlauf 73 Menschen den Tod fanden.[35]

Die Gefahr einer Eskalation hatte sich früh abgezeichnet. Schon im Verlauf der letzten Reichsratssitzung am 12. November 1918 empfand der aus Lemberg stammende jüdische Abgeordnete Ernest Breiter die triumphierende nationalstaatliche Ordnung als Bedrohung. Er stemmte sich gegen das Unvermeidliche und plädierte für die „Permanenz des Volkshauses“ auch ohne Monarchie.[36] Seinen Appell hörten allerdings nur noch wenige. Viele Parlamentsabgeordnete waren abgereist. Und auch die verbliebenen Mandatare fühlten sich bereits als Bürger neuer Staaten.[37]

In den Zentren des untergehenden Habsburgerreiches trugen indes jüdische Nationalräte, anders als Breiter hoffte, die Errichtung der neuen Ordnung prinzipiell mit. Eine eigene Liste schaffte sogar den Sprung in die österreichische Nationalversammlung.[38]

Alles in allem behielt jedoch überall eine gewaltbereite Gegenseite die Oberhand. Ungarns Reichsverweser Miklós Horthy, der „Admiral ohne Flotte in einem Königreich ohne König“, war ein bekennender Antisemit. Die Feindschaft gegenüber den Juden, denen radikale Kräfte die Hauptschuld an der Räterepublik gaben, wurde eine tragende Säule des Regimes. Mit seinen Diskriminierungsmaßnahmen trug Horthy zum Entstehen eines repressiven Klimas bei. Voraussetzungen wurden geschaffen, die magyarische Rassisten für sich nutzten. Gemeinsam mit dem nationalsozialistischen Deutschland waren sie schließlich für die physische Auslöschung Hunderttausender, ihre qualvolle Deportation in die NS-Vernichtungslager und todbringende Fußmärsche in das „Dritte Reich“ verantwortlich.[39]

Radikalisierungsprozesse kennzeichneten zugleich die Entwicklung in Österreich. Schon in den 1920er Jahren hatten Ausschreitungen und Mordtaten Schrecken verbreitet. Das gesteigerte Aggressionspotenzial führte zur Entgrenzung der Gewalt. Der Weg in den Genozid wurde auch hier beschritten.[40]

Zahlenangaben variieren und das unermessliche individuelle Leid verschwindet hinter Statistiken. Dennoch lassen sich die Dimensionen des Grauens in Ansätzen erkennen. Der Holocaust bedeutete in den Gebieten Jugoslawiens für ungefähr 60 000 und auf dem Territorium der Tschechoslowakei für mindestens 143 000 Menschen den Tod. In Rumänien fielen ihm mehr als 211 000 Menschen zum Opfer, in Ungarn bis zu 550 000 und in Polen 2,7 Millionen. Die bedeutende jüdische Gemeinde in Wien hörte auf zu existieren. Zirka 66 000 Juden der „Ostmark“ überlebten das NS-Terrorregime nicht. Hinzu kamen weit mehr als Hunderttausend Vertriebene. Die meisten von ihnen wurden bis zu ihrer erzwungenen Ausreise in unglaublicher Weise gedemütigt und beraubt. 1945 gab es in der früheren k.k. Haupt- und Residenzstadt noch 5700 Juden,

2142 hatten in den Todeslagern überlebt. Nicht viel anders sah es Ende des Zweiten Weltkriegs in weiter östlich gelegenen Regionen des ehemaligen Habsburgerreiches aus. Die zahlreichen jüdischen Bewohner Galiziens etwa wurden fast alle ermordet.[41]

Darüber hinaus ging der sowjetische Zugriff auf Mitteleuropa mit neuen Gräueln einher. Massaker und Vertreibungen, die nun vor allem auch Polen und Ukrainer betrafen, radierten eine ganze Kulturlandschaft von Lemberg über Czernowitz bis nach Siebenbürgen aus.[42] Ihre Zerstörung markierte das Erlöschen einer langen Jahrhundertwende, deren Geistes-, Kunst- und Wissenschaftsblüte von der jüdischen Intelligenz mit hervorgebracht und getragen worden war. Alltags- und Lebenswirklichkeiten des „Fin de Siècle" waren nach dem politischen Ende der Donaumonarchie zunächst noch konserviert geblieben. Der Zweite Weltkrieg und die Shoah löschten diese Welt endgültig aus.[43]

Noch vor dieser Menschheitskatastrophe trat das schwierige Erbe des Nationalitätenstreites einmal mehr zu Tage. Rumänien beispielsweise zeigte beträchtlichen Widerwillen, die in Paris beschlossenen Minderheiten-Abkommen umzusetzen. Sogar Rumänisch sprechende Staatsangehörige aus ehemals ungarischen Territorien waren aus Bukarester Perspektive im öffentlichen Dienst ungern gesehen. Im Gegensatz dazu genossen die Minoritäten in der Tschechoslowakei zwar umfassendere Rechte als in den anderen neuen Staaten. Trotzdem: Maßnahmen wie die Enteignung des Grundbesitzes von mehr als 150 Hektar Ackerboden oder von mehr als 250 Hektar sonstiger Liegenschaften feuerten den ethnischen Konflikt an. Die Reform diene der nationalen Sicherheit der ČSR durch die Ansiedlung von Tschechen im Grenzgebiet. Deren Interessen sichere das „Gesetz über die Errich-

1945 SITZEN DIE MENSCHEN IN DEN TRÜMMERN, DIE DER ZWEITE WELTKRIEG HINTERLASSEN HAT. MIT DER ZEITLICHEN DISTANZ TRÄGT DIE NOSTALGISCHE VERKLÄRUNG DER HABSBURGERMONARCHIE ZU EINER NEUEN ÖSTERREICHISCHEN IDENTITÄT BEI.

tung eines Bodenamtes“, das „eine Beteiligung der Minderheiten an der Umverteilung ausschließe“, lauteten vor allem die Kommentare der deutschen Bevölkerung. Während sich ihrerseits Tschechen nationalistischer Rhetorik bedienten, zeigte sich – ähnlich wie schon in der Monarchie –, dass der lärmende „völkische Geist“ die sachliche Arbeit übertönte. Denn trotz bestimmter Kritikpunkte an der Restgüterverteilung des Bodenamtes herrschte bei den betreffenden parlamentarischen Ausschusssitzungen und Klubobmänner-Konferenzen in Prag eine durchaus besonnene Atmosphäre.[44]

Die anhaltenden ethnischen Spannungen nutzten rechtskonservative oder faschistische Bewegungen und schließlich das „Dritte Reich“. Dessen radikale „Volkstumspolitik“ und ein enthemmter Expansionismus ließen sich keineswegs durch Folgen des Ersten Weltkrieges und bestehende Mängel der Pariser Friedensordnung rechtfertigen. Dennoch arbeiteten die Verträge von 1919/20 den revisionistischen Kräften zu. An der Seite Berlins profitierte das Horthy-Regime gebietsmäßig von der Zerschlagung der demokratisch gebliebenen Tschechoslowakei. Die Kräftekonstellation ermöglichte Horthy überdies die neuerliche Eingliederung Nord-Siebenbürgens zum Nachteil Rumäniens. Weder diese Vereinbarungen noch das soziale Gefüge des „alten Ungarn“ blieben dann aber über die Mitte des 20. Jahrhunderts hinaus bestehen. Der Zweite Weltkrieg, der Beginn des Kalten Krieges und die Etablierung der von Moskau abhängigen KP-Regime stellten augenscheinlich eine markante Zäsur dar.[45]

Das geistige Erbe – Österreich im Kontext

Die Errichtung des „Eisernen Vorhangs“ schnitt die 1945 wiedererrichtete Alpenrepublik von bisher immer noch intakten Verbindungen zu den Nachbarn ab. Wirtschaftliche, soziale und kulturelle Kontakte gingen verloren. Ähnliches galt für die Gesetzeslage. Der altösterreichische Rechtsraum existierte nicht länger.[46]

Habsburg rief sich hingegen in Erinnerung. Das politische Engagement des „Erzhauses“ nach dem Ende der NS-Zeit und die Debatten um die Einreise von Otto Habsburg sorgten in Österreich für Aufregung. Divergierende Geschichtsinterpretationen der Parteien trugen zu den Spannungen bei, ebenso die Diskussion über strittige Vermögenswerte und damit verbundene Ansprüche der früheren Herrscherfamilie. Auf lange Sicht verloren die Kontroversen aber an Bedeutung. Der sozialistische Bundeskanzler Bruno Kreisky hatte ein positives Verhältnis zur Donaumonarchie, er suchte den persönlichen Ausgleich mit der „allerhöchsten Dynastie“. Monarchistische und legitimistische Gruppen blieben ohne Einfluss. Die medial inszenierten Trauerfeierlichkeiten für Kaiserin Zita und ihren Sohn Otto brachten den unter anderem in der Paneuropa-Bewegung engagierten Habsburg-Sympathisanten nur schwachen Zulauf. Aus der Sicht der Machthaber in der Republik waren sie letztlich kein nennenswerter Faktor mehr.[47]

Vorhandene Relikte einer „Welt von Gestern“ standen nur noch auf einigen „Nostalgieinseln“ in hohem Ansehen. Das Erbe „Kakaniens“ zog sich ins „Geistige“ zurück. Ein Reservoir an Versatzstücken aus der Zeit der Monarchie und das kulturelle Schaffen der Zwischenkriegszeit belebten den Habsburg-Mythos. Er wurde schließlich Teil des kulturpolitischen Designs der Zweiten Republik. Franz Joseph erschien nun als unbelasteter Ordnungsfaktor.[48] Er und mehr noch seine Vorgänger lenkten vom Katastrophenzeitalter zwischen 1914 und 1945 ab. Eine – vermeintlich – „gute alte Zeit“ half, die Mitverantwortung der „Ostmärker“ an den Verbrechen der NS-Diktatur auszublenden. „Antipreußische" Bekenntnisse zum Kleinstaat kompensierte man bisweilen melancholisch mit der Hinwendung zum „glanzvollen Imperium des angestammten Herrscherhauses".[49]

Das Weltgeschehen begünstigte Tendenzen zur gnädigen Retrospektive. Ein allgemeiner Eskapismus wandte sich nach jahrelangem Grauen Traumwelten zu. In kitschbeladenen Idyllen tummelten sich gefürstete und gekrönte Häupter. Gerade die großen Filmstudios in Europa und in den USA beteiligten sich daran, fremdenverkehrstaugliche Schauplätze des Vergnügens zu präsentieren. Märchen- und Operettenhaftes dominierte, der „Zauber der Montur", Prachtentfaltung und Kreativität einer „Barockgroßmacht Österreich". Die „Musikstadt Wien", Gefühlsstürme und Schaffensfuror der Künstler komplettierten das Weichbild der Verklärung. Eine alltagsvergessene Walzer- und Weinseligkeit trug zur Geschichtsklitterung bei. Sie entstand jenseits aller historischen Bezugspunkte. Traumfabrikation und Kulissenschieberei fanden ihren Höhepunkt in einer von jeder Zivilisationskrankheit befreiten Anbetung der „reinen, unberührten" Landschaft – und letztlich vor allem einer „heilen" Bergwelt.[50]

Die Szenerien erwiesen sich als äußerst wirkungsvoll und führten im Fall der Alpenrepublik zu einer beachtenswerten Übereinstimmung zwischen nationaler Eigendefinition und primär touristisch verwertbarer Fremdwahrnehmung. Filmproduktionen hatten daran maßgeblichen Anteil. „Der Engel mit der Posaune", „Erzherzog Johanns große Liebe", „Die Deutschmeister", „Maria Theresia", „Kronprinz Rudolfs letzte Liebe" und vor allem die „Sissi-Trilogie" versinnbildlichten den Zeitgeist. „Dunkle Kapitel", wie das Massentöten von 1914 bis 1918, passten nicht zu den konservativen Paradigmen der langen 1950er Jahre und den klischeegesättigten Kassenschlagern des seich-

DIE K.U.K. MONARCHIE WANDELT SICH, FLANKIERT VON KITSCH UND BLÖDELEI, ZUR „HEILEN WELT“. UNTERHALTUNGSINDUSTRIE UND TOURISMUS VERMARKTEN DIE KLISCHEES ERFOLGREICH.

ten Unterhaltungsangebotes.[51] Selbst die k.u.k. Armee umhüllte eine friedvolle Aureole des Glanzes und der Komik: von den Paraden und feschen Leutnants bis zum Kasernenklamauk. Für eine ernsthafte Auseinandersetzung mit den Schattenseiten der Geschichte war zunächst kein Platz. Sie sorgte lediglich in Einzelfällen für Irritation. Es bedurfte einiger Liberalisierungsschübe, der Erosion klassischer Gesellschaftsmilieus und weltanschaulicher Lager, um einen Perspektivenwechsel vollziehen zu können. Erst die gedächtnispolitische Wende der 1980er Jahre brachte eine vorsichtige Trendumkehr.[52]

Rund vierzig Jahre später zeigt sich freilich, dass sich Stereotypen der tonangebenden Populärkultur weiterhin großer Beliebtheit erfreuen. Das überrascht zunächst weniger als die unveränderte Neigung von Teilen der Wissenschaft, kritischeren Studien mit Ignoranz und Ressentiments zu begegnen. Reflektierte Forschungsansätze und quellengesättigte Analysen, die alternative Interpretationsangebote hervorbringen, sind davon keineswegs ausgenommen. Selbst innerhalb des „akademischen Betriebs" führt das Interesse an der Monarchie nur bedingt zu einer differenzierten Geschichtsbetrachtung, einem nüchternen Blick auf die Vergangenheit. Politik und Gesellschaft allgemein greifen wiederum auf vereinfachende und geschönte Darstellungen zurück. Einseitige Betrachtungsweisen verfestigen sich, dienen dem Festhalten an Gewohntem, der Abwehrhaltung gegenüber Unliebsamem.

Mit der fortgesetzten Instrumentalisierung des Historischen gehen überdies gefährlichere Entwicklungen einher. Ein alter Ungeist taucht in vielen mittel- und osteuropäischen Ländern auf: mangelndes Demokratieverständnis, (post-)imperiale Ansprüche, autoritäres Denken, soziale Ungleichheit, ideologische Verblendung, Rassismus und Fremdenfeindlichkeit. Nationalistische Horizontverengung und „völkische Traumata", Großmachtträume und Großraumdenken dienen neuerlich dazu, alte Rechnungen zu präsentieren. Der Schoß ist fruchtbar noch, aus dem das Unheil kroch ...

Nachbemerkungen aus der Gegenwartsperspektive

Rückblick im Zeitraffer – Versuch einer knappen Bilanz

Hannes Leidinger

Der Doppeladler symbolisierte seit jeher den Anspruch auf imperiale, ja universelle Herrschaft. Als er seine Strahlkraft einbüßte, wurde er zu einem besonderen Spezifikum der Habsburger. Er stand nun für den Doppelstaat Österreich-Ungarn und verwies auf verschiedene Blickrichtungen, entgegengesetzte Kräfte, unterschiedliche Zeitebenen.

Jahrhunderte hindurch blieb das heterogene Machtkonglomerat des Erzhauses fragil. Die „kakanische Länderunion" verfügte trotz aller Vereinheitlichungsbestrebungen über keinen festen Reichskern. Der Zerfall des Imperiums war vom Beginn seines Bestehens an ernsthafter in Betracht zu ziehen als bei vielen anderen Großmächten.

Auf einer Zeitebene der „langen Jahrhundertwende" etwa ab 1870 verschärften sich Widersprüche durch längerfristige Innovations- und Modernisierungsschübe. Positive und negative Charakteristika dieser Transformationsprozesse existierten über die scharfen politischen Brüche hinweg. Zumindest sozial und geistig verschwand die „Welt von Gestern" keineswegs mit den Einschnitten von 1914 oder 1918. Erst nach und nach lockerten sich die alten Bindungen. Ein Um- und Rückbau auf Kleinstaatsniveau kennzeichnete die Entwicklung in den Nachfolgestaaten, persönliche und geschäftliche Kontakte gingen langsam verloren. Autoritäre und totalitäre Regime, der Zweite Weltkrieg und der beginnende Kalte Krieg stellten schließlich eine gewaltsame Zäsur dar.

In der Zwischenkriegszeit, existierten zumindest Teile der habsburgischen Lebenswirklichkeit nach wie vor. Und mit ihrer Dauerhaftigkeit trat noch einmal die Janusköpfigkeit der alten Ordnung zu Tage.

Pessimistische Stimmungen und optimistische Zukunftserwartungen hatten einander um 1900 gegenübergestanden. Im Wechselbad der Gefühle überwog allerdings eine Tendenz zum Negativen. Die Gesamtsituation wurde schwieriger.

Nicht unbeeindruckt davon zeigte sich auch die k.u.k. Staatsführung. Hof- und Regierungskreise neigten in der Folge dazu, Schlagkraft beweisen zu wollen. Unter Berufung auf die Reputation des Reichs verleiteten imperiale Ziele zu Gewaltlösungen. Sie konnten weder das innere Gefüge noch die internationale Position der Monarchie festigen. Im Gegenteil. Die Entscheidung, den Krieg gegen Serbien um den Preis eines Weltbrandes zu wagen, führte zur Verfolgung vermeintlicher oder tatsächlicher Verräter in den eigenen Reihen. Das Reich wurde weiter geschwächt und verlor international fast jeden Handlungsspielraum.

Erstaunlich war allerdings die Loyalität gegenüber Franz Joseph I. persönlich. Selbst die Feindstaaten blieben ihm und seiner Dynastie gegenüber respektvoll. Vor allem lag ihnen lange nichts an der Zerschlagung der Monarchie. Eine Destabilisierung des Donauraumes sollte vermieden werden. Und noch weniger wollte man dadurch Deutschlands Einfluss in der Region stärken. Vergeblich versuchte die Entente, Wien von Berlin zu trennen. Sonderfriedensverhandlungen scheiterten. Die Westmächte vermochten im Habsburgerreich keinen eigenen „Player“ mehr zu erkennen. Es galt fortan endgültig als Vasall Wilhelms II. und seiner Generäle. Vor dem Hintergrund des Meinungsumschwungs in London und Paris, aber auch aufgrund der Ereignisse im ehemaligen Zarenreich wendete sich das Blatt zu Ungunsten Österreich-Ungarns. Kritische Nationalitätenvertreter, die bislang einen möglichen Sieg der Mittelmächte mit eingeplant und eine Art Doppelstrategie angewendet hatten, nahmen Abschied vom gemeinsamen Reich. Der „Tod des Doppeladlers“ war gewissermaßen erst jetzt, in den letzten Monaten des Ersten Weltkrieges, eine beschlossene Sache.

Der Untergang vollzog sich als Verknotung von internen und externen Entwicklungen. Eine Revolution wie in Russland war damit nicht verbunden. Das Ende Österreich-Ungarns führte weder eine wirkmächtige Massenerhebung noch die Umsturzaktion entschlossener Oppositionsgruppen herbei. Der November 1918 stellte eher militärisch, politisch und territorial einen Einschnitt dar. Wirtschaftlich, sozial, kulturell und mental gab es keinen radikalen Bruch. Alternativen zu den historischen Geschehnissen schienen möglich. Sie deuteten sich in Geheimunterredungen zwischen Wien und London an. Großbritannien offerierte seinen Beistand bei der Umwandlung der Donaumonarchie in einen zentraleuropäischen „Commonwealth“.

Die Realisierung solcher Pläne war allerdings ein schwieriges Unterfangen. Der Verwirklichung von Föderationsprogrammen standen in der Zwischenkriegszeit etliche Hindernisse im Wege. Die Monarchie hatte jedoch die Probleme mit verursacht. Der Ausgleich von 1867 begünstigte die Deutschen und Magyaren im Reich. Andere Nationalitäten sahen sich benachteiligt. Der innerste Kreis der Entscheidungsträger rund um den Regenten trug zu Radikalisierungsprozessen bei. Das fragwürdige Krisenmanagement im Juli 1914 mündete in den Ausbruch des Ersten Weltkrieges. Die Eliten des Habsburgerreiches hatten einen maßgeblichen Anteil am eigenen Sturz und Bedeutungsverlust.

Was blieb, was bleibt? Die Monarchie und ihr Erbe aus heutiger Sicht

Verena Moritz

Am 21. Dezember 1906 fand im Herrenhaus des österreichischen Reichsrates eine abschließende Debatte zur Verabschiedung des Gesetzes über das allgemeine Männerwahlrecht statt, das 1907 in Kraft trat. Dieser Neuregelung der Teilhabe an demokratischen Prozessen war eine vielschichtige Krise vorangegangen. Nun wurde ein System über Bord geworfen, von dem auch Aristokratie und Klerus mehrheitlich behaupteten, es habe sich überlebt. Dennoch gab es Bedenken. Sie reichten vom Überhandnehmen „sittenloser" und umstürzlerischer sozialdemokratischer Ideen bis hin zur Sorge, nationalistischen Strömungen Vorschub zu leisten. Ein von „Klassenprivilegien" befreites Wahlrecht erschien demgemäß als Experiment, und das Volk, das heißt zumindest die Männer, die jetzt zur Stimmabgabe berechtigt sein sollten, galt als schwer einzuschätzendes „Element". Besorgte Stimmen warnten vor den unabsehbaren Folgen für eine Monarchie, die nach den Worten des österreichischen Ministerpräsidenten, Max Wladimir von Beck, mehr als irgendein anderer europäischer Staat auf die Loyalität „seiner Völker" angewiesen war. Für umso wichtiger erachtete er die Übereinstimmung der Wünsche des einzelnen Staatsbürgers, des Staates selbst und der Dynastie. Dieser Aussage pflichteten die Befürworter der Reform im „Oberhaus" bei. Sie verwiesen außerdem auf eine neue Zeit, in der Aristokratie und Bürgertum nicht ohne die „Massen“ würden bestehen können. Gleichzeitig hielten sie an der Existenz des Herrenhauses mit seinen großteils auf Lebenszeit ernannten Mitgliedern fest. Ein andernfalls erwartbarer „Bundesrat“ als Nachfolgeinstitution wurde für schädlich befunden. Und schließlich fehlte es auch nicht an einer gewissen Skepsis gegenüber einem „angeblichen“ allgemeinen Wunsch nach einer Erweiterung demokratischer Rechte. Die Bevölkerungsmehrheit, so dachte manch einer, sei gar nicht so sehr interessiert an einem Mitspracherecht, sondern an einer verantwortungsvollen Politik der Männer an der Spitze des Staates. Selbst einige Abgeordnete nahmen es anscheinend nicht so ernst mit dem „dringenden Wunsch“ nach einer Reform. Nicht wenige hatten, hieß es geradezu hämisch, in einer entscheidenden Sitzung über das Wahlrecht gefehlt: Von 425 Mandataren habe man nur 257 Anwesende gezählt. Ein starkes Signal für die Demokratie bzw. den Wunsch danach sei das nicht gewesen.[1]

In den Wortmeldungen der Herrenhaus-Mitglieder ging es aber auch um Folgen der Reform, die über Fragen der Demokratisierung hinausreichten. Nicht nur für das alte Wahlsystem schien die Zeit abgelaufen zu sein, sondern womöglich auch für den eigenen Stand. Es reiche nicht aus, warnten einzelne Stimmen, einfach Großgrundbesitzer zu sein. Man müsse sich u. a. den Herausforderungen der modernen Ökonomie stellen, kapitalistisch denken und wirtschaften.[2]

Die Grundlage für eine unternehmerische Zukunft des Adels beseitigte auch die „Österreichische Revolution“ von 1918 nicht. Trotz des „Habsburgergesetzes“ von 1919 und der damit einhergehenden Konfiskation vor allem „hofärarischen“ Vermögens blieb auch den Angehörigen der früheren Herrscherdynastie ein immer noch beachtlicher Besitz. In Österreich umfasst er heute beispielsweise neben der symbolträchtigen Kaiservilla in Bad Ischl als Sommerresidenz des 1916 verstorbenen Franz Joseph etliche weitere geschichtsträchtige und/oder wertvolle Immobilien sowie mehrere Tausend Hektar an Grundbesitz. Dennoch wurde bis hinauf ins beginnende 21. Jahrhundert um die Restitution ehemaliger Güter gerungen. Der Streitwert, um den es in der jüngsten Neuauflage der Auseinandersetzung um das Habsburgervermögen ging, belief sich auf etwa 200 Millionen Euro.[3]

Die Habsburger übertreffen indessen in puncto Waldbesitz, aber auch hinsichtlich des Eigentums landwirtschaftlicher Nutzflächen sowie weiterer Vermögenswerte andere adelige Familien. Während Zehntausende kleinere Waldflächen ihr Eigentum nennen, ist der „Großwald" in Österreich mit einem hohen Anteil im Besitz von früheren Adelsgeschlechtern und Klöstern.[4] Mit besonders großen Latifundien sowie einträglichen Immobilien ausgestattet, geschäftstüchtig und expansiv sticht das „Esterhazy-Imperium" im Burgenland[5] hervor. Ähnliches gilt für die Familie Liechtenstein, mit nicht nur in Österreich vorhandenen Besitztümern, die einem Wert von insgesamt einigen Milliarden Euro entsprechen. Auf Neiddebatten, die den Erfolg meist begleiten, reagieren die Erben für gewöhnlich empfindlich. Viele sehen sich als Teil einer Oberschicht, die dem Leistungsdenken verpflichtet ist und eher einer modernen Meritokratie angehören möchte als einem ohne Zutun privilegierten Stand. Hervorgehoben wird deshalb ein florierendes Unternehmertum, dessen Erfolg vor allem auf Fleiß und Professionalität beruhe. Daneben bevorzugen Mitglieder der blaublütigen Elite Tätigkeiten, die selten abwärts von der Managerebene angesiedelt sind: Sie arbeiten als Banker, Entscheidungsträger im Bereich von Wirtschaft, Kunst und Tourismus, als hohe Beamte oder Investoren im Immobiliensektor. Viele verweisen einerseits durchaus stolz auf ihren Stammbaum und versichern andererseits, dass er für ihr berufliches Fortkommen völlig irrelevant sei. Dass er das mit Blick auf eine gedeihliche Karriere in der Privatwirtschaft, im öffentlichen Dienst oder in der Politik ebenso wenig ist wie ein vorteilhafter pekuniärer Hintergrund behaupten parallel dazu Eliteforscher. Sie betonen die Beständigkeit von Vorteilen für Abkömmlinge der sogenannten „besseren Gesellschaft". Deren womöglich erlauchte Herkunft lasse sich selbst im Match gegen den Geldadel als Vorzug ausspielen. Der „feine Unterschied" zählt anscheinend auch heute noch.[6]

Um die soziale Durchlässigkeit ist es indessen immer noch schlecht bestellt. Einfluss und Macht sind erblich. Daran hat sich bis heute erstaunlich wenig geändert. Etwa 1000 Personen zählen Soziologen gegenwärtig zur „Elite" in Österreich. „Hauptrekrutierungsfeld" für die überschaubare Schar, die der Upperclass in der Alpenrepublik zugerechnet wird, ist das „obere Bürgertum". Dass in diesem Zusammenhang die schmale Schicht des Adels nicht vergessen werden darf, wurde spätestens mit der Bestellung von Alexander Schallenberg zum Außenminister und Kurzzeitbundeskanzler auch in den Medien zum Thema gemacht.[7]

Den Vorsprung gegenüber Normalsterblichen gewährleistet ungeachtet dessen nicht zuletzt eine scheinbar gestiegene Beliebtheit des Adels. Prinzen und Prinzessinnen sind „in" – offenbar noch mehr als früher, als die Märchenwelt kleinen Kindern vorbehalten blieb und so mancher die Damen und Herren „von und zu" durchaus abwertend den „Großkopferten" zurechnete. Nach wie vor geht es freilich um Nostalgie und den Rückblick in eine Zeit, die in Anbetracht einer zweifellos noch deutlicheren sozialen Ungleichheit mit existenzbedrohenden oder wenigstens -beeinträchtigenden Begleitwirkungen und eines auf wenige verteilten Wohlstands zwar „schlechter“ als heute gewesen ist, dafür aber schillernder, prunkvoller – oder „geordneter“. Blickt man auf Statistiken in Sachen Vermögensverteilung, dann ist „Gleichheit“ anscheinend nach wie vor mehr Wunsch als Realität. In einer 2020 veröffentlichten Studie heißt es: „Das reichste 1 % verfügt in Österreich über rund 40 % des gesamten Nettovermögens, während die ärmeren 50 % der österreichischen Haushalte gemeinsam gerade einmal 2,5 % besitzen. Dabei wird ein großer Teil der Vermögen nicht durch eigene Leistung erworben, sondern (steuerfrei) geerbt.“[8]

Dass es nicht immer (nur) Fleiß und ein Hang zum Sparen sind, die Reichtum generieren, sondern sehr viel eher Erbschaften, lässt sich im gesamten Euroraum beobachten.[9] Unabhängig von der notwendigen Unterscheidung zwischen Vermögen und Einkommen herrscht in einer Hinsicht weitgehende Übereinstimmung: Die Besitzverteilung befindet sich in einer eklatanten Schieflage, und die Konsequenzen sind offensichtlich. Eine hohe Konzentration in den Händen einiger weniger gefährdet den sozialen Zusammenhalt und untergräbt demokratische Prinzipien.[10]

Nicht immer ist sichtbar, wo der Einfluss der besagten 1 Prozent, die den „Reichen und Schönen“ angehören, beginnt und wo er endet. Da die Selbsteinschätzung der restlichen 99 Prozent dazu tendiert, die eigene „Unterprivilegiertheit“ nicht ganz so krass zu sehen, wie es die Statistiken nahelegen, schieben sich obendrein ganz andere Probleme in den Vordergrund. Macht die Suche nach Halt und Stabilität in einer unruhigen Welt die Menschen womöglich wieder geneigter, sich frühere Hierarchien als positiv besetztes Gegenmodell zur gegenwärtigen Gesellschaft zu denken? Ganz einfach aufgrund seiner

Herkunft beziehungsweise seines Geburtsrechts jemanden für würdig zu befinden, als Kaiser an der Spitze des Landes zu stehen, konnten sich 2011 immerhin 17 Prozent der befragten Österreicherinnen und Österreicher vorstellen.[11] 2014 zeigten sich mehr als 60 Prozent in einer Umfrage nicht abgeneigt, Österreich wieder zur Monarchie zu machen – zumindest aus touristischen Gründen.[12]

Besonders nachdenklich stimmen zudem jene 43 Prozent, die 2017 einen „starken Mann" an der Macht sehen wollten. Demokratie für die beste Regierungsform hielten 78 % Prozent und damit um 8 Prozent weniger als noch 2007.[13] 2022 lehnten dann nur mehr 46 Prozent einen „starken Mann", der sich „nicht um Parlament und Wahlen kümmern muss", klar ab.[14] Gehen wir einer autoritären Zukunft entgegen?

Die Fragen, die in diesem Zusammenhang zu stellen sind, betreffen zweifellos auch die nach der „Qualität" des Autoritären. Ist sie mit dem zuvor ins Treffen geführten Vermögen verbunden? Öffnen Geld und Besitz nicht tatsächlich Türen, die ansonsten verschlossen bleiben würden? Landen wir dann aber nicht unweigerlich bei dem Dilemma von Macht und Machtmissbrauch – zwei Kategorien, die scheinbar nicht auseinander zu denken sind?

Geld mögen andere auch haben, aber mit einer weit in die Vergangenheit reichenden Ahnentafel können die Allerwenigsten auftrumpfen. Die „Royals" des britischen Königreichs machen es vor: Dass ihre Verhaltensweisen immer wieder alles andere als nobel sind, tut der Bewunderung für die königliche Familie Großbritanniens keinen Abbruch. Im Gegenteil. Unappetitliche Familienstreitigkeiten und diverse Skandale machen die Royals dann doch – umfassend – „menschlich". Die Vorbildfunktion „der da oben" ist spätestens seit dem Ableben von Elizabeth II. kein großes Thema mehr – angesichts des „Vorlebens“ des jetzigen Monarchen, von dem selbst die intimsten Details an die Öffentlichkeit gerieten, kein Wunder. So lebt es sich also „ungeniert“. Zumindest die britische Geschichtsschreibung sowie die Populärkultur mit ihren opulenten TV-Serien über mordlüsterne und psychisch beeinträchtigte oder anderweitig „spezielle“ Herrscherinnen und Herrscher verweigern sich fast schon demonstrativ einer moralischen Überhöhung der Kings und Queens. Man wandelt gewissermaßen auf Shakespeares Pfaden. Schon dessen in Verse gegossene Herrscherporträts ließen jene Ehrfurcht vermissen, die den Habsburgern in Österreich zum Teil bis in die Gegenwart entgegengebracht wird. Der 2017 begangene 300. Geburtstag von „Kaiserin“ Maria Theresia zum Beispiel nötigte dem offiziellen Österreich bis hinauf in eine bei Weitem nicht nur konservativ besetzte Ministerialbürokratie Respekt für die „Jubilarin“ ab. Bertold Brechts Gedicht über den „lesenden Arbeiter“, der sich fragt, wer denn das Siebentorige Theben erbaut habe und warum denn nur die Namen von Königinnen und Königen in den Geschichtsbüchern zu lesen seien, wirkte da fast schon wie ein kurioser oder deplatzierter Zwischenruf „von unten“.

1717/2017 nahm auch die „Münze Österreich“ zum Anlass für eine Würdigung der berühmten Habsburgerin. Das ehemalige österreichische „Hauptmünzamt“ warb damals unter dem Motto „Wir sind Kaiserin“ für einen neu aufgelegten Taler mit dem Porträt der Herrscherin. Solange der „Rubel“ rollt und sich Touristenströme in die Wiener Innenstadt oder nach Schönbrunn ergießen, lässt man – wie es so schön heißt – die Geschichte und ihre Protagonisten und Protagonistinnen lieber in der Zeit. Diese „Konservierung“ hat den Vorteil, womöglich moralisierenden Gegenbildern aus dem Heute auszuweichen. Auf diese Weise behelligt man auch die zu den Sehenswürdigkeiten pilgernden Urlaubergruppen nicht oder wenigstens nicht allzu sehr mit den Schattenseiten der Vergangenheit und dunklen Flecken in der Vita von Maria Theresia, Sis(s)i oder Franz Joseph. Niederschwellige Angebote, wie etwa Online-Formate zur Geschichte der Habsburger, die zum Teil tiefer schürfen, gibt es freilich ebenso im „Besucherpaket“. Anders aber als das britische (aber auch französische) Beispiel über den einigermaßen schonungslosen und sicherlich nicht immer geschmackvollen Umgang mit deren Royals zeigt, erscheint es hierzulande in Summe undenkbar, die gewohnte Rolle der Habsburger mit allzu irritierenden alternativen Sichtweisen anzureichern. Die vom Nationalismus hinweggefegten „Idealisten“ und vom Zeitgeist ausgemusterten Repräsentanten einer „gestrigen“, aber um „Völkerverständigung“ bemühten „altösterreichischen“ Welt sind das absolute Gegenprogramm etwa zu den „bösen“ Bourbonen. Ludwig XIV., der in einer erfolgreichen franko-kanadischen TV-Produktion im Mittelpunkt Versailler Dekadenz und interner wie von außen kommender Intrigen steht, ist ein machtgieriger, vom Gottesgnadentum durchdrungener Potentat, der über Leichen geht. Das düstere und gewaltbetonte „Borderline-Drama“ mit einem Überangebot an Sexszenen will aber offenbar auch erklären, warum bereits das Frankreich des 17. Jahrhunderts auf die Revolution von 1789 zusteuerte.

Volkserhebungen werfen viele Fragen auf. In verknappten Texten fürs Schulbuch oder Museum laufen sie Gefahr, dann doch immer wieder auf einfache Schwarz-Weiß-Bilder reduziert zu werden. Da hierzulande die Revolution von 1848 weder im öffentlichen Raum noch sonst eine große Rolle spielt, fällt es gar nicht erst auf, wenn sie weitgehend ausgespart wird. Erst recht, weil sie vielfach nationalen Motiven erwuchs und schon deshalb in gleichsam natürlichem Gegensatz zum habsburgischen Vielvölkerreich und seinem posthumen Ruf als Alternativprojekt steht. Die Erkenntnis, dass es zu einfach ist, die vormärzliche Habsburgermonarchie als „Bollwerk gegen Aufklärung und Revolution" zu sehen, lässt sich offenbar nicht zuletzt auf die Beständigkeit und Wirkmacht der „Ideen von 1789" zurückführen. Nicht hinreichend beantwortet erscheint indessen die Frage, in welchem Ausmaß das „Zerrbild der feudal-klerikalen Reaktion" lediglich ein liberales Konstrukt gewesen ist – oder inwiefern es der Selbstbeschreibung einer Autokratie entsprach, die vielleicht eher „Schaf im Wolfspelz" (sic!) gewesen ist als ein repressiv-rückschrittlicher „Völkerkerker" bzw. fähiger Exekutor der Ideen der „Heiligen Allianz" von 1815.[15] Dass die darin vertretenen Staaten wiederum das platte Gegenteil von „konstitutionell-westlichen" Mächten gewesen sind, wird mittlerweile kaum noch so dargestellt.[16]

Trotzdem sind viele Narrative erstaunlich langlebig. Der Monarchie und weniger den Oppositionellen galt und gilt die Sympathie einer Nachwelt, die das Wüten des Nationalismus erlebte oder zumindest mit entsprechender Skepsis bzw. Abscheu darauf zurückblickt. Über dem Schicksal der Habsburger wehte und weht schon deshalb eine Art Trauerflor, der zugleich touristisch nutzbar gemacht wurde und wird. Die Branche setzt auf Beständigkeit und Altbewährtes: Das leidende, weil unverstandene, aber nichtsdestoweniger umwerfend hübsche Frisurwunder Sis(s)i verkauft sich wahrscheinlich besser als eine misanthropische Egoistin, deren Weltschmerz sie für ihr näheres Umfeld nicht immer zu einer angenehmen Zeitgenossin machte. Und ein von Schicksalsschlägen gebeutelter Franz Joseph kommt besser an als ein steifer Regent, dem das Abgeben von Machtbefugnissen meist erst abgerungen werden musste. Zumindest am Anfang und dann, nach langer Pause, am Ende seiner Herrschaft, mangelte es dem Monarchen überdies an einer entsprechenden Risikoabschätzung. Solche Überlegungen sind anscheinend nicht kompatibel mit einer Vermarktung der österreichischen Vergangenheit, die sich für das Entertainment einer breiten Masse zuständig fühlt. Für die Darstellung der Monarchie gilt daher: lieber altmodisch und liebenswürdig als mehr oder weniger gewaltbereit und um Prestigeerhalt kämpfend. Und ganz allgemein: lieber Glanz und Glorie, als eine womöglich allzu triste Lebensrealität der Unterschichten ins Bewusstsein zu rücken. Ihre Befindlichkeiten interessieren im Unterschied zu denen der gekrönten Häupter kaum jemanden. Man beugt sich bei allen durchaus vorhandenen Bemühungen um Entkitschung des touristischen „Habsburger-Angebots" und um vielfältige Informationsangebote dem angeblichen „Kundenwunsch". Und der Kunde ist bekanntlich König. Ob eine filmische Neuaufbereitung des Sis(s)i-Stoffs (Corsage, 2022) eine neue Ära für das Nachleben der „Kaiserin" eingeläutet hat, bleibt fraglich. In dem Streifen geht es um „Punk statt Prunk", heißt es in einer Kritik, die das Anti-Mainstream-Porträt der Kaiserin als unangepasste Rebellin würdigt. Andere sehen primär das Thema „Body Shaming" abgehandelt. Der Film drehe sich um die Nöte einer verwelkenden Schönheit, die sich auf ihre Körperlichkeit reduziert wähnte, sich aber auch aus freien Stücken darauf einließ. Überträgt sich hiermit das Bild vom „schweren Erbe" der Habsburger nun auf das der unterdrückten, sexualisierten Frau? Sis(s)i ist im 21. Jahrhundert angekommen – als reife Elisabeth und in einem vielschichtigen Opferdiskurs. Aber braucht es für die Aufbereitung von Themen rund um die psychische wie physische „Frauengesundheit", die dann doch nur bedingt ins 19. Jahrhundert passen und eher elitäre Probleme als die Sorgen der Allgemeinheit aufgreifen, unbedingt eine habsburgische Monarchin? Die durch ihre eigenen Depressionen „irrlichternde" Sis(s)i-Elisabeth würde an dieser Stelle womöglich – so wie im Film – den Mittelfinger ausstrecken.[17]

Dass es bei „Kaisers Geburtstag", der in Bad Ischl alljährlich als eine Art Faschingsfest begangen wird, vor allem darum geht, in- und vor allem ausländischen Gästen zu zeigen, was diese eben sehen wollen, gilt als nicht wegzudenkender Bestandteil einer erfolgreichen Tourismuswirtschaft.[18] Wer angesichts des bunten Spektakels mit Franz Joseph- und Sisi-Doubles ein gewisses Befremden kundtut, scheint ganz einfach übers Ziel hinauszuschießen. Wie „kreativ" der Umgang mit den „Nörglern" sein kann, beweist – freilich in einem ganz anderen und sicherlich nicht vergleichbaren Kontext – das Beispiel Thomas Bernhards. Auch notorische „Habsburg-Krittler" könnten am Ende vielleicht wie der Schriftsteller (freilich posthum) als „eigenwillige Denker" touristisch vermarktet werden. Wer weiß? Zum Beispiel wie im Fall Bernhards als „Bezugspunkt(e)" für die Bewerbung von Kaffeehäusern, Kulturstätten und „persönlichen Kraftplätzen" im Salzkammergut.[19]

Anyway. History sells. Auch in den Tourismusbetrieben der postkommunistischen Nachfolgestaaten des Habsburgerreichs steht das ehemalige Herrschergeschlecht hoch im Kurs. Weltanschaulich bedingte Barrieren für eine entsprechende Vermarktung der allerhöchsten Damen und Herren, ihres Wirkens und ihrer Wirkungsstätten sind längst gefallen.[20] Der edle und fromme, vom Gottesgnadentum erfüllte Fürst muss keine Angst mehr haben vor einem Denkmalsturz, der „linke Held" hingegen sehr viel mehr. In Ungarn zum Beispiel fand und findet ein regelrechter Austausch von steinernen und ehernen Zeugnissen der Vergangenheit statt, der zugunsten nicht zuletzt gekrönter Häupter auszufallen scheint. Die Sehnsucht nach alter Größe versöhnt das Regime in Budapest mit den früher wenig gelittenen Herrschern. In einem Land, in dem Geschichte zu einem der Pflichtfächer für die Reifeprüfung zählt, pflegt man heute das „habsburgische Erbe pompöser als in Österreich".[21] Einzelne Habsburger – Pauschalaussagen über die weit verzweigte und in so unterschiedlichen Bereichen tätige Familie wären freilich völlig unpassend und werden hier in gar keiner Weise beabsichtigt – haben demgegenüber keinerlei Berührungsängste gegenüber Viktor Orbáns „illiberaler Demokratie", identifizieren sich mit dessen Bekenntnis zu christlichen Werten und vertreten in diplomatischen Diensten ein Regime, das manche bereits als klar autoritär bezeichnen. Dass der Nachlass des 2011 verstorbenen Sohnes des letzten Habsburgerkaisers, Otto, nach Budapest verbracht wurde, ist immerhin erwähnenswert.[22]

Viktor Orbán hat das „ungarische Trauma" des Friedensvertrages von Trianon exhumiert und praktiziert eine Geschichtspolitik, die im Kern an nationalistische Narrative in Russland oder in der Türkei erinnert. Unter diesen Vorzeichen gibt es auch keine Distanz zu den „großen Männern", die die Geschichtsschreibung einst ins Zentrum gestellt hat. Unzweifelhaft gibt es demgegenüber eine etablierte akademische Sozial- und Alltagsgeschichte in den meisten europäischen Ländern, die sich längst von althergebrachten Methoden abgewandt hat. Die „Geschichte von unten" wird aber im Sog von Spezialisierung und Schwerpunktbildungen mehr und mehr in einzelne Gruppen unterteilt. Verschwindet als Folge „das Volk" an sich? Reduziert sich dann nicht auch das Verständnis für die Dimensionen jener sozialen Realität, die das ausgehende 18. und das 19. Jahrhundert zum Auftakt demokratischer Kämpfe und nachfolgender unterschiedlicher emanzipatorischer Prozesse machten? Wird der Blick auf die „Teilchen" abgelenkt und das „große Ganze" aus den Augen verloren?

Als vor ein paar Jahren ein neues biografisches Porträt des Fürsten Metternich vorgelegt wurde, das sich als Quasi-Rehabilitation verstand und einen politischen Visionär pries, der sehr viel mehr richtig als falsch gemacht habe, war die Zustimmung groß, Einwände indessen eher die Ausnahme von der Regel.[23] Angesichts einer vor dem Hintergrund des russisch-ukrainischen Konflikts scheinbar ratlosen Diplomatie verweisen Kommentatoren erneut auf einen zu Unrecht diffamierten Metternich und sein herausragendes Geschick als Staatsmann. Internationale Politik werde eben, heißt es, „immer noch von Personen gemacht und nicht nur von Strukturen und Interessen bestimmt".[24] Bei aller Bereitschaft, den Argumenten für die „Ehrenrettung" des lange Zeit so gescholtenen Diplomaten näherzutreten, macht sich dennoch Unbehagen breit: Kann oder soll die Diplomatie des Wiener Kongresses im 21. Jahrhundert tatsächlich als gleichsam beispielhaftes Aushandeln eines äußeren wie inneren politischen Kurses gesehen werden? Ist der „Kutscher Europas" ein taugliches Vorbild? Und: Münden die Korrekturen, die seinem Wirken gelten, womöglich in die Erkenntnis, dass das „Umstürzen" von bestehenden Ordnungen am Ende doch nur ins Chaos führt und Gewaltexzesse erzeugt? Dann – könnte womöglich eine der gezogenen „Lehren" sein – erscheint es offenbar auch besser, das Regieren lieber ein paar (fähigen) Männern bzw. „Personen" zu überlassen, die Beständigkeit verheißen und bewahren, was andere zerstören wollen; oder aber – siehe Ungarn oder Russland – die Macht denen anzuvertrauen, die „nur" wiederherstellen möchten, was andere zertrümmert haben. Folgt man dieser eigenwilligen Kausalkette, die hier bewusst provokant „gebildet“ wurde, dann ist – wieder bewusst provokant – der nächste „turn“, dem sich die Historikerzunft zuwendet, vielleicht nicht nur in den bereits jetzt autoritären und halbautoritären Ländern eine „konservative Wandlung“ mit Schlagseite zum Autoritarismus? Hierarchisch organisierte Institutionen in Politik, Wirtschaft, Kunst und Wissenschaft, die ihrerseits nach „Exzellenz“ streben, hemmen solche Entwicklungen allem Anschein nach nicht nachhaltig genug, wenden manche ein. „Eliteuniversitäten“ zum Beispiel, ob sie nun in den USA oder in Europa Anziehungspunkt für die angeblich „Besten“ oder „das Beste“ sind, lassen zweifellos viele unterschiedliche Definitionen von „elitär“ zu. Nicht alle müssen uns gefallen und nicht alle dieser „Elitären“ fühlen sich womöglich verpflichtet, die vielleicht gar nicht so demokratischen Spielregeln in ihren Elfenbeintürmen zu hinterfragen, geschweige denn den bedenklichen Entwicklungen außerhalb davon mit Kritik zu begegnen.

Das regelrechte Anhimmeln der „Elite“ – ob erlaucht, der Welt des Fußballs, der Musikbranche, der Wirtschaft, Politik oder anderen Bereichen zugeordnet –, erscheint manchem als nicht nachvollziehbare, willig praktizierte Selbsterniedrigung. Zum Massenphänomen geworden ist es nichtsdestoweniger, dieser „Elite“ zumindest in Sachen Lebensstil nachzueifern. Der Bundesbahner mit überdachtem Swimmingpool im Garten, der pensionierte Beamte, der gerne Golf spielt, die Lehrerin, die den Flugschein macht, und die Friseuse, die eine Putzfrau beschäftigt – ein Stück von dem, was „die da oben haben“, will anscheinend jede oder jeder für sich. Eine Gesellschaft, die den Wohlstand zuweilen bereits als selbstverständlich – im Sinne von selbstverständlich einfordernd – erachtet, droht womöglich das Maß zu verlieren. Demokratie aber lebt von Balance nicht weniger als von konstruktiver Veränderung. Vor illiberalen Demokratien und all dem, was sich hinter ihnen verbirgt, können uns Wohlstandsversprechungen allein nicht bewahren.[25]

Die „typisch österreichische" Autoritätshörigkeit, von welcher der mittlerweile verstorbene Zeithistoriker Gerhard Jagschitz anlässlich eines kritisch-provokativen Buches über Österreichs Blick auf die habsburgische Geschichte noch vor 20 Jahren gesprochen hat, gibt es nach wie vor.[26] Sie existiert in unterschiedlichen Formen und Konstellationen. Abwehrhaltungen gegenüber kritischen Zwischenrufen gehen einher mit einem reflexhaften Hang, politisch zuzuordnen und ideologisch zu kategorisieren. Womöglich ist die in Österreich festzustellende „Wissenschaftsfeindlichkeit" auch das Ergebnis der Unfähigkeit, sich Unabhängigkeit überhaupt vorstellen zu können oder zu wollen. Dass indessen Desinteresse die Skepsis gegenüber der Forschung bei Weitem übertrifft, ist dabei gewiss ein schwacher Trost.[27]

Die Probleme von heute und gestern sind freilich nicht immer auf einen Nenner zu bringen. Dennoch lohnt es sich, über Verbindungen nachzudenken – und sei es nur deswegen, um keine zu finden. Die vorangegangenen Ausführungen von Hannes Leidinger haben gezeigt, wie vielfältig die Gründe und Hintergründe waren, die 1918 zur Auflösung des Habsburgerreichs führten. Auch eine „Krise der Demokratie" und die Wahrnehmung einer damit verbundenen Erstarrung gehörten dazu. Der eingangs skizzierten Debatte um das Wahlrecht sind grundsätzliche Bedenken und Kritikpunkte an einem demokratischen Mitspracherecht zu entnehmen, mit denen die „Volksherrschaft" bis heute konfrontiert ist – darunter die „Vielheit" verschiedener Meinungen, der daraus erwartbare Konflikt, die „Langsamkeit" der Entscheidungsfindung und die komplizierte Umsetzung konkreter Maßnahmen. Demgegenüber erschienen damals die „Liebe“ und die „Fürsorge der Krone“ als stabilisierende Momente. Als das Parlament im österreichischen Reichsteil Ende Mai 1917 wieder einberufen wurde, war der alte Kaiser bereits tot. Einem konstruktiven Miteinander zwischen Regierung und Volksvertretung fehlte es an Vertrauen. Dass ein Einzelner es wiederherstellen hätte können, erscheint aber zweifelhaft. Franz Joseph, meinen manche, habe zu lange gelebt. Dadurch seien wichtige Veränderungen und damit eine dringende Umgestaltung des Reichs hinausgezögert worden, um dann letztendlich zur Unzeit „ausgepackt“ zu werden – am Ende eines verlorenen Kriegs, der millionenfaches Leid nach sich zog.[28]

Eine persönliche Anmaßung …

Europa, eine Kulturhauptstadt und das habsburgische Vermächtnis

Elisabeth Schweeger

Als Stefan Zweig vor mehr als einem Jahrhundert darauf verwies, dass Europas Zukunft nur vorstellbar sei, wenn es Wege finde, sich zusammenzuschließen, war dies als Friedenskonzept gedacht. Seine Idee, die geistige und wirtschaftliche Elite zusammenkommen zu lassen, um sich auszutauschen, führte vor genau 40 Jahren zu dem Entschluss, jährlich eine Kulturhauptstadt auszurufen. Jack Lang, Kulturminister Frankreichs, und Melina Mercouri, Kulturministerin einer noch sehr jungen Demokratie, nämlich Griechenland, riefen dieses Format aus, um Kunst und Kultur einen angemessenen Stellenwert innerhalb einer Gesellschaft zu geben und Europa über dieses Instrument in seiner Vielfalt zusammenzuführen.

Der Auftrag bestand darin, sich selbst zu erkennen in seiner Geschichte, seinen Entwicklungsfähigkeiten und die anderen und andere Kulturen in ihrer Eigenart als Bereicherung und Teil des Eigenen zu erfahren. Kunst hat die Kraft, über sinnliche Erfahrung maßgeblich die Augen zu öffnen, komplexe Vorgänge wahrzunehmen, Visionen und Erkenntnisse zu ermöglichen, differenzieren zu lernen, aber vor allem der Vielfalt der Kulturen einen Raum zu geben. Die Kulturhauptstadt Europa ist eine Chance, sich zu begegnen, voneinander zu lernen, sich ideell und geistig zu bereichern. Dieser Vernetzungsgedanke ist nicht neu und ist sicher dem geschuldet, wie sich das heutige Europa entwickelt hat – durch Zusammenbrüche jahrhundertealter Systeme und zwei Weltkriege mit einem unverständlichen Ausmaß an Vernichtungswillen und Menschenverachtung, das zumindest in ein politisches Commitment führte, Nationalstaaten als Souveräne anzuerkennen, die nicht anzugreifen sind, und die Menschenrechte in das Grundgesetz einzuschreiben.

Die Kulturhauptstadt ist kein Ort des Eskapismus, sondern ein Ort der Begegnung und des Dialogs, an dem die Bewohner*innen ihre Zukunft innerhalb Europas und der Welt gemeinsam gestalten können.

In einer Zeit, in der sich Isolationismus verstärkt und Klüfte vertiefen, können Kunst und Kultur die einzigen Instrumente sein, die diese Fliehkräfte bändigen und helfen, aufgerissene Gräben wieder zu überbrücken.

Dazu ist es notwendig, auch seine eigene Geschichte, seine Traditionen und Brauchtümer zu überprüfen. Die Erinnerungskultur ist wesentlicher Bestandteil einer möglichen Selbsterkenntnis, die es uns erlaubt, die Gegenwart zu verstehen und eine mögliche Zukunft zu bauen, ohne die Fehler der Vergangenheit zu wiederholen.

Klartext reden oder, wie Charles Peguy es in seinem Buch „Unsere Jugend“ formulierte, man müsse sagen, „was man sieht, aber was noch schwerer ist: man muss sehen, was man sieht“.[1] Also sollten wir uns bemühen, ideologiefrei einen Blick auf uns selbst zu werfen und dabei den Weg freizumachen für den Blick nach vorne und zum anderen.

Ich maße mir nicht an, historisch wissenschaftlich fundierte Thesen vorzutragen. Aber ich maße mir an, als Bürgerin Fragen stellen zu können und Antworten zu suchen, warum Gesellschaften heute noch immer keine Wege gefunden haben, nach so viel Aufklärungstätigkeit in Kunst, Kultur, Politik und Schulbildung, Konflikte zu vermeiden und menschenwürdige Lösungen für ein ziviles friedliches Miteinander anzustreben.

Europa und die fragilen Zeiten, die wir durchleben, haben ihre Ursprünge in der Vergangenheit. Wie hat sich dieses Europa zusammengefunden? Peter Weibel, Künstler, Kurator und ein großer Vernetzer zwischen Kunst und Wissenschaften, hat die bewegten Zeiten dieses Europas in seiner Arbeit „Europa – ein Umschreibeprogramm“ visualisiert: ein Kontinent in ständiger Umschichtung, in ständigen anderen politischen und herrschaftlichen Konstellationen, ein permanenter Kampf um Besitz und Macht und Ausweitung – Eroberungsfeldzüge, getrieben von Gier und selten von Menschlichkeit. Autoritäre Herrschaftsgefüge waren immer begleitet von destruktiven Faktoren, manchmal auch von Systemen mit kulturellen Errungenschaften, aber stets getragen von dem politischen Willen, Staaten zu formen, zu strukturieren, nach ihrem Gutdünken, ungeachtet der vorgefundenen Kultur.

Sicher, zum Verständnis unseres heutigen Europas müsste man weit zurückgehen in die Antike, aber prägend für den jetzigen Zustand waren vornehmlich die Aufteilungskämpfe zwischen einem mächtigen Russland und einem starken Frankreich, einem sich ausdehnenden britischen Empire und einer über viele Jahrhunderte agierenden Habsburgerdynastie. Sie alle haben sich die Welt von Amerika über Afrika und Eurasien bis in den pazifischen Raum untertan gemacht, haben sie untereinander aufgeteilt, sie kolonisiert und ausgeraubt. Sie haben ihnen die Kultur genommen oder versucht, die ihrige zu installieren. Ausbeutung der natürlichen Ressourcen, Unterdrückung, Versklavung und keine Anerkennung der kulturellen Eigenheiten, willkürliche, aber sicher auch strategische und politisch bedingte Verteilung von Einflussgebieten waren Programm.

All das prägte Europa, das damit auch anderen kulturellen Einflüssen ausgesetzt war. Diese wurden der eigenen Lebensweise hinzugefügt, der eigenen Art zu denken und zu handeln: Der Wurzelgrund für ein differenziertes Kulturleben entstand – aus Kreuzungen und Vermischungen. Europa avancierte gleichzeitig zu einem Wissenszentrum, von dem aus sich viele Errungenschaften in technologischer und wissenschaftlicher Hinsicht verbreitet haben, und zu einem Raum, von dem aus sich Handel und eine liberale Marktwirtschaft entwickeln konnten, die heute die ganze Welt umspannen.

Wie tief sitzen aber die Wunden, aus denen diese Welt ebenfalls gebaut worden ist? Mit wie viel Misstrauen ist dieses „gemeinsame“ Europa beladen, und wie sehen die weiteren Möglichkeiten aus? Das Zugehörigkeitsgefühl mag Europa derzeit zusammenhalten, aber die nie wirklich aufgearbeiteten Missachtungen und Verletzungen, begangen untereinander, aber auch jenseits der europäischen Grenzen, sitzen tief. Betrachten wir den gesamten Balkan: Er musste wie Phoenix aus der Asche sich neu definieren und hat bis heute seine Position nicht wirklich gefunden. Kann es sein, dass eine so mächtige Monarchie, wie es das Habsburgerreich einmal war, zwar den Vielvölkerstaat als besonderes Merkmal anpries, aber diesen nie leben lassen konnte in seinen Eigenarten? Um damit ihren eigenen Untergang zu bewirken, weil sie nicht in der Lage war, der Vielfalt der charakteristischen Unterschiede Raum zu geben und ihnen Selbstständigkeit zuzugestehen?

Diese Schwächen und Fehlentwicklungen klar zu benennen, ist Teil der Aufgabe einer Kulturhauptstadt Europas. Vielleicht ergibt sich daraus die Erkenntnis, dass der Eurozentrismus heute in Anbetracht dieser Vergangenheit nicht mehr gilt und Europa sich in den allgemeinen geopolitischen Umstrukturierungen der Welt neu positionieren muss. Diesen Weg zu beschreiten, ist nur möglich, wenn wir der Geschichte ohne Verdrehung und Lüge ins Gesicht sehen.

Idealisierung vergangener Herrschaftsmodelle führt meistens in einen Stillstand.

Umso wichtiger ist der kritische Blick zurück, ein Ausleuchten dessen, was womöglich Ursache dessen ist, was wir heute erleben. Ich bin überzeugt: Je genauer wir uns unserer Geschichte stellen, umso besser können wir uns auch von ihr emanzipieren. Der Vergangenheit ihre Verklärung zu nehmen, ist ein wesentlicher Schritt, sie nicht zu wiederholen. Oder zu vermeiden, was Karl Marx in seinem Buch „Der achtzehnte Brumaire des Louis Bonaparte" schrieb: Die Geschichte ereigne sich jeweils zweimal, allerdings „das eine Mal als Tragödie, das andere Mal als Farce".[2]

Erinnerungskultur findet aus einer heutigen Perspektive statt und beschäftigt sich mit der geronnenen Zeit. Die europäische Gesellschaft hatte durch Aufklärung den Fortschritt als Motor für eine prospektive und vorgeblich friedliche Entwicklung von Gesellschaft im Auge.

Das Bemühen, einen unverstellten Blick auf die prägende Habsburgerdynastie zu werfen, mit allen ihren gesellschaftspolitischen und geistigen Errungenschaften, aber auch ihren Versäumnissen und Irrtümern, kann behilflich sein, die heutige Entwicklung zu verstehen. Die Krise, die die Welt heute erlebt, ist Ergebnis der Geschichte Europas. Dem sollten wir uns stellen. Und zwar mit sämtlichen Mitteln – der Wissenschaft, der Kunst, des Spiels, des Diskurses in allen seinen Facetten.

Das ist die Idee, die uns dieses Format einer „Kulturhauptstadt“ gibt.

Endlich Angst abbauen vor der anderen Meinung, dem anderen Blick, um uns selbst eine Chance zu geben, uns zu verstehen und dadurch auch akzeptieren zu lernen.

Kulturhauptstädte sind eine Verdichtung an Möglichkeiten, die uns die Geschichte Europas in die Hände gelegt hat. Wir sollten sie nicht verspielen, diese Chance mit dem Blick zurück ohne Zorn, aber mit Klarheit und Mut zur Freiheit der Gedankenspiele, um mit zeitgemäßen Überlegungen womöglich Antworten für die Gestaltung der Zukunft zu (er)finden. Demnach ist Geschichtsbetrachtung zunächst nie eine Verurteilung dessen, was geschah, sondern ein Verstehen, wie, warum und unter welchen Umständen Entscheidungen getroffen worden sind und dementsprechend gehandelt worden ist. Daraus können sich neue zeitgenössische Handlungsstrategien ergeben, die aus der Erkenntnis des Vergangenen heraus durchaus zu ethischen Grundsätzen führen, um nicht in die gleichen Verhaltensmuster zu verfallen, die Irrtümer und gesellschaftspolitische Friktionen hervorbrachten.

Erinnern wir uns an die Zweifel Robert Musils, des großen österreichischen Schriftstellers, wie er als Seismograf das Ende „Kakaniens“ und damit das alte Europa in seiner Zerrissenheit und Zerbrechlichkeit so zärtlich beunruhigend beschrieb: „Unsere Anschauung von unserer Umgebung, aber auch von uns selbst, ändert sich mit jedem Tag. Wir leben in einer Durchgangszeit. Vielleicht dauert sie, wenn wir unsere tiefsten Aufgaben nicht besser anpacken als bisher, bis zum Ende des Planeten."[3]

Die Kulturhauptstadt Bad Ischl Salzkammergut 2024 stellt sich den Herausforderungen: mit Charme, mit Konsequenz, mit Unverschämtheit, mit ungeschminkten Blicken, mit kritischem Hinterfragen, mit ungewöhnlichen Perspektiven auf die Spuren der geronnenen Zeit – um diese für die Zukunft wieder zum Fließen zu bringen.

Endlich sollte erkannt werden, dass Geschichte und Tradition nicht in Stein gemeißelt sind, nicht Werte, die angebliche Identitäten formulieren, sondern Ressourcen sind, aus denen wir schöpfen und uns nähren, um uns weiterentwickeln zu können.[4]

23 Gemeinden, jede eigenwilliger als die andere, haben sich zusammengeschlossen, um eine Kulturhauptstadt im ländlichen alpinen Raum auszurichten. Sie könnten ein Vorbild für Europa sein, wie man trotz aller Unterschiede und gerade wegen des Abstands voneinander gemeinsam an einem Strang ziehen kann.

kritisch und kontrovers – eine Intervention im öffentlichen Raum

Nadia Rapp-Wimberger

Seit einigen Jahren tritt ein Präsentationsformat vermehrt auf den Plan, das sich vom Museum entkoppelt: die Ausstellung im öffentlichen Raum. Sie verhält sich sozusagen aufsuchend dem Publikum gegenüber, das ihm mehr oder weniger zufällig „über den Weg läuft", umgeht die Schwellenangst vor der teils noch immer als altehrwürdig wahrgenommenen Institution Museum und ermöglicht ein informelles Ausstellungserlebnis. Die einfache Zugänglichkeit und der kostenlose Zutritt sind zentrale Faktoren. Besuche müssen nicht geplant werden, im Gegenteil, man stößt auf Präsentationen dieser Art oft unerwartet und zufällig. Das lässt an Umberto Ecos ideale Bibliothek denken, die sich durch einen freien Zugang zu den Bücherregalen auszeichnet und dadurch manch unvermutete Entdeckung erlaubt.

Aus der Beiläufigkeit einer ungeplanten Begegnung mit der Ausstellung kann eine überraschende, bereichernde Erfahrung werden. Für die einen Ungewohntes auf dem vertrauten Weg, für die anderen eine Ersterkundung auf touristischen Pfaden – eine Outdoor-Ausstellung bietet den Impuls, sich mit einem bestimmten Thema zu befassen. Und noch ein zweites Element kommt hinzu: die gemeinsame soziale Erfahrung. Der Besuch eines Museums ist eine bewusste Entscheidung und resultiert in der Begegnung wenn nicht Gleich-, so doch Ähnlichgesinnter. Das ist im öffentlichen Raum nicht der Fall. Die Gegenwart anderer Personen, seien es eilige Passanten, unbeteiligt Vorbeischlendernde oder interessierte Neugierige, hat Auswirkungen auf die Art der Aufnahme und mögliche soziale Interaktionen.

Im Rahmen der Europäischen Kulturhauptstadt Europas 2024 setzt sich eine solche Intervention im Ischler Kurpark fest – unweit des Kurhauses, das mehrere Berührungspunkte mit dem Haus Habsburg aufweist. Im Jahr 1875 wurde das Kurhaus im Beisein der Erzherzoge Franz Karl und Ludwig Viktor eröffnet. Fünfzehn Jahre später fand ein Festbankett anlässlich der Vermählung Erzherzogin Marie Valeries, der Tochter von Franz Joseph und Elisabeth, statt. Zum 60. Regierungsjubiläum Kaiser Franz Josephs besuchte König Eduard VII. von England anlässlich eines Galadiners das Kurhaus. Heute ist es Theater und Veranstaltungsort. Die Parkanlage wurde von dem für Ischl so bedeutenden Arzt Dr. Franz Wirer Anfang des 19. Jahrhunderts gestiftet. Für viele Touristen ist der Kurpark – von einem großen innerstädtischen Parkplatz kommend – „Einfallstor" in die Stadt, für Einheimische ist er fester Bestandteil des Grüninventars. Mehrere Denkmale befinden sich im Park, des Weiteren ein Musikpavillon, ein Spielplatz und ein Kraftplatz.

In diesem Umfeld präsentiert sich in neun Stationen die Ausstellung „kritisch und kontrovers". Sie widmet sich einer differenzierten Auseinandersetzung mit der Habsburgermonarchie und ihren Folgen in kompakter Form.

Ausgangspunkt ist eine Charakterisierung der Donaumonarchie im Unterschied zu den europäischen Nationalstaaten: Diese hatten eine sprachlich weitgehend homogenisierte Bevölkerung, während jene durch eine ethnisch heterogene Population gekennzeichnet war. Im Gegensatz zu Frankreich und Großbritannien, die ihren Einflussbereich im außereuropäischen Raum erweiterten, befand sich der Expansionsraum der Habsburgermonarchie mitten in Europa. Die Landnahme erfolgte auf Kosten des Osmanischen Reiches, mit dem man sich schließlich verbünden sollte.

Im 19. Jahrhundert konzentrierten sich die Habsburger auf verschiedene Taktiken des Machterhalts, die aber mehr oder weniger erfolglos waren. Die Hoffnung auf schnelle Entscheidungen, die der junge Franz Joseph in mehrere Kriege setzte, erfüllten sich nicht. Fortan war man dem Wirken nationalistischer Kräfte ausgeliefert. Der Kaiser selbst war weitgehend eine Symbolfigur mit schwindender realer Machtbasis.

Verheerend wirkte sich eine Fehlkalkulation aus, die ihren Ausgang in Ischl nahm. Hier unterfertigte Franz

Joseph am 28. Juli 1914 die Kriegserklärung an Serbien. Nach außen gab sich das Kaiserhaus von Schicksal und Vorsehung abhängig, im Hintergrund jedoch plante die militärische und diplomatische Elite Österreichs eine Strafaktion gegen Serbien. Aus dem erhofften kurzen und siegreichen Feldzug wurde ein jahrelanger Abnützungskrieg. In selten gezeigten Bildern beleuchtet die Ausstellung das Elend im Hinterland und die katastrophale Situation in Flüchtlings- und Kriegsgefangenenlagern. Bis kurz vor Kriegsende schien ein Weiterbestehen der Monarchie möglich, doch die entscheidenden Akteure, nicht zuletzt Kaiser Karl und seine Regierung, versäumten den rechtzeitigen Ausstieg aus dem Krieg und das Umsetzen politischer Alternativen. Am 12. November 1918 erfolgte die Ausrufung der Republik. Den Schlusspunkt setzt die Ausstellung mit einer Betrachtung des Nachlebens der k.u.k. Monarchie – in Filmen, Büchern und der nostalgischen Verklärung der Nachgeborenen.

Ausstellungen im Freien stehen in Konkurrenz zu vielen anderen Informationsträgern im öffentlichen Raum. Und sie sind mit Rezeptionsgewohnheiten konfrontiert, die von jenen in einem Museum abweichen. Das hat Auswirkungen auf ihre Art der Gestaltung. Texte müssen kürzer und prägnanter, die bildliche Darstellung „plakativer" sein. Abstrakte Inhalte müssen gebündelt und verdichtet, das Thema allgemein schnell fassbar sein. Die Abfolge der Informationsträger muss klar erkennbar und von einer Station aus schon die nächste sichtbar sein. Wetterfestigkeit, Vandalensicherheit und eine statisch zuverlässige Konstruktion sind Grundvoraussetzungen der gestalterischen Planung.

Die vom Architekturbüro PLANET architects (Gerhard Abel, Dawit Kassaw und Klaudia Lisak) gestalteten Stelen verwenden Profilrohr aus Stahl und Alu-Dibond-

Spiegelplatten. Jede Stele ist zweieinhalb Meter hoch und 80 Zentimeter breit. Jeweils zwei Teile dienen als Informationsträger. Spiegelnde Flächen reflektieren Umgebung wie Betrachter und Betrachterinnen – und können nicht zuletzt als „ferner Spiegel", als Widerhall der Geschichte in der Gegenwart aufgefasst werden. Die Inhalte der Ausstellung lassen sich auf mehreren Ebenen lesen. Auf einer Seite der Stelen befinden sich Texte, Karten und historisches Bildmaterial, die das von den Historikern (Hannes Leidinger, Verena Moritz) erarbeitete Material in klassischer Form vermitteln. Auf der anderen Seite greifen Tuschezeichnungen in Schwarz (Lenz Mosbacher) mehrere Szenen der Erzählung heraus. Der Zeichner kondensiert die Inhalte und überträgt sie in eine kompakte Bildsprache, die eine Einheit mit kommentierenden Texten bildet. Diese sind in handschriftlich wirkenden Majuskeln gesetzt. Ihre Schräglage vermittelt Dynamik und eine gewisse Atemlosigkeit. Mosbacher bezeichnet diese Form der Aufbereitung als „sequenzielle Narration". Nicht zufällig bestehen Assoziationen zu Graphic Novel, Comic und Cartoon.

Eine weitere Ebene ist in den digitalen Raum verlagert. Via QR-Codes sind vertiefende Informationen abrufbar. Es lassen sich Audioclips von historischen Zeitungsartikeln, Tagebucheinträgen, Briefpassagen und literarischen Texten, aber auch historische Filmdokumente abrufen. Außerdem sind ausführlichere Hintergrundtexte sowie weiteres Bildmaterial verfügbar. Für das „Gesicht" der Ausstellung zeichnen die Grafiker Larissa Cerny und Martin Embacher verantwortlich.

Die Anordnung der Stelen vollzieht in gewissem Sinne das Auseinanderbrechen der Habsburgermonarchie nach: Sind die Stelen bei den ersten Stationen der Schau noch horizontal aufgestellt, neigen sie sich immer mehr in

BAD ISCHL HEUTE: ZWISCHEN VERKLÄRUNG, TRADITIONEN UND KRITISCHER AUFARBEITUNG.

unterschiedlichen Winkeln zueinander. Das entspricht der Auflösung einer bekannten Ordnung, die Jahrhunderte gehalten hat, trotz ihrer immer wieder festzustellenden Fragilität. Am Ende liegen die Stelen aber nicht auf dem Boden, so, wie die Monarchie auch nicht plötzlich verschwunden ist. Sie lebte und lebt weiter, und sei es als Mythos, als Erinnerungsreservoir und als Thema touristischer Inszenierung.

An mehreren Orten in der Stadt werden Markierungen angebracht, die auf die Schau hinweisen – in Form eines Doppeladlers, der Federn lassen musste. Zudem strahlt die Ausstellung während des gesamten Kulturhauptstadtjahres in die Stadt aus. In einem Rahmenprogramm aus Vorträgen, Diskussionen und Lesungen werden die in der Schau präsentierten Thesen vertieft, unterschiedlich beleuchtet und herausgefordert.

Mitwirkende
(in alphabetischer Reihenfolge)

Hannes Leidinger,
geboren 1969, Dozent am Institut für Zeitgeschichte der Universität Wien und Leiter der Außenstelle Wien des Ludwig Boltzmann Instituts für Kriegsfolgenforschung. Mitglied der Militärhistorischen Denkmalkommission des BMLV, Forschungsprojekte und Publikationen vor allem zur Geschichte Mittel- und Osteuropas im 19. und 20. Jahrhundert. Aktuelle Monographien u. a.: „Der Untergang der Habsburgermonarchie“ (2017), „Umstritten, verspielt, gefeiert. Die Republik Österreich 1918/2018“ (2018), „Hitler – Prägende Jahre. Kindheit und Jugend 1889–1914“ (2020), „Der Russische Bürgerkrieg“ (2020); „Freud – Adler – Frankl“ (2022).

Verena Moritz,
geboren 1969, studierte Geschichte und Russisch in Wien und Moskau. Tätig am Institut für Osteuropäische Geschichte der Universität Wien. Leiterin mehrerer wissenschaftlicher Forschungsprojekte zur späten Habsburgermonarchie, zur österreichischen Geschichte ab 1918 sowie zur russischen beziehungsweise sowjetischen Geschichte. Breite Publikationstätigkeit zu den genannten Themen, zuletzt u. a. erschienen „Umstritten, verspielt, gefeiert. Die Republik Österreich 1918/2018“ (2018), „Kriegsgefangenschaft in Österreich-Ungarn 1914–1918“ (2022) und „Lenin. Die Biographie“ (2023).

Lenz Mosbacher,
geboren 1993, arbeitet als Autor, Künstler und Ausstellungsgestalter in Wien. Kollaborationen unter anderem mit der Niederösterreichischen Landesausstellung 2019 und dem Museum Niederösterreich (2023). Gestaltung der Dauerausstellungen „Das Burgenland: Land in Bewegung – Land der Begegnung" und „Tradition und Brauchtum" im Landesmuseum Burgenland, Eisenstadt (beide 2022). Für die Ausstellung „kritisch und kontrovers. Die Habsburgermonarchie aus unterschiedlichen Blickwinkeln" im Rahmen der Kulturhauptstadt Bad Ischl – Salzkammergut 2024 erarbeitet er Zeichnungen und Erzähltexte.

Nadia Rapp-Wimberger,
Ausstellungskuratorin und Autorin in Wien. Anfänge als Journalistin beim ORF, danach Gründung einer Kultur- und Medienagentur. Realisierung von Ausstellungs- und Museumsprojekten im In- und Ausland. Lehrbeauftragte an der New Design University St. Pölten. Mehrere Projekte erhielten Preise und Auszeichnungen. 2016 erschien bei Brandstätter das Buch „Bad Ischl. Mit und ohne Kaiser". Leiterin des Projektes „kritisch und kontrovers. Die Habsburgermonarchie aus unterschiedlichen Blickwinkeln" im Rahmen der Kulturhauptstadt Bad Ischl – Salzkammergut 2024.

Manfried Rauchensteiner,
geboren in Villach 1942, seit 1975 Professor für Österreichische und Zeitgeschichte an der Universität Wien und bis 2021 an der Diplomatischen Akademie, Wien. Manfried Rauchensteiner lehrte auch Militärgeschichte und Kriegstheorien an der Österreichischen Militärakademie, Wiener Neustadt und der Landesverteidigungsakademie, Wien. Er war Leiter des Militärhistorischen Dienstes im

Bundesministerium für Landesverteidigung und von 1992 bis 2005 Direktor des Heeresgeschichtlichen Museums in Wien. Von 2005 bis heute ist er Berater des Militärhistorischen Museums, Dresden. Er ist Autor zahlreicher Publikationen, zuletzt „Der Erste Weltkrieg und das Ende der Habsburgermonarchie, 1914–1918" (2013), „Unter Beobachtung. Österreich seit 1918" (2017) und „Corona und die Welt von gestern" (2021).

Elisabeth Schweeger,
geboren in Wien, Künstlerische Geschäftsführerin der Kulturhauptstadt Bad Ischl – Salzkammergut 2024 GmbH. Studium der Komparatistik und Philosophie in Innsbruck, Wien und Paris. Tätig als Kuratorin: Akademie der bildenden Künste in Wien, Biennale Venedig, Ars Electronica Linz, Documenta Kassel, OK Linz und Landesgalerie Linz (u. a. DonauArt /HÖHENRAUSCH 2018) u. a. Journalistin und Kulturmanagerin: Künstlerische Leiterin des Marstall/Bayerisches Staatsschauspiel (1993–2001), Chefdramaturgin am Bayerischen Staatsschauspiel, Intendantin Schauspiel Frankfurt (2001–2009), Intendantin KunstFestSpiele Herrenhausen, Hannover (2009–2015). Geschäftsführerin/Künstlerische Leiterin der Akademie für Darstellende Kunst Baden-Württemberg (2014–2022).

Anmerkungen

Dämmerstimmung

1 Details zu den Informations-Stelen sind im Beitrag von Nadia Rapp-Wimberger zu finden. Für den Besuch der virtuellen Ausstellung steht ein QR-Code zur Verfügung, der das Buch beschließt.

Beständigkeit auf tönernen Füßen

1 Ciuncuk, Rustem A.: Gosudarstvennaya Duma Imperskoj Rossii: Projavlenija etnokonfessional'nych interesov i formirovanie novych nacional'nych političeskich elit. In: Istoričeskie zapiski 4, 2001, 192–254, hier 225.

2 Kayali, H.: Arabs and Young Turks. Ottomanism, Arabism, and Islamism in the Ottoman Empire, 1908–1918. Berkeley/Los Angeles/London 1997, 84; Kansu, A.: Politics in Post-Revolutionary Turkey, 1908–1913. Leiden/Boston/Köln 2000.

3 Leidinger, Hannes: Der Untergang der Habsburgermonarchie. Innsbruck/Wien 2017, 46.

4 Stenographische Protokolle des Abgeordnetenhauses des Reichrates (St. Prot. d. AH. d. RR), XVIII. Session, 80. Sitzung vom 2.6.1908.

5 Judson, Pieter M.: Habsburg. Geschichte eines Imperiums 1740–1918. München 2017, 42 f. Vgl. Stollberg-Rillinger, Barbara: Maria Theresia. Die Kaiserin in ihrer Zeit. München 2017.

6 Erbe, Michael: Deutsche Geschichte 1713–1790. Dualismus und Aufgeklärter Absolutismus. Stuttgart 1985, 120.

7 Reinalter, Helmut: 1790 – Tod Josephs II.: Aufklärung und Josephinismus. In: Scheutz, Martin/Strohmeyer, Arno (Hg.): Von Lier nach Brüssel. Schlüsseljahre österreichischer Geschichte (1496–1995). Innsbruck/Wien/Bozen 2010, 153–165, hier 157 f.

8 Rumpler, Helmut: Eine Chance für Mitteleuropa. Bürgerliche Emanzipation und Staatsverfall in der Habsburgermonarchie. Wien 2005, 24–27.

9 Leidinger, Hannes: Von Austerlitz nach Königgrätz. Nations- und Staatswerdung 1789–1866. In: Ders./Moritz, Verena/Moser, Karin: Streitbare Brüder. Österreich : Deutschland. Kurze Geschichte einer schwierigen Nachbarschaft. St. Pölten/Salzburg 2010, 54–74, hier 54.

10 Wiener Zeitung, Nr. 65 v. 15.8.1804, 3283 f.; vgl. Rumpler, Eine Chance für Mitteleuropa, 59.

11 Leidinger, Von Austerlitz nach Königgrätz, 55.

12 Wiener Zeitung, Nr. 64 v. 9.8.1806, 4001 f.

13 Rumpler, Eine Chance für Mitteleuropa, 67 f.

14 Judson, 127–132.

15 Zit. nach Rumpler, Eine Chance für Mitteleuropa, 64.

16 Rumpler, Eine Chance für Mitteleuropa, 64.

17 Gruner, Wolf. D.: Der Beitrag der Großmächte in der Bewährungs- und Ausbauphase des europäischen Mächtekonzerts: Österreich 1800–1853/56. In: Pyta, Wolfram (Hg.): Das europäische Mächtekonzert. Friedens- und Sicherheitspolitik vom Wiener Kongreß 1815 bis zum Krimkrieg 1853. Köln/Weimar/Wien 2009, 175–208, hier 186, 189, 191, 193, 197, 201 und 204.

18 Ebd., 179.

19 Zit. nach Kronenbitter, Günther: Wort und Macht. Friedrich Gentz als politischer Schriftsteller. Berlin 1994, 306.
20 Schmale, Wolfgang: Geschichte Europas. Wien/Köln/Weimar 2000, 13–19 und 88–91.
21 Leidinger, Hannes: Trügerischer Glanz. Der Wiener Kongress. Eine andere Geschichte. Innsbruck/Wien 2015, 88 f.
22 Judson, 245.
23 Ebd., 228–230 und 244 ff.
24 Rumpler, Eine Chance für Mitteleuropa, 282 und 294.
25 Leidinger, Von Austerlitz nach Königgrätz, 62.
26 Rumpler, Eine Chance für Mitteleuropa, 296 und 317.
27 Ebd., 306–310.
28 Leidinger, Von Austerlitz nach Königgrätz, 64 f.
29 Clark, Christopher: Preußen. Aufstieg und Niedergang 1600–1947. 6. Aufl. München 2007, 584.
30 Leidinger, Von Austerlitz nach Königgrätz, 70 f. Vgl. Breuilly, John: Austria, Prussia and Germany 1806–1871. London 2002.
31 Leidinger, Von Austerlitz nach Königgrätz, 71 f.
32 Ebd., 72 f.
33 Zit. nach Lutz, Heinrich/Rumpler, Helmut (Hg.): Österreich und die deutsche Frage im 19. und 20. Jahrhundert. Probleme der politisch-staatlichen und soziokulturellen Differenzierung im deutschen Mitteleuropa. Wien 1982, 225; vgl. Rumpler, Eine Chance für Mitteleuropa, 401.
34 Rumpler, Eine Chance für Mitteleuropa, 373–377.
35 Ebd., 380–385.
36 Judson, 333 f.
37 Bogyay, Thomas von: Grundzüge der Geschichte Ungarns. Vierte, überarbeitete Aufl. Darmstadt 1990, 117.
38 Rauchensteiner, Manfried: Der Erste Weltkrieg und das Ende der Habsburgermonarchie. Wien/Köln/Weimar 2013, 51 f.
39 König, Wilhelm: Die Schwierigkeiten einer Zoll-Union. Persönliche Erinnerungen an den Ausgleich zwischen Österreich und Ungarn vom Jahre 1907. Wien 1953, 7.
40 Zit. nach König, 9.
41 Bogyay, 117.
42 Bachmann, Klaus: „Ein Herd der Feindschaft gegen Rußland“. Galizien als Krisenherd in den Beziehungen der Donaumonarchie mit Rußland (1907–1914). Wien/München 2001, 10 f.
43 Ebd., 10–12 und 37.
44 Rumpler, Eine Chance für Mitteleuropa, 434 ff.
45 Leitmeritzer Zeitung, Nr. 17 v. 21. Oktober 1871, 1.
46 Vgl. ebd.
47 Musil, Robert: Der Mann ohne Eigenschaften. Reinbek bei Hamburg 1997, 170.

Endzeitgefühle

1 Leitmeritzer Zeitung, Nr. 17 v. 21.10.1871, 1.
2 Zit. nach Rumpler, Helmut: Eine Chance für Mitteleuropa. Bürgerliche Emanzipation und Staatsverfall in der Habsburgermonarchie. Wien 2005, 437.
3 Canis, Konrad: Die bedrängte Großmacht. Österreich-Ungarn und das europäische Mächtesystem 1866/67–1914. Paderborn 2016, 25 und 56.

4 Die Presse, Nr. 130 v. 12.5.1874, 5.
5 Hamann, Brigitte: Kronprinz Rudolf. Ein Leben. 3. Aufl. München/Zürich 2009, 471 f.; vgl. Neue Freie Presse, Nr. 8777 v. 30.1.1889, 1.
6 Leidinger, Hannes: Die BeDeutung der SelbstAuslöschung. Aspekte der Suizidproblematik in Österreich von der Mitte des 19. Jahrhunderts bis zur Zweiten Republik. Innsbruck/Wien/Bozen 2012, 150–154.
7 ÖSTA/AVA, Ministerium des Innern, Präsidiale Reihe 1848–1918, Sign. 16/2, Zeitungen über den Tod des Kronprinzen Rudolf, Karton 627, Zl. 606, „Land-Presse" v. 10.2.1889, 3.
8 Leidinger, Hannes/Moritz, Verena: Die Republik Österreich 1918/2008. Überblick, Zwischenbilanz, Neubewertung. Wien 2008, 155 f., 163 und 167.
9 Dazu: Hasiba, Gernot D.: Das Notverordnungsrecht in Österreich (1848–1917). Notwendigkeit und
Missbrauch eines „staatserhaltenden Instrumentes". Wien 1985.
10 Canis, 204 und 277 f.; Rauscher, Walter: Die fragile Großmacht. Die Donaumonarchie und die europäische Staatenwelt 1866–1914. Teil 1. Frankfurt am Main/Bern/Bruxelles/New York/Oxford/Warszawa/Wien 2014, 460.
11 Rumpler, Eine Chance für Mitteleuropa, 511–514; Haslinger, Peter: Hundert Jahre Nachbarschaft. Die Beziehungen zwischen Österreich-Ungarn 1895–1994. Frankfurt am Main/Berlin/Bern/New York/Paris/Wien 1996, 120 f.
12 Haslinger, 1.
13 Rauscher, 479; Rumpler, Eine Chance für Mitteleuropa, 517 f.
14 Haslinger, 81.
15 Arbeiter-Zeitung, Nr. 162 v. 15.6.1899, 1. Vgl. Vorarlberger Volksblatt, Nr. 79 v. 7.4.1899, 1 f.
16 Oesterreichisch-ungarische Buchhändler-Correspondenz, Nr. 49 v. 5.12.1899, 707.
17 Zit. nach Cornwall, Mark: Einleitung. In: Ders. (Hg.): Die letzten Jahre der Donaumonarchie. Der erste Vielvölkerstaat im Europa des frühen 20. Jahrhunderts. Wegberg 2004, 13–23, hier 13.
18 Reichspost, Nr. 214 v. 20.9.1905,1.
19 Zsuppán, F. Tibor: Die politische Szene Ungarns. In: Cornwall, Mark (Hg.): Die letzten Jahre der Donaumonarchie. Der erste Vielvölkerstaat im Europa des frühen 20. Jahrhunderts. Wegberg 2004, 107–125, hier 108 f.
20 Ebd., 109–116.
21 Wingfield, Nancy, M.: Flag Wars and Stone Saints. How the Bohemian Lands Became Czech. Cambridge, Mass./London 2007, 108–113 und 115–117.
22 Vgl. FAA – [Huldigungsfestzug anlässlich des 60-jährigen Regierungsjubiläums Kaiser Franz Josefs], A 1908.
23 Wingfield, 114 und 118.
24 Ebd., 109 und 120–134.
25 Clark, Christopher: The Sleepwalkers. How Europe went to War in 1914. London/New York 2013, 73, 83–87.
26 Canis, 407.
27 Leidinger, Hannes/Moritz, Verena: Der Erste Weltkrieg. Wien/Köln/Weimar 2011, 24–28; Canis, 413 f., 442.
28 Zit. nach Kořalka, Jiří: Deutschland und die Habsburgermonarchie 1848–1918. In: Wandruszka, Adam/Urbanitsch, Peter (Hg.): Die Habsburgermonarchie 1848–1918. Band VI: Die Habsburgermonarchie im System der internationalen Beziehungen. 2. Teilband. Wien 1993, 1–158, hier 114.

29 Zit. nach ebd., 130.
30 Canis, 109.
31 Ebd., 436 f.
32 Delegation des Reichsrates. 2. Sitzung der 48. Session am 10. Dezember 1913, 31.
33 Ebd. 19.
34 Zit. nach Canis, 329 und 331.
35 Wakounig, Marija: Dissens versus Konsens. Das Österreichbild in Russland während der franzisko-josephinischen Ära. In: Wandruszka, Adam/Urbanitsch, Peter (Hg.): Die Habsburgermonarchie 1848–1918. Band VI: Die Habsburgermonarchie im System der internationalen Beziehungen. 2. Teilband. Wien 1993, 436–490, hier 454 und 486.
36 Bérenger, Jean: Die Österreichpolitik Frankreichs von 1848 bis 1918. In: Wandruszka, Adam/Urbanitsch, Peter (Hg.): Die Habsburgermonarchie 1848–1918. Band VI: Die Habsburgermonarchie im System der internationalen Beziehungen. 2. Teilband. Wien 1993, 491–538, hier 526–528.
37 Ebd., 534–537; Canis, 293–295
38 Hanak, Harry: Die Einstellung Großbritanniens und der Vereinigten Staaten zu Österreich(-Ungarn). In: Wandruszka, Adam/Urbanitsch, Peter (Hg.): Die Habsburgermonarchie 1848–1918. Band VI: Die Habsburgermonarchie im System der internationalen Beziehungen. 2. Teilband. Wien 1993, 539–585, hier 562–565.
39 Service Historique de la Défense (SHD)/Archives de l'armée de terre, Etat-major de l'armée de terre. Attaché militaire, Russie 1911–1913, 7 N 1131, Hallier, 12.6.1913.
40 ÖSTA/KA, Militärkanzlei Franz Ferdinand 1913: 14–24/1–16.
41 Danzer's Armee-Zeitung v. 5.6.1913, 8.
42 Leidinger, Hannes: Skizzen einer Epoche. In: Moritz, Verena/Leidinger, Hannes: Oberst Redl. Der Spionagefall – Der Skandal – Die Fakten. St. Pölten/Salzburg/Wien 2012, 245–295, hier 264–269.
43 Hamann, Brigitte: Hitlers Wien. Lehrjahre eines Diktators. 10. Aufl. München/Zürich 2008, 156.
44 Ebd., 198 und 202.
45 Ehalt, Hubert Christian: Wien um 1900 – ein Lokalaugenschein. In: Diercks, Christine/Schlüter, Sabine (Hg.): Sigmund-Freud-Vorlesungen 2006. Die großen Krankengeschichten. Wien 2008, 10–15, hier 14 f.
46 Leidinger/Moritz, Die Republik Österreich, 208 f.; Hamann, Hitlers Wien 212–219 und 222 ff.
47 Sandgruber, Roman: Ökonomie und Politik. Österreichische Wirtschaftsgeschichte vom Mittelalter bis zur Gegenwart. Wien 1995, 265 f.
48 Bruckmüller, Ernst: Armut und Reichtum in der österreichischen Geschichte. In: Ders. (Hg.): Armut und Reichtum in der Geschichte Österreichs. Wien/München 2010, 7–13, hier 10.
49 Stekl, Hannes: Reichtum und Wohlstand in der späten Habsburgermonarchie. In: Bruckmüller, Ernst (Hg.): Armut und Reichtum in der Geschichte Österreichs. Wien/München 2010, 113–140, hier 115 f. und 119.
50 Sandgruber, 297.
51 Hahn, Sylvia: Österreich. In: Bade, Klaus J./Emmer, Pieter C./Lucassen, Leo/Oltmer, Jochen (Hg.): Enzyklopädie Migration in Europa. Vom 17. Jahrhundert bis zur Gegenwart. Paderborn/München/Wien/Zürich 2007, 171–188, hier 181.

52 Ebd., 180 f.
53 Ebd., 180.
54 Delegation des Reichrates. 2. Sitzung der 48. Session am 10. November 1913, 28.
55 Delegation des Reichsrates. 7. Sitzung der 48. Session am 16. Dezember 1913, 411.
56 Sandgruber, 308.
57 Ebd., 263.
58 „Als lediges Kind geboren ..." Autobiographische Erzählungen 1865–1945. Hrsg. vom Verein „Dokumentation lebensgeschichtlicher Aufzeichnungen". Wien/Köln/Weimar 2008, 52 f.
59 Ebd., 42–44 und 48 f. Vgl. Weber, Therese (Hg.): Häuslerkindheit. Autobiographische Erzählungen. Wien/Köln/Graz 1984, 75 und 77.
60 Vgl. Weber, 39–42.
61 Weber, Therese (Hg.): Mägde. Lebenserinnerungen an die Dienstbotenzeit bei Bauern. Wien, 191 f.
62 Ebd., 185–187.
63 Pawlowsky, Verena: Mutter ledig – Vater Staat. Das Gebär- und Findelhaus in Wien 1784–1910. Innsbruck/Wien/München/Bozen 2001, 161 und 173.
64 Weber, Mägde, 201 und 210 f.
65 Leidinger, Die BeDeutung der SelbstAuslöschung, 304 f.
66 Hamann, Brigitte: Der Selbstmord des Kronprinzen Rudolf nach der historischen Quellenlage. In: Pöldinger, Walter/Wagner, Wolfgang (Hg.): Aggression, Selbstaggression, Familie und Gesellschaft. Das Mayerling-Symposium. Berlin/Heidelberg 1989, 1–10, hier 2.
67 Zit. nach Hamann, Kronprinz Rudolf, 497.
68 Demandt, 272.
69 Sked, Alan: Der Fall des Hauses Habsburg. Der unzeitige Tod eines Kaiserreichs. Berlin 1993, 314
70 Ortmayr, Norbert: Selbstmord in Österreich 1819–1988. In: Zeitgeschichte 17, Februar 1990, 209–225, hier 209 f. und 222.
71 Hofer, Hans-Georg: Nervenschwäche und Krieg. Modernitätskritik und Krisenbewältigung in der österreichischen Psychiatrie (1880–1920). Wien/Köln/Weimar 2004, 128.
72 Ebd., 149.
73 Hamann, Hitlers Wien, 109.
74 Johnston, William M.: Österreichische Kultur- und Geistesgeschichte. Gesellschaft und Ideen im Donauraum 1848 bis 1938. Vierte, ergänzte Aufl. Wien/Köln/Weimar 2006, 175 ff. und 181 f.
75 Reichspost, Nr. 168 v. 26.7.1906, 1.
76 Johnston 178 f.
77 Kuttenberg, 29 f.; Basil, Otto: Georg Trakl. 18. Aufl. Reinbek bei Hamburg 2003. 49 ff., 65 und 88 f.
78 Dazu auch: Schorske, Carl E.: Wien. Geist und Gesellschaft im Fin de Siècle. München/Wien 1994.
79 Leidinger, Die BeDeutung der SelbstAuslöschung, 174.
80 Dazu vor allem: Hämmerle, Christa (Hg.): Des Kaisers Knechte. Erinnerungen an die Rekrutenzeit im k.(u.)k. Heer 1868 bis 1914. Wien/Köln/Weimar 2012
81 Als Ausnahme: Stenographische Protokolle des Abgeordnetenhauses des Reichrates (St. Prot. d. AH. d. RR), XVIII. Session, 70 Sitzung v. 18.5.1908, Anhang II, 2723/I.

82 Masaryk, Thomas Garrigue: Der Selbstmord als sociale Massenerscheinung der modernen Civilisation. Wien 1881, 56 und 65 f.
83 ÖSTA/KA, Archiv d. k.k. Min. f. LV, Fasz. 5/JW 1908–1914; ÖSTA/KA, Archiv d. k.k. Min. f. LV, Fasz. 5/JW 1908–1918, Karton 540, Präs. Nr. 6910/1913: Interpellationsbeantwortung durch den k.k. Min. f. LV, Gen. d. Inf., Friedrich Freiherr von Georgi, 11.
84 Arbeiter-Zeitung, Nr. 9 v. 9.1.1903, 7 und Nr. 5 v. 5.1.1907, 7 sowie Nr. 7 v. 7.1.1914; Illustrierte Kronen-Zeitung, Nr. 5033 v. 7.1.1914, 9.
85 Wißkirchen, Hans: Die Familie Mann. 6. Aufl. Reinbek bei Hamburg 2007, 46 und 50.
86 Service, Robert: Lenin. Eine Biographie. München 2000, 138 f.
87 Demandt 275 und 287–290
88 Ebd. 287 und 290.
89 Ebd. 285.
90 Morton, Frederic: Wetterleuchten 1913/1914. Wien 1990, 140, 176 f. und 199.
91 Morrissey, Susan K.: Suicide and Civilization in Late Imperial Russia. In: Jahrbücher für Geschichte Osteuropas, Bd. 43, Heft 2, 1995, 201–217, hier 205.
92 Morrissey, Susan K.: Suicide and the Body Politic in Imperial Russia. Cambridge 2006, 301.
93 Hofer, Nervenschwäche und Krieg, 68 ff., 82 f., 106 ff., 164 f. und 178 f.
94 Leidinger, Die BeDeutung der SelbstAuslöschung, 168–170, 178–180 und 370 f.
95 Leidinger, Historische Zeiten, 27.
96 Zit. nach Le Rider, Jacques: Der Fall Otto Weininger. Wien/München 1985, 62.
97 Leidinger, Die BeDeutung der SelbstAuslöschung, 157–161 und 178–180.
98 Vgl. Ostdeutsche Rundschau, Nr. 14 v. 19.1.1909, 3.
99 Baader, Gerhard: Eugenische Programme in der sozialistischen Parteienlandschaft in Deutschland und Österreich im Vergleich. In: Ders./ Hofer, Veronika/Mayer, Thomas (Hg.): Eugenik in Österreich. Biopolitische Strukturen von 1900–1945. Wien 2007, 66–139, hier 96.
100 ÖSTA/AVA, Ministerium des Innern, Präsidiale Reihe 1848–1918, Sign. 16/2, Zeitungen über den Tod des Kronprinzen Rudolf, Karton 627, Zl. 828, 893 und 965 v. 1889.

Licht und Schatten

1 Rauscher, Walter: Die fragile Großmacht. Die Donaumonarchie und die europäische Staatenwelt 1866–1914. Teil 1. Frankfurt am Main u. a. 2014, 457.
2 Leidinger, Hannes: Der Untergang der Habsburgermonarchie. Innsbruck/ Wien 2017, 110.
3 Ebd. 111.
4 Zit. nach Bátonyi, Gábor: Anglo-Austrian Relations between the Wars. In: Koch, Klaus/Rauscher, Walter/Suppan, Arnold/Vyslonzil (Hg.): Von Saint Germain zum Belvedere. Österreich und Europa 1919–1955. Wien 2007, 115–128, hier 115.
5 Arbeiter-Zeitung, Nr. 332 v. 2.12.1908, 1.
6 Höbelt, Lothar: „Wohltemperierte Unzufriedenheit". Österreichische Innenpolitik 1908–1918. In: Cornwall, Mark: (Hg.): Die letzten Jahre der Donaumonarchie. Der erste Vielvölkerstaat im Europa des frühen 20. Jahrhunderts. Wegberg 2004, 58–84, hier vor allem 59.
7 Pester Lloyd, Nr. 242 v. 12.10.1907, 9; Bukowinaer Volks-Zeitung, Nr. 64 v. 23.5.1907, 1; Znaimer Tagblatt, Nr. 289 v. 17.12.1907, 1.

8 Der Volksfreund, Nr. 156 v. 22.2.1914, 1.
9 Leidinger, Der Untergang der Habsburgermonarchie, 114.
10 Höbelt, „Wohltemperierte Unzufriedenheit“, 61.
11 Judson, Pieter M.: Habsburg. Geschichte eines Imperiums 1740–1918. München 2017, 312 f.
12 Albrecht, Catherine: Die Böhmische Frage. In: Cornwall, Mark (Hg.): Die letzten Jahre der Donaumonarchie. Der erste Vielvölkerstaat im Europa des frühen 20. Jahrhunderts. Wegberg 2004, 85–106, 97.
13 Ebd.; vgl. Judson, 376.
14 Rumpler, Helmut: Eine Chance für Mitteleuropa. Bürgerliche Emanzipation und Staatsverfall in der Habsburgermonarchie. Wien 2005, 520 f.
15 Vgl. Hlousa, Wolfgang: Das Föderalisierungskonzept von Aurel C. Popovici „Die Vereinigten Staaten von Groß-Österreich“. Diplomarbeit Wien 1989.
16 Rumpler, Eine Chance für Mitteleuropa, 520 f.
17 Zit. nach Saage, Richard: Der erste Präsident. Karl Renner – eine politische Biografie. Wien 2016, 72.
18 Saage, 73.
19 Ebd., 555.
20 Höbelt, „Wohltemperierte Unzufriedenheit“, 62.
21 Albrecht, 97.
22 Neue Freie Presse, Nr. 17755 v. 29.1.1914, 1; Czernowitzer Allgemeine Zeitung, Nr. 2599 v. 17.9.1912, 1; Mährisches Tagblatt, Nr. 28 v. 5.2.1914, 1.
23 Deutsches Nordmährerblatt, Nr. 61 v. 24.12.1913, 5; Prager Abendblatt, Nr. 47 v. 27.2.1914, 1.
24 Canis, 454 f.
25 Delegation des Reichsrates. 7. Sitzung der 48. Session am 16. Dezember 1913, 394.
26 Ebd., 400.
27 Ebd.
28 Leidinger, Der Untergang der Donaumonarchie, 120.
29 Ebd., 121 f.
30 Ebd., 122.
31 Canis, Konrad: Die bedrängte Großmacht. Österreich-Ungarn und das europäische Mächtesystem 1866/67–1914. Paderborn 2016, 213.
32 Rauscher, 487.
33 Leidinger, Der Untergang der Donaumonarchie, 124.
34 Ebd.
35 Grandner, Margarete: Staatliche Sozialpolitik in Cisleithanien 1867–1918. In: Rumpler, Helmut (Hg.): Innere Staatsbildung und gesellschaftliche Modernisierung in Österreich und Deutschland 1867/71 bis 1914. Wien/München 1991, 150–165, hier 156–158.
36 Ebd., 156–159.
37 Ebd., 164.
38 Arbeiterinnen-Zeitung, Nr. 25 v. 16.12.1913, 1 f.
39 Vgl. Ebd., Nr. 10 v. 18.5.1894, 6.
40 Zit. nach Reiter, Roswita: Adelheid Popp – Biografie einer bewegenden Sozialdemokratin. Berlin 2010, 22.
41 Reiter, 24–28.
42 Toth, Marie: Schwere Zeiten. Aus dem Leben einer Ziegelarbeiterin. Bearbeitet von Michael Hans Salvesberger. Wien/Köln/Weimar 1992, 30–33 und 36

43 Scheuringer, Rosa (Hg.): Bäuerinnen erzählen. Vom Leben, Arbeiten, Kinderkriegen, Älterwerden. Wien/Köln/Weimar 2015, 183.
44 Losová, Jana (Hg.): Kindheit in Böhmen und Mähren. Wien/Köln/Weimar 1996, 127 f., 188 f.
45 Ebd. 202.
46 Weber, Therese (Hg.): Mägde. Lebenserinnerungen an die Dienstbotenzeit bei Bauern. Wien, Mägde, 187.
47 Ebd., 201–203.
48 Losová, 18 f., 61 und 112 f.
49 Weber, Mägde, 122.
50 Judson, 471 f.; vgl. Losová, 82.
51 Csáky, Eva-Marie (Hg.): Vom Geachteten zum Geächteten. Erinnerungen des k.u.k. Diplomaten und k. ungarischen Außenministers Emerich Csáky (1882–1961). 2., unv. Auflage. Wien/Köln/Weimar 1992, 74 f.
52 Szilassy, Baron J. von: Der Untergang der Donau-Monarchie. Diplomatische Erinnerungen. Berlin 1921, 40.
53 Höbelt, „Wohltemperierte Unzufriedenheit", 64–66.
54 Ebd., 38 und 41.
55 Pilsner Tagblatt, Nr. 42 v. 20.2.1914, 1.
56 Höbelt, „Wohltemperierte Unzufriedenheit", 77.
57 Ebd., 77 f.
58 Delegation des Reichsrates. 2. Sitzung der 48. Session am 10. Dezember 1913, 20.
59 SHD/AAT, Etat-major de l'armée de terre. Attaché militaire, Autriche-Hongrie 1911–1913, 7 N 1131, L'affaire de Trieste, 10.9.1913.
60 The National Archives (TNA), FO 371/1899, No. 10399, 9.3.1914.
61 Kronenbitter, Günther: Krieg im Frieden. Die Führung der k.u.k. Armee und die Großmachtpolitik Österreich-Ungarns 1906–1914. München 2003, 417 und 426–428.
62 Rauchensteiner, Manfried: Der Tod des Doppeladlers. Österreich-Ungarn und der Erste Weltkrieg. Graz/Wien/Köln 1993, 21–25
63 Ebd.
64 Ronge, Max: Kriegs- und Industriespionage. Zwölf Jahre Kundschaftsdienst. Wien/Leipzig 1930, 36, 66 und 394 f.; Pethö, Albert: Agenten für den Doppeladler. Österreich-Ungarns Geheimer Dienst im Weltkrieg. Graz/Stuttgart 1998, 224.
65 Kronenbitter, Krieg im Frieden, 233.
66 TNA, FO 371/1898, No. 6952, 16.2.1914, No. 11682, 16.3.1914 und FO 371/1899, No. 10399, 9.3.1914.
67 Rauchensteiner, Der Tod des Doppeladlers, 77, Pethö, Agenten, 242–246.
68 Delegation des Reichsrates. 7. Sitzung der 48. Session am 16. Dezember 1913, 368 f.
69 Ebd., 369.
70 Delegation des Reichsrates. 2. Sitzung der 48. Session am 10. Dezember 1913, 26 und 31.
71 Ebd., 20.
72 Prager Tagblatt, Nr. 47 v. 27.2.1914, 1.
73 Sauer, Walter (Hg.): K.u.k. kolonial. Habsburgermonarchie und europäische Herrschaft in Afrika. 2., unveränderte Auflage. Wien/Köln/Weimar 2007, 7, 10, 13 f. und 17; Kolm, Evelyn: Die Ambitionen Österreich-Ungarns

im Zeitalter des Hochimperialismus. Frankfurt am Main/Berlin/Bern/Bruxelles/New York/Oxford/Wien 2001, 82–97; Canis, 292 f.

74 Zit. nach Kolm, 98.

75 Judson, 483.

76 Ebd.

77 Canis, 429; Kolm, 305.

78 Zit. nach Hamann, Hitlers Wien 147 f.

Im Zeichen der Gewalt

1 Zit. nach Canis, Konrad: Die bedrängte Großmacht. Österreich-Ungarn und das europäische Mächtesystem 1866/67–1914. Paderborn 2016 448.

2 Kramer, Alan: Dynamic of Destruction. Culture and Mass Killing in the First World War. Oxford 2007, 87.

3 Zit. nach Rauchensteiner, Manfried: Der Erste Weltkrieg und das Ende der Habsburgermonarchie 1914–1918. Wien/Köln/Weimar 2013, 95.

4 Rauchensteiner, Der Erste Weltkrieg, 123–125.

5 McMeekin, Sean: July 1914. Countdown to war. London 2013, 59; Clark, Christopher: The Sleepwalkers. How Europe went to War in 1914. London 2013, 449, 505–516 und 537–551.

6 Kronenbitter, Günther: „Nur los lassen“. Österreich-Ungarn und der Wille zum Krieg. In: Burkhardt, Johannes/Becker, Josef/Förster, Stig/Kronenbitter, Günther (Hg.): Lange und kurze Wege in den Ersten Weltkrieg. Vier Augsburger Beiträge zur Kriegsursachenforschung. München 1996, 159–187, hier 161.

7 Dazu das k.u.k. Außenministerium an seinen Gesandten in Serbien: Die „gewählte Bezeichnung Ultimatum“ für „unsere Démarche [...] ist insofern unrichtig, als fruchtloser Ablauf der Frist nur vom Abbruch der diplomatischen Beziehungen, nicht auch sofort vom Eintritt des Kriegszustandes gefolgt ist.“ – Diplomatische Aktenstücke zur Vorgeschichte des Krieges (DAVK). Hg. Vom Staatsamt für Äußeres in Wien. Berlin 1923, Erster Teil, 104.

8 Protokolle des Gemeinsamen Ministerrates der Österreichisch-Ungarischen Monarchie (1914–1918). Eingeleitet und zusammengestellt von Miklós Komjáthy. Budapest 1966, 93 und 148.

9 Zit. nach Rauchensteiner, Der Erste Weltkrieg, 104. Vgl. Kronenbitter, 161–163 und 167.

10 Kramer, 87.

11 Moritz, „Wir sind also noch fähig zu wollen!“. In: Dies./Leidinger, Hannes: Die Nacht des Kirpitschnikow. Eine andere Geschichte des Ersten Weltkriegs. München 2008, 66–96, hier 88.

12 Hoffmann, Dieter: Der Sprung ins Dunkle. Oder, wie der 1. Weltkrieg entfesselt wurde. Leipzig 2010, 204.

13 Rauchensteiner, Der Erste Weltkrieg, 93 f.

14 Bjelajac, Mile: Serbien im Ersten Weltkrieg. In: Markovic, Gordana Ilic (Hg.): Veliki Rat – Der Große Krieg. Der Erste Weltkrieg im Spiegel der serbischen Literatur und Presse. Wien 2014, 47–70, hier 54.

15 Mitrović, Andrej: Serbia's Great War 1914–1918. London 2007, 50; vgl. Rauchensteiner, Der Erste Weltkrieg, 108 und 133; DAVK, Dritter Teil, 27.

16 DAVK, Dritter Teil, 23 f.; McMeekin, July 1914, 253

17 The National Archives (TNA), FO 371/1900, Maurice de Bunsen an Sir Edward Grey, 1.9.1914, 7; vgl. DAVK, Zweiter Teil, 25 und 127 bzw. Dritter Teil, 11, 35 und 37.

18 TNA, FO 371/1900, Maurice de Bunsen an Sir Edward Grey, 1.9.1914, 7; DAVK, Zweiter Teil, 12.
19 Moritz, „Wir sind also noch fähig zu wollen!“, 88.
20 Clark, 449 und 505–516.
21 Moritz, „Wir sind also noch fähig zu wollen!“, 71 und 96.
22 Ehrenpreis, Petronilla: Kriegs- und Friedensziele im Diskurs. Regierung und deutschsprachige Öffentlichkeit Österreich-Ungarns während des Ersten Weltkriegs. Innsbruck/Wien/Bozen 2005, 35–38; Mitrović, 15 und 17.
23 Gumz, Jonathan E.: The Ressurection and Collapse of Empire in Habsburg Serbia, 1914–1918. Cambridge/New York 2009, 41; Moll, Martin: Kein Burgfrieden. Der deutsch-slowenische Nationalitätenkonflikt in der Steiermark 1900–1918. Innsbruck/Wien/Bozen 2007. Zu den entsprechenden Detailstudien und Quellenanalysen: Leidinger, Hannes/Moritz, Verena/Moser, Karin/Dornik, Wolfram: Habsburgs schmutziger Krieg. Ermittlungen zu österreichisch-ungarischen Kriegsführung 1914–1918. St. Pölten/Salzburg/Wien 2014, 63–67 und 264 f.
24 Holzer, Anton, Das Lächeln der Henker. Der unbekannte Krieg gegen die Zivilbevölkerung 1914–1918. Darmstadt 2014, 115 f.; Überegger, Oswald: „Man mache diese Leute, wenn sie halbwegs verdächtig erscheinen, nieder“. Militärische Normübertretungen, Guerillakrieg und ziviler Widerstand an der Balkanfront 1914. In: Chiari, Bernhard/Groß, Gerhard P. (Hg.): Am Rande Europas? Der Balkan – Raum und Bevölkerung als Wirkungsfelder militärischer Gewalt. München 2009, 121–136, hier 128.
25 Vgl. Hoeres, Peter: Die Slawen. Perzeptionen des Kriegsgegners bei den Mittelmächten. Selbst- und Fremdbild. In: Groß, Gerhard (Hg.): Die vergessene Front. Der Osten 1914/15. Ereignis, Wirkung, Nachwirkung. Paderborn/München/Wien/Zürich 2006, 179–200, hier 192 f. und 196.
26 Höbelt, Lothar: „So wie wir haben nicht einmal die Japaner angegriffen“. Österreich-Ungarns Nordfront 1914/15. In: Groß, Gerhard P. (Hg.): Die vergessene Front. Der Osten 1914/15. Ereignis, Wirkung, Nachwirkung. Paderborn/München/Wien/Zürich 2006, 87–118, hier 115.
27 Überegger, Oswald: „Verbrannte Erde“ und „baumelnde Gehenkte“. Zur europäischen Dimension militärischer Normübertretungen im Ersten Weltkrieg. In: Hohrath, Daniel/Neitzel, Sönke (Hg.): Kriegsgreuel. Die Entgrenzung der Gewalt in kriegerischen Konflikten vom Mittelalter bis ins 20. Jahrhundert. Paderborn/München/Wien/Zürich 2008, 241–278, hier 254.
28 Hohrath, Daniel/Neitzel, Sönke (Hg.): Kriegsgreuel. Die Entgrenzung der Gewalt in kriegerischen Konflikten vom Mittelalter bis ins 20. Jahrhundert. Paderborn/München/Wien/Zürich 2008, 23.
29 Dazu bzw. zu den entsprechenden Quellen: Leidinger/Moritz/Moser/Dornik, 68–75 und 265 f.
30 Leidinger/Moritz/Moser/Dornik, 75–79 und 266 f.; Gumz, 54–58; Reiss, R. A.: Report upon the Atrocities Committed by the Austro-Hungarian Army during the First Invasion of Serbia. London 1916, 68 und 78; Holzer, Das Lächeln der Henker, 118–121 und 127–129.
31 Holzer, Anton: Schüsse in Šabac. Die Massaker an der Zivilbevölkerung 1914. In: Marković, Gordana Ilić (Hg.): Veliki Rat – Der Große Krieg. Der Erste Weltkrieg im Spiegel der serbischen Literatur und Presse. Wien 2014, 71–84, 83; Diesbezüglich auch: Janz, Oliver: 14. Der große Krieg. Frankfurt am Main 2013, 123 f.

32 Kramer, 151 f., Prusin, Alexander Victor: The Lands Between. Conflict in the East European Borderlands, 1870–1992. Oxford 2010, 47–49 und 53–58; Schuster, Frank M.: „Was hat der Krieg zwischen Zar und Kaiser mit uns zu tun?" Osteuropäische Juden während des Ersten Weltkriegs. In: Eisfeld, Alfred/Hausmann, Guido/Neutatz, Dietmar (Hg.): Besetzt, interniert, deportiert. Der Erste Weltkrieg und die deutsche, jüdische, polnische und ukrainische Zivilbevölkerung im östlichen Europa. Essen 2013, 57–86.

33 Quellenzitate, Detailanalysen und Dokumente in: Leidinger/Moritz/Moser/Dornik, 80–86 und 267 f.

34 St. Prot. d. AH. d. RR, XXII. Session, 7. Sitzung v. 15.6.1917, 305 und 247 der Beilagen, 5; Leidinger/Moritz/Moser/Dornik, 86–91 und 268 f.

35 Kusmanek betreffend Entfernung der ruthenischen Bevölkerung, 3.9.1914, in: ÖSTA/KA, NFA, Feste Plätze, Festungskommando Przemyśl, Kt. 1321, Op. Nr. 35, Fol. 347 f.

36 K.k. Ministerpräsident, 5.10.1914, In: ÖSTA/AVA, MdI, Präs., 22. Unruhen und Exzesse, Galizien 1914/15, Kt. 2116, Präs. Nr. 8570, Fol. 418.

37 St. Prot. d. AH. d. RR, XXII. Session, 7. Sitzung v. 15.6.1917, 303.

38 Ebd., 368.

39 K.k. Ministerium des Innern, 14.11.1914, in: ÖSTA/KA, Archiv d. k.k. Min. f. LV, Präsidialakten, Justizwesen 1914, Kt. 547. Präs. Nr. 10419.

40 Ronge, Max: Kriegs- und Industriespionage. Zürich/Leipzig/Wien 1930, 123.

41 Kommando der Balkanstreitkräfte K. Nr. 6950/26 an das operierende Oberkommando, 13.3.1915, in: ÖSTA/HHSTA PA I Kt. 931, Liasse Krieg 13b Serbien, Fol. 74.

42 Urbański von Ostrymiecz, August: Spionitis. In: Die Weltkriegsspionage. München 1931, 332–338, hier 334 f.

43 K.k. Ministerratspräsidium betreffend „Allerhöchstes Befehlsschreiben" beziehungsweise Verhaftung politisch Verdächtiger und Unverlässlicher, 25.10.1914, in: ÖSTA/KA, Archiv d. k.k. Min. f. LV., Präsidialakten, Justizwesen 1914, Kt. 547, Präs. Nr. 9277/V.

44 St. Prot. d. AH. d. RR, XXII. Session, 247 der Beilagen, 1 f.

45 K.k. Ministerium für Landesverteidigung betreffend Militärgerichtsbarkeit und Schwurgerichte/Beschlüsse des Abgeordnetenhauses, 16.7.1917, in: ÖSTA/KA, Archiv d. k.k. Min. f. LV., Präsidialakten, Justizwesen 1917, Kt. 570, Präs. Nr. 16571/IV; Reichsgesetzblätter 1914: Nr. 153, 156, 164 und 186 sowie 1915: Nr. 133.

46 Urban, Otto: Die tschechische Gesellschaft 1848–1918. Wien/Köln/Weimar 1994, 849.

47 St. Prot. d. AH. d. RR, XXII. Session, 11. Sitzung v. 27.6.1917, 318/I; Conrad von Hötzendorf an das k.u.k. Kriegsministerium, 15.8.1915, in: ÖSTA/KA, Archiv des k.k. Min. f. LV., Präsidialakten, Justizwesen 1915, Kt. 552, Präs. Nr. 15194/V.

48 Kramař-Prozess, Urteilsbegründung 1, In: ÖSTA/KA, k.k. Min. f. LV., SR, Präsidialbüro, Kt. 11.

49 Leidinger/Moritz/Moser/Dornik, 157–161.

50 Hoffmann, Georg/Goll, Nicole-Melanie/Lesiak, Philipp: Thalerhof 1914–1936. Die Geschichte eines vergessenen Lagers und seiner Opfer. Herne 2010, 34; Mitrović, 76–79; Rauchensteiner, Der Erste Weltkrieg, 851 f.; Haller, Oswald: Das Internierungslager Katzenau bei Linz. Diplomarbeit Wien 1999.

51 Mitrović, 76; vgl. Stibbe, Matthew: „Ohne jede Ausnahme eine Schar von Feinden Österreichs". Die Internierungspolitik des Habsburgerreiches

im europäischen und globalen Kontext. In: Jubel & Elend. Leben mit dem Großen Krieg 1914–1918. Katalog zur Ausstellung. Schallaburg 2014, 338–343, hier 340; Marković, Gordana Ilić (Hg.): Veliki Rat – Der Große Krieg. Der Erste Weltkrieg im Spiegel der serbischen Literatur und Presse, 222 f.

52 Mannsberger, Eva Maria/Schäfer, Karl: Das Neusiedler Internierungslager 1914–1918. In: Neusiedler Jahrbuch. Hg. Vom Verein zur Erforschung der Stadtgeschichte von Neusiedl am See, Bd. 11, 2008/9, 5–42, hier 19 f. und 30 f.; Marković, 222.

53 K.u.k. Militärkommando in Graz an k.k. Ministerium für Landesverteidigung betreffend Verminderung des Häftlingsstandes, 7.10.1914, in: ÖSTA/KA, Archiv des k.k. Ministeriums für Landesverteidigung, Präs., Justizwesen, Kt. 550, Präs. Nr. 9162.

54 Hoffmann/Goll/Lesiak, 83, 85 f., 108 und 112.

55 Ebd., 47 f. und 50.

56 Ebd., 103 und 114 f. Matthew Stibbe spricht von 1767 Internierten, die in Thalerhof während des ersten Kriegswinters ums Leben kamen. Stibbe, 103 und 340.

57 Vgl. St. Prot. d. AH. d. RR, XXII. Session, 437 der Beilagen zu den stenographischen Protokollen des Abgeordnetenhauses: Bericht des Flüchtlingsausschusses über die gesetzliche Regelung der staatlichen Flüchtlingsfürsorge vom 7. Juli 1917, 2.

58 Mentzel, Walter: Kriegsflüchtlinge in Cisleithanien im Ersten Weltkrieg. Phil. Diss. Wien 1997, 382–384.

59 St. Prot. d. AH. d. RR, XXII. Session, 8. Sitzung v. 16.6.1917, 370 bzw. 46. Sitzung v. 30.11.1917, 2416; Mentzel, 240 und 376–382.

60 Vgl. St. Prot. d. AH. d. RR, XXII. Session, 18. Sitzung am 12. Juli 1917, 893.

61 Antrag des Reichsratsabgeordneten Leo Lewickyj und Genossen betreffend die Lage der österreichischen Evakuierten aus Galizien und der Bukowina, 5.6.1917, in: ÖSTA/KA, Archiv des k.k. Ministeriums für Landesverteidigung, Sonderreihe, Präsidialbüro, XVIIIb, Nr. 1321/1917.

62 St. Prot. d. AH. d. RR, XXII. Session, 29. Sitzung am 16. Oktober 1917, 1484 f.

63 Kuprian, Hermann J. W.: Zwangsmigration. In: Ders./Überegger, Oswald (Hg.): Katastrophenjahre. Der Erste Weltkrieg in Tirol. Innsbruck 2014, 217–240, hier 234.

64 Moritz, Verena: Zwischen allen Fronten. Die russischen Kriegsgefangenen in Österreich im Spannungsfeld von Nutzen und Bedrohung (1914–1921). Phil. Diss. Wien 2001, 335–337. Aktuell: Moritz, Verena/Walleczek-Fritz, Julia (Hg.): Kriegsgefangenschaft in Österreich-Ungarn 1914–1918. Wien/Köln 2022.

65 Leidinger/Moritz/Moser/Dornik, 125–131 und 275–277.

66 Magistrat der kgl. Freistadt Esztergom an den k.u.k. Kriegsminister, 12.9.1914, in: ÖSTA/KA, KM, 10. Abt. 1914: 10–2/95.

67 Feldpostbrief von Dr. Koch, 2000 zur Verfügung gestellt von Ing. Johann Pirklbauer, Mauthausen.

68 Leidinger, Hannes/Moritz, Verena: Verwaltete Massen. Kriegsgefangene in der Donaumonarchie 1914–1918. In: Oltmer, Jochen (Hg.): Kriegsgefangene im Europa des Ersten Weltkriegs. Paderborn/München/Wien/Zürich 2006, 35–66, hier 35 f.

69 Ebd., 37 f. und 61 f.

Erschöpfung und Empörung

1 Dazu u. a. Weber, Therese (Hg.): Häuslerkindheit. Autobiographische Erzählungen. Wien/Köln/Weimar 1984, 197; Toth, Marie: Schwere Zeiten. Aus dem Leben einer Ziegelarbeiterin. Bearbeitet von Michael Hans Salvesberger. Wien/Köln/Weimar 1993, 37.

2 Oltmer, Jochen (Hg.): Kriegsgefangene im Europa des Ersten Weltkriegs. Paderborn/München/Wien/Zürich 2006, 11–14, 97, 152 und194.

3 Healy, Maureen: Vienna and the Fall of the Habsburg Empire. Total War and Everyday Life in World War I. Cambridge/New York 2004, 264–266. Bis Kriegsende waren es dann wahrscheinlich inklusive der Vermissten rund 1,2 Millionen Gefallene. Die Invalidität betraf in Summe schätzungsweise einen Million Mann. Winkelbauer, Thomas: Wer bezahlte den Untergang der Habsburgermonarchie? Zur nationalen Streuung der österreichischen Kriegsanleihen im Ersten Weltkrieg. In: MIÖG 114, 2004, 368–398, hier 372.

4 Kučera, Rudolf: Rationed Life. Science, Everyday Life, and Working-Class Politics in the Bohemian Lands, 1914–1918. New York/Oxford 2016, 69 f.

5 Ma-Kircher, Klaralinda: Die Frauen, der Krieg und die Stadt. In: Pfoser, Alfred/Weigl, Andreas (Hg.): Im Epizentrum des Zusammenbruchs, Wien im Ersten Weltkrieg. Wien 2013, 72–81, hier 74; Leidinger/Moritz, Der Erste Weltkrieg, 58.

6 Sandgruber, Roman: Ökonomie und Politik. Österreichische Wirtschaftsgeschichte vom Mittelalter bis zur Gegenwart. Wien 1995, 330.

7 Ebd., 327–329; Winkelbauer, 376.

8 Sandgruber, 320 f.; Leidinger, Hannes/Moritz, Verena: Der Erste Weltkrieg. Wien/Köln/Weimar 2011, 61.

9 Ma-Kircher, 76; Loewenfeld-Russ, Hans: Im Kampf gegen den Hunger. Aus den Erinnerungen des Staatsekretärs für Volksernährung 1918–1920. Ed. Isabella Ackerl. Wien 1986, 32.

10 Sandgruber, 323–325; Loewenfeld-Russ, 29.

11 Kučera, 38 f.; Ma-Kircher, 76.

12 Leidinger, Moritz, Der Erste Weltkrieg, 61; Kučera, 22.

13 Healy, Maureen: Eine Stadt, in der sich täglich Hunderttausende anstellen. In: Pfoser, Alfred/Weigl, Andreas (Hg.): Im Epizentrum des Zusammenbruchs, Wien im Ersten Weltkrieg. Wien 2013, 150–161, hier 155.

14 Losová, Jana (Hg.): Kindheit in Böhmen und Mähren. Wien/Köln/Weimar 1996, 240; Weber, 229 f.

15 Winkelbauer, 382 f., 386 f. und 393–396.

16 Sandgruber, 323 f.

17 Loewenfeld-Russ, 33 f.

18 Zit. nach Broucek, Peter (Hg.): Ein General im Zwielicht. Die Erinnerungen Edmund Glaises von Horstenau. Band 1: K.u.k. Generalstabsoffizier und Historiker. Wien/Köln/Weimar 1980, 381

19 Zum Beispiel: Abendblatt des Pester Lloyd, Nr. 233 v. 12.10.1907, 1.

20 Zit. nach Pittler, Andreas P.: Bruno Kreisky. Reinbek bei Hamburg 1996, 15. Vgl. Broucek, 224 und 383 f.

21 Loewenfeld-Russ, 57.

22 Ebd.

23 Broucek, 385.

24 Csáky, Eva-Marie (Hg.): Vom Geachteten zum Geächteten. Erinnerungen des k.u.k. Diplomaten und k. ungarischen Außenministers Emerich Csáky (1882–1961). 2., unv. Auflage. Wien/Köln/Weimar 1992, 225.

25 Ebd.

26 Losová, 258 f. Vgl. Kinematographische Rundschau, Nr. 486 v. 26.11.1916, 6.

27 Kolman, Arnost: Die verirrte Generation. So hätten wir nicht leben sollen. Frankfurt am Main 1979,52 f.

28 Sandgruber, 326; Rauchensteiner, Manfried: Der Tod des Doppeladlers. Österreich-Ungarn und der Erste Weltkrieg. Graz/Wien/Köln 1993, 410; Rumpler, Helmut: Die Todeskrise Cisleithaniens 1911–1918. Vom Primat der Innenpolitik zum Primat der Kriegsentscheidung. In: Ders. (Hg.): Die Habsburgermonarchie und der Erste Weltkrieg. 1. Teilband: Der Kampf um die Neuordnung Mitteleuropas. Teil 2: Vom Vielvölkerstaat Österreich-Ungarn zum neuen Europa der Nationalstaaten. Wien 2016, 1165–1256, hier 1199.

29 Rauchensteiner, Der Todes Doppeladlers, 410.

30 Losová, 239 und 284 f.

31 Moritz, Verena/Leidinger, Hannes: Zwischen Nutzen und Bedrohung. Die russischen Kriegsgefangenen in Österreich (1914–1921). Bonn 2005, 182–184.

32 Fraydenegg-Monzello, Dorothea: Die Aufzeichnungen des Sektionschefs im Ackerbauministerium Anton Freiherr von Pantz. Memoirenliteratur als Quelle für den Historiker. Diplomarbeit Graz 1990, 130 f.

33 Ebd., 72–78.

34 Zit. nach Moritz/Leidinger, Zwischen Nutzen und Bedrohung, 181.

35 Landwehr von Pragenau, Ottokar: Hunger. Die Erschöpfungsjahre der Mittelmächte 1917/18. Zürich/Leipzig/Wien 1931, 22; Toth, 43–45 und 50.

36 Rauchensteiner, Der Tod des Doppeladlers, 411 f.

37 Zit. nach ebd., 411.

38 Kučera, Rationed Life, 130–157.

39 Zit. nach Augeneder, Sigrid: Arbeiterinnen im Ersten Weltkrieg. Lebens- und Arbeitsbedingungen proletarischer Frauen in Österreich. Wien 1987, 197.

40 Moritz/Leidinger, Zwischen Nutzen und Bedrohung, 133.

41 Ebd., 139 f.

42 Zit. nach Moritz, Verena: 1917. Österreichische Stimmen zur Russischen Revolution. Mit einem Beitrag von Wolfgang Maderthaner. Salzburg/Wien 2017, 20.

43 Zit nach ebd.

44 Brügel, J. W.: Friedrich Adler vor dem Ausnahmegericht. 18./19. Mai 1917. Wien/Frankfurt/Zürich 1967, 12.

45 Moritz, 1917, 24.

46 Czernin, Ottokar: Im Weltkriege. Berlin/Wien 1919, 229 f.

47 Moritz, 1917, 28 f.

48 Leidinger/Moritz, Der Erste Weltkrieg, 40 und 66 f.

49 Dornik, Wolfram: Besatzungswirklichkeit(en). In: Leidinger, Hannes/Moritz, Verena/Moser, Karin/Dornik, Wolfram: Habsburgs schmutziger Krieg. Ermittlungen zur österreichisch-ungarischen Kriegsführung 1914–1918. St. Pölten/Salzburg/Wien 2014, 171–189, hier 183.

50 Schnell, Felix: Räume des Schreckens. Gewalt und Gruppenmilitanz in der Ukraine 1905–1933. Hamburg 2012, 173.

51 Rauchensteiner, Manfried: Der Erste Weltkrieg und das Ende der Habsburgermonarchie 1914–1918. Wien/Köln/Weimar 2013, 478–480, 491 und 504–506.

52 Rauchensteiner, Der Tod des Doppeladlers, 509.

53 Leidinger/Moritz, Der Erste Weltkrieg, 36 und 38 f.

54 Dornik, 178 f.
55 Ehrenpreis, Petronilla: Kriegs- und Friedensziele im Diskurs. Regierung und deutschsprachige Öffentlichkeit Österreich-Ungarns während des Ersten Weltkriegs. Innsbruck/Wien/Bozen 2005, 127–129, 143 f., 150, 153 f., 184 f.; Zu den expansionistischen beziehungsweise imperialistischen Plänen der Monarchie auch: Kolm, Evelyn: Die Ambitionen Österreich-Ungarns im Zeitalter des Hochimperialismus. Frankfurt am Main/Berlin/Bern/Bruxelles/New York/Oxford/Wien 2001, 307
56 Ehrenpreis, 157 und 183.
57 Saage, Richard: Der erste Präsident. Karl Renner – eine politische Biografie. Wien 2016, 92–95; Ehrenpreis, 122, 138 und 165–168.
58 Ehrenpreis, 114, 140, 153, 156, 164 f., 177, 183.
59 Zit. nach Rauchensteiner, Der Tod des Doppeladlers, 512.
60 Mitrović, Andrej: Serbia's Great War 1914–1918. London 2007, 247 und 253–262; Dornik, 177–180; ÖSTA/HHSTA PA I Liasse Krieg 32 i-k Serbien Kt. 976; K.u.k. MGG in Serbien, Halbmonatsbericht der K- und Passkontrollstellen für die Zeit vom 25. Juli bis 10. August 1916, K-Stelle Šabac, in: Arhiv Srbije (AS), VGG u Srbiji, Section 17: Obaveštajno (Nachrichten-Abteilung), Nr. 6, 2.
61 Handschreiben Kaiser Karls an Böhm-Ermolli, 31.3.1918, in: ÖSTA/KA, Feldakten, AOK, OpAbt, Kt. 468, Nr. 1372.
62 Leidinger, Hannes/Moritz, Verena/Moser, Karin/Dornik, Wolfram: Habsburgs schmutziger Krieg. Ermittlungen zur österreichisch-ungarischen Kriegsführung 1914–1918. St. Pölten/Salzburg/Wien 2014, 169 f.

Zerfall

1 Leidinger, Hannes: Der Untergang der Habsburgermonarchie. Innsbruck/Wien 2017, 240 f.
2 Šedivý, Ivan: Der Einfluss des Ersten Weltkrieges auf die tschechische Politik. In: Rumpler, Helmut (Hg.): Die Habsburgermonarchie und der Erste Weltkrieg. 1. Teilband: Der Kampf um die Neuordnung Mitteleuropas. Teil 2: Vom Vielvölkerstaat Österreich-Ungarn zum neuen Europa der Nationalstaaten. Wien 2016, 711–734, hier 730 f.; Trogrlić, Marko: Die Südslawische Frage als Problem der österreichisch-ungarischen und internationalen Politik. In: Rumpler, Helmut (Hg.): Die Habsburgermonarchie und der Erste Weltkrieg. 1. Teilband: Der Kampf um die Neuordnung Mitteleuropas. Teil 2: Vom Vielvölkerstaat Österreich-Ungarn zum neuen Europa der Nationalstaaten. Wien 2016, 965–1015, 1009; Lukan, Walter: Die slowenische Politik und Kaiser Karl. In: Gottsmann, Andreas (Hg.): Karl I. (IV.), der Erste Weltkrieg und das Ende der Donaumonarchie, Wien 2007, 159–186, hier 162; Rauchensteiner, Der Tod des Doppeladlers, 449.
3 Pollmann, Ferenc: Die Ostfront des „Großen Krieges" – aus ungarischer Sicht. In: Bachinger, Bernhard/Dornik, Wolfram (Hg.): Jenseits des Schützengrabens. Der Erste Weltkrieg im Osten: Erfahrung – Wahrnehmung – Kontext. Innsbruck/Wien/Bozen 2013, 87–104, hier 103; Lein, Richard: Pflichterfüllung oder Hochverrat? Die tschechischen Soldaten Österreich-Ungarns im Ersten Weltkrieg. Wien/Berlin 2011, 9–11 und 417–419; Szlanta, Piotr: Unter dem sinkenden Stern der Habsburger. Die Ostfronterfahrung polnischer k.u.k. Soldaten. In: Bachinger, Bernhard/Dornik, Wolfram (Hg.): Jenseits des Schützengrabens. Der Erste Weltkrieg

im Osten: Erfahrung – Wahrnehmung – Kontext. Innsbruck/Wien/Bozen 2013, 139–156, hier 142.

4 Szlanta, Unter dem sinkenden Stern der Habsburger, 144–148.; Meyer, Enno: Grundzüge der Geschichte Polens. 3., erweiterte Aufl. Darmstadt 1990, 76; Szlanta, Piotr: Der lange Abschied der Polen von Österreich. In: Rumpler, Helmut (Hg.): Die Habsburgermonarchie und der Erste Weltkrieg. 1. Teilband: Der Kampf um die Neuordnung Mitteleuropas. Teil 2: Vom Vielvölkerstaat Österreich-Ungarn zum neuen Europa der Nationalstaaten. Wien 2016, 813–851, hier 833–839; Meyer, 76 f.; Höbelt, Lothar: „Stehen oder Fallen?“ Österreichische Politik im Ersten Weltkrieg. Wien/Köln/Weimar 2015, 65–68.

5 Rasevyč, Vasyl': Ein habsburgischer König für die Ukraine? Wilhelm von Habsburg und Kaiser Karl I. In: Gottsmann, Andreas (Hg.): Karl I. (IV.), der Erste Weltkrieg und das Ende der Donaumonarchie, Wien 2007, 223–230, hier 226.

6 Höbelt, „Stehen oder Fallen?“, 87–901.; Höbelt, Lothar: Karl I., der „Teufelspuk“ und die Deutschböhmen. In: Gottsmann, Andreas (Hg.): Karl I. (IV.), der Erste Weltkrieg und das Ende der Donaumonarchie, Wien 2007, 47–58, hier 53.

7 Rauchensteiner, Der Tod des Doppeladlers, 451, 456 f. und 540; Höbelt, „Stehen oder Fallen?“, 67.

8 Šedivý, 732; Hoesch, Jörg K.: Geschichte der Tschechoslowakei. 3., verbesserte und erweiterte Auflage. Stuttgart/Berlin/Köln 1992, 25.

9 Zit. nach Lukan, 173 f.

10 Pilsner Tagblatt, Nr. 6 v. 7.1.1913, 2; Hanak, 574.

11 Rauchensteiner, Der Tod des Doppeladlers, 553 f.

12 Dazu auch: Trogrlić, 1000 f.

13 Dazu vor allem: Tooze, Adam: Sintflut. Die Neuordnung der Welt 1916–1931. München 2015, 247 f. Vgl. Neck, Rudolf (Hg.): Österreich im Jahr 1918. Berichte und Dokumente. Wien 1968, 23 f.; Rauchensteiner, Der Tod des Doppeladlers, 530 f.

14 Leidinger/Moritz, Gefangenschaft, Revolution, Heimkehr, 508; Rauchensteiner, Der Tod des Doppeladlers, 554–559.

15 Höbelt, „Stehen oder Fallen?“, 234 f.

16 Ebd., 234.

17 Neck, 50.

18 Hanak, 580 f.

19 Meyer, 76; Höbelt, „Stehen oder Fallen?“, 241 f.; Leidinger/Moritz, Gefangenschaft, Revolution, Heimkehr, 377–409;

20 Hanak, 583 f.; Šedivý, 732.

21 Rauchensteiner, Der Tod des Doppeladlers, 570–576.

22 Ebd., 576–581.

23 Stenographische Protokolle des Abgeordnetenhauses des Reichrates (St. Prot. d. AH. d. RR), XXII. Session, 81. Sitzung v. 24.7.1918, 24 und 29; K.u.k. Militärgeneralgouvernement Lublin an den Chef des Ersatzwesens betreffend Heimkehr 1918, in: ÖSTA/KA, Chef des Ersatzwesens 1918: 63–6/45; Leidinger/Moritz, Gefangenschaft, Revolution, Heimkehr, 464–468 und 479.

24 Leidinger/Moritz, Gefangenschaft, Revolution, Heimkehr, 483 f.; Trogrlić, 992–994; Moll, Martin: Die Steiermark im Ersten Weltkrieg. Der Kampf des Hinterlandes ums Überleben 1914–1918. Wien/Graz/Klagenfurt 2014,

146; Plaschka, Richard/Haselsteiner, Horst/Suppan, Arnold: Innere Front. Militärassistenz, Widerstand und Umsturz in der Donaumonarchie 1918. Bd. 1. Wien 1974, 288.

25 Leidinger/Moritz, Gefangenschaft, Revolution, Heimkehr, 480; Moll, 146.

26 Plaschka/Haselsteiner/Suppan, Bd. 1, 62 f. und Bd. 2, 73, 80, 89, 92, 97f und 192; Trogrlić, 994–997; Leidinger/Moritz, Der Erste Weltkrieg, 64.

27 Berichte über „revolutionäre Kriegsgefangene", „kommunistische Rächer", terroristische Attentate und Sabotageakte, 1918, in: ÖSTA/AVA, MdI/Präs. 22. Unruhen und Exzesse 1918: Fasz. 2077, 2078, 11 469, 18 119, 19 238, 20 949, 20 202; Kerchnawe, Hugo: Der Zusammenbruch der Donaumonarchie. In: Bley, Wulf (Hg.): Revolutionen der Weltgeschichte. Zwei Jahrtausende Revolutionen und Bürgerkriege. 2. Bd. München 1933, 5–30, hier 19 und 21. Vgl. Leidinger/Moritz, Gefangenschaft, Revolution, Heimkehr, 480 f.

28 Neck, 26–30; Leidinger/Moritz, Der Erste Weltkrieg, 65.

29 Plaschka/Haselsteiner/Suppan, Bd. 1, 159–161.

30 Zit. nach ebd., 162.

31 Rauchensteiner, Der Tod des Doppeladlers, 582–584.

32 Deutsch, Julius: Kriegserlebnisse eines Friedliebenden. Aufzeichnungen aus dem Ersten Weltkrieg. Herausgegeben von Michaela Maier und Georg Spitaler. Wien 2016, 29.

33 Plaschka/Haselsteiner/Suppan, Bd. 2, 123–126.

34 Rumper, 1243; Lukan, 178.

35 Sedivý, 733; Hoensch, 25.

36 Judson, 547 f.

37 Zit. nach ebd., 549.

38 Neues Wiener Tagblatt, Nr. 67 v. 9.3.1913, 1.

39 Judson, 548.

40 Cole, Laurence: Military Culture and Popular Patriotism on Late Imperial Austria. Oxford 2014, 320–322.

41 Hochedlinger, Michael (Bearb.): „Erdäpfelvorräte waren damals wichtiger als Akten." Die Amtschronik des Generals Maximilian Ritter von Hoen, Direktor des Kriegsarchivs. Mitteilungen des Österreichischen Staatsarchivs, Nr. 58, Wien 2015, 233; Aus der Nummer der „Kinowoche" vom 11. Februar 1917, in: ÖSTA/HHStA, 27 Presseleitung Literarisches Büro, Kt. 98; Národni Filmový Archiv (ed.), Praga-Film (1917) 1918 – 1920 (1921) Inventář, Prag: NFA, 2004, 3 f.

42 Gottsmann, Andreas: Die Wiener Nuntiatur und Kaiser Karl. In: Ders. (Hg.): Karl I. (IV.), der Erste Weltkrieg und das Ende der Donaumonarchie. Wien 2007, 93–118, hier 112.

43 Judson, 554; Sedivý, 732 f.; Hoensch, 25; Plaschka/Haselsteiner/Suppan, Bd. 2, 143–147 und 160.

44 Vgl. Allgemeiner Tiroler Anzeiger, Nr. 224 v. 1.10.1918, 1; Rauchensteiner, Der Tod des Doppeladlers, 603.

45 St. Prot. d. AH. d. RR, XXII. Session, 92. Sitzung v. 22.10.1918, 4641; Szlanta, Piotr: Der lange Abschied der Polen von Österreich, 845; Trogrlić, 1013; Lukan, 179; Judson 550.

46 St. Prot. d. AH. d. RR, XXII. Session, 92. Sitzung v. 22.10.1918, 4637–4640; Rauchensteiner, Der Tod des Doppeladlers, 604 f. und 607 f.

47 Sedivý, 733; Lukan, 168; Neck, 67; Hoesch, 22; Trogrlic, 1003–1009; Rauchensteiner, Der Tod des Doppeladlers, 607 f.

48 Judson, 553; Sedivý, 734; Sachslehner, Johannes: 1918. Die Stunden des Untergangs. Wien 2005, 106 und 113; Hoensch, 25.
49 Kovác, Dusan: Die Flucht der Slowaken aus dem ungarischen Staatsverband. In: Rumpler, Helmut (Hg.): Die Habsburgermonarchie und der Erste Weltkrieg. 1. Teilband: Der Kampf um die Neuordnung Mitteleuropas. Teil 2: Vom Vielvölkerstaat Österreich-Ungarn zum neuen Europa der Nationalstaaten. Wien 2016, 735–765, hier 763 f.; Leidinger, Untergang, 286; Hoensch, 26 f.; Sachslehner, 175 und 255;
50 Suppan, Arnold: Die imperialistische Friedensordnung Mitteleuropas in den Verträgen von Saint-Germain und Trianon. In: Rumpler, Helmut (Hg.): Die Habsburgermonarchie und der Erste Weltkrieg. 1. Teilband: Der Kampf um die Neuordnung Mitteleuropas. Teil 2: Vom Vielvölkerstaat Österreich-Ungarn zum neuen Europa der Nationalstaaten. Wien 2016, 1257–1341, hier 1260; Rauchensteiner, Der Tod des Doppeladlers, 621.
51 Suppan, 1258 f.; Trogrlić, 1014 f.; Leidinger/Moritz, Gefangenschaft, Revolution, Heimkehr, 510.
52 Szlanta, Piotr: Der lange Abschied der Polen von Österreich, 846–849.
53 Kovác, 762; St. Prot. d. AH. d. RR, XXII. Session, 92. Sitzung v. 22.10.1918, 4641–4657.
54 Zit. nach Plaschka/Haselsteiner/Suppan, Bd. 2, 272; vgl. Rauchensteiner, Der Tod des Doppeladlers, 618 f.
55 Leidinger/Moritz, Gefangenschaft, Revolution, Heimkehr, 511; Sachslehner, 270.
56 Brauneder, Wilhelm: Die Verfassungssituation 1918: ein Staat entsteht, ein Staat geht unter. In: Karner, Stefan/Mikoletzky, Lorenz (Hg.): Österreich. 90 Jahre Republik. Beitragsband der Ausstellung im Parlament. Innsbruck/Wien/Bozen 2008, 15–23, hier 17; Arbeiter-Zeitung, Nr. 267 v. 1.10.1918, 1.
57 Arbeiterwille, Nr. 203 v. 6.11.1918, 4; Reichspost, Nr. 522 v. 12.11.1918, 5; Pester Lloyd, Nr. 267 v. 14.11.1918, 2.
58 Leidinger, Untergang, 296 f.

Fragile Neuordnung

1 Stekl, Hannes (Hg.): „Höhere Töchter" und „Söhne aus gutem Haus". Bürgerliche Jugend in Monarchie und Republik. Wien/Köln/Weimar 1999, 179 f.
2 Ebd., 194 f.
3 Ebd., 207–209.
4 Zweig, Stefan: Die Welt von Gestern. Erinnerungen eines Europäers. (Aktueller: Köln 2013).
5 Stekl, 195.
6 Toth, Marie: Schwere Zeiten. Aus dem Leben einer Ziegelarbeiterin. Bearbeitet von Michael Hans Salvesberger. Wien/Köln/Weimar 1992, 60.
7 Ebd., 61
8 Vošahlíková, Pavla (Hg.): Von Amts wegen. K.k. Beamte erzählen. Wien/Köln/Weimar 1998, 52 f.
9 Losová, Jana (Hg.): Kindheit in Böhmen und Mähren. Wien/Köln/Weimar 1996, 262 f.
10 Ebd., 265–267.
11 Ebd., 177 und 179.
12 Vošahlíková, 263.

13 Leidinger, Hannes/Moritz, Verena: Der Erste Weltkrieg. Wien/Köln/Weimar 2011, 69 f. und 76 f.
14 Hildermeier, Manfred: Russische Revolution. Frankfurt am Main 2004, 78; Leidinger/Moritz, Der Erste Weltkrieg, 78.
15 Judson, Pieter M.: Habsburg. Geschichte eines Imperiums 1740–1918. München 2017,
16 Dazu auch: Timms, Edward: Citizenship and „Heimatrecht" after the Treaty of Saint-Germain. In: Robertson, Ritchie/Timms, Edward (Hg.): The Habsburg Legacy. National Identity in Historical Perspective. Edinburgh 1994, 158–168, hier 159 f.
17 Moritz, Verena/Leidinger, Hannes: Zwischen Nutzen und Bedrohung. Die russischen Kriegsgefangenen in Österreich (1914–1921). Bonn 2005, 276.
18 Plaschka, Richard/Haselsteiner, Horst/Suppan, Arnold: Innere Front. Militärassistenz, Widerstand und Umsturz in der Donaumonarchie 1918. Bd. 1. Wien 1974, 301–306 und 316.
19 Ebd., 301–306; Judson, 559 f.
20 Ebd., 562; Suppan, Arnold: Die imperialistische Friedensordnung Mitteleuropas in den Verträgen von Saint-Germain und Trianon. In: Rumpler, Helmut (Hg.): Die Habsburgermonarchie und der Erste Weltkrieg. 1. Teilband: Der Kampf um die Neuordnung Mitteleuropas. Teil 2: Vom Vielvölkerstaat Österreich-Ungarn zum neuen Europa der Nationalstaaten. Wien 2016, 1257–1341, hier 1296–1302.
21 Zit. nach Suppan, 1276.
22 Suppan, 1276.
23 Arbeiter-Zeitung, Nr. 311 v. 14.11.1918, 3.
24 Illustriertes Österreichisches Journal, Nr. 1369 v. 25.11.1918, 2.
25 Grazer Mittags-Zeitung, Nr. 280 v. 6.12.1918, 4.
26 Hoensch, Jörg K.: Geschichte Ungarns 1867–1983. Stuttgart/Berlin/Köln/Mainz 1984, 99–102; Suppan, 1308 f.
27 Suppan, 1329 f.
28 Ebd.
29 Ebd., 1314 und 1330; Leidinger/Moritz, Der Erste Weltkrieg, 81.
30 Ebd.
31 Suppan, 1330–1333.
32 Zit. nach ebd., 1334.
33 Suppan, 1341.
34 Stenographische Protokolle des Abgeordnetenhauses des Reichsrates (St. Prot. d. AH. d. RR), XXII. Session, 92. Sitzung v. 22.10.1918, 4662 f.
35 Moritz, Verena/Leidinger, Hannes/Jagschitz, Gerhard: Im Zentrum der Macht. Die vielen Gesichter des Geheimdienstchefs Maximilian Ronge. St. Pölten/Salzburg 2007, 186.
36 Ebd., 195 f.; vgl. Moos, Carlo: Habsburg post mortem. Betrachtungen zum Weiterleben der Habsburgermonarchie. Wien/Köln/Weimar 2016, 257.
37 TNA, FO 404/2. Further Correspondence respecting Central Europe. Part II, October 1925.
38 Bátonyni, Gábor: Anglo-Austrian Relations between the Wars. In: Koch, Klaus/Rauscher, Walter/Suppan, Arnold/Vyslonzil, Elisabeth (Hg.): Von Saint-Germain zum Belvedere. Österreich und Europa 1919–1955. Wien 2007, 115–128, hier 118 f.
39 Koch, Klaus/Rauscher, Walter/Suppan, Arnold, Vyslonzil, Elisabeth (Hg.): Außenpolitische Dokumente der Republik Österreich 1918–1938 (ADÖ).

Wien 1993–2009. Hier: ADÖ 6/886, Besprechung Bundeskanzler Seipel mit deutschem Reichkanzler Marx und deutschem Außenminister Stresemann am 14. November 1927 in Wien, 170.

40 Leidinger/Moritz, Die Republik Österreich, 46.

41 TNA, FO 404/12, Further Correspondence respecting Central Europe. Part XII, January to June 1926, Treaties and Conventions designed to prevent the Restoration of the Habsburgs und Suggestions as to Future Policy.

42 PAAA, Botschaft Wien, Geheimakten 37, Auswärtiges Amt, 3.12.1930.

43 Ebd., Gesandtschaft Wien 386, Habsburger Frage, Deutsche Gesandtschaft Wien, 10.3.1934.

44 Ebd., 18.4.1934.

45 ÖSTA/AdR, BMfA/NPA, Liasse Russland I/1 1935–1938, Izvestija, 28.10.1935.

46 PAAA, BA 60 969, Auswärtiges Amt, Sammlung der Aufzeichnungen des Reichsaußenministers über seine Besprechungen mit fremden Diplomaten und Staatsmännern, 20.11.1936; vgl. PAAA, BA 60970, Auswärtiges Amt, Sammlung der Aufzeichnungen des Reichsaußenministers über seine Besprechungen mit fremden Diplomaten und Staatsmännern, 27.2.1937.

47 Stourzh, Gerald, Die Außenpolitik der österreichischen Bundesregierung gegenüber der nationalsozialistischen Bedrohung, in: Stourzh, Gerald/Zaar, Brigitta (Hg.): Österreich, Deutschland und die Mächte. Internationale und österreichische Aspekte des „Anschlusses" vom März 1938. Wien 1990, 319–346, hier 340 f.

48 TNA, FO 371/10661, The Economic Situation of Austria. Report presented to the Council of the League of Nations by W.T. Layton and Charles Rist. Provisional Draft, Geneva, 19.8.1925, 9 f.

49 Ebd.

50 Verein Geschichte der Arbeiterbewegung (VGA), Militärverband, Karton 1, Mappe 3, Österreichische Gesandtschaft Moskau, 20.12.1924.

51 TNA, FO 404/1, Correspondence respecting Central Europe, 1920, 33.

52 TNA, FO 371/10661, The Economic Situation of Austria. Report presented to the Council of the League of Nations by W.T. Layton and Charles Rist. Provisional Draft, Geneva, 19.8.1925, 9.

53 Ebd., 28 f. und 37 f.; ÖSTA, NL Renner E/1731:131, Arsenal. Österreichische Werke, G.A. Wien, X., Nr. 4, September 1923, 2.

54 Archiv Vnešnej Politiki Rossijskoj Federacii (AVPRF), f. 066, op. 6, p. 102, d. 35, l. 16.

55 VGA, Militärverband, Karton 1, Mappe 2, Österreichische Mission Moskau, 26.10.1923 und Mappe 3, Österreichische Gesandtschaft Moskau, 20.12.1924.

56 AAÉ, AAC/AP, Z-Europe, URSS 1918–1929, Politique étrangère, Relations entre l'Àutriche et l'URSS, Légation de la République Francaise en Autriche, Vienne, le 8.3.1922.

57 Ebd., 1.1.1922.

58 AAÉ, AAC/AP, Z-Europe, URSS 1918–1929, Politique étrangère, Relations entre l'Autriche et l'URSS, Légation de la République Francaise en Autriche, Vienne, le 1.1.1922; Teichova, Alice: Wiens wechselhafte Rolle als Finanzzentrum in Europa während des 20. Jahrhunderts, in: Teichova, Alice (Hg.): Banken, Währung und Politik in Mitteleuropa zwischen den Weltkriegen. Wien 1997, 23–44, hier 38.

59 Teichova, Wiens wechselhafte Rolle als Finanzzentrum in Europa, 39 f.

60 Leidinger/Moritz, Die Republik Österreich, 222.

61 Ebd., 34.

62 TNA, FO 371/12078, Austria. Annual Report, 1926, 23 f.
63 Ebd., 371/10662, Austria. Annual Report, 1924, 11.
64 Leidinger/Moritz, Die Republik Österreich, 271 ff.
65 Maderthaner, Wolfgang: Das revolutionäre Prinzip. Arbeiterbewegung und Krieg (2). In: Pfoser, Alfred/Weigl, Andreas (Hg.): Im Epizentrum des Zusammenbruchs. Wien im Ersten Weltkrieg. Wien 213, 566–571, hier 571.
66 Hanisch, Ernst: Der große Illusionist. Otto Bauer (1881–1938). Wien/Köln/Weimar 2011, 144–148.
67 Hoensch, Geschichte Ungarns, 88 f.
68 Ebd., 47 und 107 f.
69 Balcar, Jaromír: Instrument im Volkstumskampf? Die Anfänge der Bodenreform in der Tschechoslowakei 1919/20. In: Vierteljahreshefte für Zeitgeschichte 46, 1998, 391–428; Puttkammer, Joachim von: Die Tschechoslowakische Bodenreform von 1919. Soziale Umgestaltung als Fundament der Republik. In: Bohemia. Zeitschrift für Geschichte und Kultur der böhmischen Länder 46, 2005, 315–342; Hoensch, Jörg K.: Geschichte der Tschechoslowakei. Dritte, verbesserte und erweiterte Aufl. Stuttgart/Berlin/Köln 1992, 42.
70 Lukovic, Jovica: „Das Land soll dem gehören, der es selber bestellt." Die jugoslawische Agrarreform in der Zwischenkriegszeit – von der Landzuteilung zur Lösung der Bauernfrage? In: Sozialwissenschaftliches Journal 1, Heft 2, 2006, 36–54; Roszkowski, Wojciech: Landowners in Poland, 1918–1939. New York 1991, 27–32.
71 Leidinger, Hannes: Das Ausweichquartier: Ausländische Kommunisten in Österreich. In: McLoughlin, Barry/Leidinger, Hannes/Moritz, Verena: Kommunismus in Österreich 1918–1938. Innsbruck/Wien/Bozen 2009, 153–184, hier 156 und 165 f.
72 Konrad, Helmut: Die „Bruchlinie 1918" – eine Einleitung. In: Karner, Stefan/Botz, Gerhard/Konrad, Helmut (Hg.): Epochenbrüche im 20. Jahrhundert. Beiträge. Wien/Köln/Weimar 2017, 17–19.

Abschied auf Raten

1 Osterhammel, Jürgen: Die Verwandlung der Welt. Eine Geschichte des 19. Jahrhunderts. München: Beck, 2009, 103; Stiasny, Philipp: Das Kino und der Krieg. Deutschland 1914–1929. München 2009, 7 und 10 f.; Leidinger/Moritz, Der Erste Weltkrieg, 87.
2 Judson, 345–424; Leidinger/Moritz, Die Republik Österreich, 166.
3 Moos, 89 f. und 106.
4 Ebd., 104, 107 und 117.
5 Vgl. ÖSTA/KA, NL Kövess B/1000:64 und 65; Privater Nachlass Maximilian Ronge, Gerhard Jagschitz Wien, Tagebuch, Eintragung v. 1.9.1919; Doppelbauer, Wolfgang: Zum Elend noch die Schande. Das altösterreichische Offizierskorps am Beginn der Republik. Wien 1988, 106, 116–121, 139ff, 220 ff. und 283; Holzer, Anton: Das Lächeln der Henker. Der unbekannte Krieg gegen die Zivilbevölkerung 1914–1918. Darmstadt 2014, 133–140.
6 Zeitungsberichte, Vorwürfe, Geheimsitzung des österreichischen Abgeordnetenhauses v. Juli 1918 sowie Eingaben des Allgemeinen Schutzbundes für Kriegsteilnehmer, 1918/19, in: ÖSTA/KA, Kommission zur Erhebung militärischer Pflichtverletzungen, Kt. 3, 1919: A 1–180; Staatssekretär für Heerwesen, Julius Deutsch, an das Feldgerichtsarchiv, 16.6.1919, in: ÖSTA/KA, Kommission zur Erhebung militärischer

Pflichtverletzungen, Kt. 3, Sign. A 82/1: 9; Deutschösterreichisches Staatsamt für Heerwesen/Feldgerichtsarchivkommission betreffend die Aufgaben und Tätigkeit der Feldgerichtsarchivkommission, ohne Datum, in: ÖSTA/KA, Kommission zur Erhebung militärischer Pflichtverletzungen, Kt. 3, Sign. A 82/19; St. Prot. d. AH. d. RR, XXII. Session, 21. Sitzung v. 15.7.1917, 1114. Leidinger, Hannes: Welches Recht? In: Ders./Moritz, Verena/Moser, Karin/Dornik, Wolfram: Habsburgs schmutziger Krieg. Ermittlungen zur österreichisch-ungarischen Kriegsführung 1914–1918. St. Pölten/Salzburg/Wien 2014, 191–221, hier 217; Holzer, 187.

7 Rumpler, Helmut: Die Todeskrise Cisleithaniens 1911–1918. Vom Primat der Innenpolitik zum Primat der Kriegsentscheidung. In: Ders. (Hg.): Die Habsburgermonarchie und der Erste Weltkrieg. 1. Teilband: Der Kampf um die Neuordnung Mitteleuropas. Teil 2: Vom Vielvölkerstaat Österreich-Ungarn zum neuen Europa der Nationalstaaten. Wien 2016, 1165–1256, hier 1212–1214.

8 Ebd., 1217.

9 Robertson, Ritchie/Timms, Edward: Preface. In: Dies. (Hg.): The Habsburg Legacy. National Identity in Historical Perspective. Edinburgh 1994, VIII–X.

10 Moos, 82; Leidinger, Hannes/Moritz, Verena: Die Republik Österreich 1918/2008. Überblick, Zwischenbilanz, Neubewertung. Wien 2008, 45 und 266 ff.

11 Zit. nach Altermann, Urs: Österreich und die Schweiz – Vielfältige Nachbarschaftsbeziehungen. In: Koch, Klaus/Rauscher, Walter/Suppan, Arnold/Vyslonzil, Elisabeth (Hg.): Von Saint-Germain zum Belvedere. Österreich und Europa 1919–1955. Wien 2007, 172–185, hier 175 f.

12 Rumpler, Helmut: Die Todeskrise Cisleithaniens 1911–1918. Vom Primat der Innenpolitik zum Primat der Kriegsentscheidung. In: Ders. (Hg.): Die Habsburgermonarchie und der Erste Weltkrieg. 1. Teilband: Der Kampf um die Neuordnung Mitteleuropas. Teil 2: Vom Vielvölkerstaat Österreich-Ungarn zum neuen Europa der Nationalstaaten. Wien 2016, 1165–1256, hier 1256.

13 Zit. nach ebd.

14 Leidinger, Hannes/Moritz, Verena: Gefangenschaft, Revolution, Heimkehr. Die Bedeutung der Kriegsgefangenenproblematik für die Geschichte des Kommunismus in Mittel- und Osteuropa 1917–1920. Wien/Köln/Weimar 2003, 515.

15 Gosudarstvennyj Archiv Rossijskoj Federacii (GARF), f. 3333, op. 3, d. 493, Rossijskij Gosudarstvennyj Archiv Social'no-Političeskoj Istorii (RGASPI), f. 549, op. 1, d. 7; Österreichisches Staatsarchiv (ÖSTA)/KA, KM/Nachlaß Raabl-Werner, B7141:4, I. Teil; ÖSTA/KA, liqu. KM/10. Abt./Kgf. 1919: 10–7/7–33; ÖSTA/AdR, BKA/KGF, 1919: 24–14/3–2 bzw. 1919: 24–21/20. Außerdem bezüglich Deutschland: Striegnitz, Sonja: Deutsche Internationalisten in Sowjetrussland 1917–1918. Proletarische Solidarität im Kampf um die Sowjetmacht, Berlin 1979, 221; Debo, Richard K.: Survival and Consolidation. The Foreign Policy of Soviet Russia, 1918–1921, London/Buffalo 1992, 13.

16 Hajdu, Tibor: The Hungarian Soviet Republic, Budapest 1979, 41 f.

17 RGASPI, f. 498, op. 1, d. 2, l. 24 sowie f. 509, op. 2, d. 2, l. 3 f.; Archives des Affaires Étrangères, Archives de l'administration centrale (AAÉ, AAC)/AP, Z-Europe, URSS 1918–1929, Politique étrangère, Relations entre l'Autriche et

l'URSS, Le Ministre des Affaires étrangères, Paris le 2.7.1925 sowie Leidinger/Moritz, Gefangenschaft, Revolution, Heimkehr, 644 f.

18 ÖSTA/AdR, BMfA/NPA, Liasse Russland 5/5–5/18, Österreichische Gesandtschaft Moskau, 10.7.1924 und 8.7.1927.

19 The National Archives (TNA), FO 371/10662, Austria. Annual Report, 1924, 16.

20 AAÉ, AAC/AP, Z-Europe, URSS 1918–1929, Politique étrangère, Relations entre l'Autriche et l'URSS, Le Ministre des Affaires étrangères, Paris le 2.7.1925.

21 Politisches Archiv des Auswärtigen Amts (PAAA), Botschaft Wien, Geheimakten 70, Berlin, 20.1.1932.

22 Ebd., Auswärtiges Amt, Berlin, 2.3.1932.

23 Gemes, Andreas: Der Tardieu-Plan und Österreich. Politische und wirtschaftliche Aspekte eines mitteleuropäischen Integrationsversuches, in: Zeitgeschichte, Heft 5, Sept./Okt. 2006, 261–286, hier 268 f.

24 Ebd., 271.

25 Ebd., 280 f.

26 Ormos, Mária: Ein internationaler Versuch zur Rettung der Unabhängigkeit Österreichs, in: Stourzh, Gerald/Zaar, Brigitta (Hg.): Österreich, Deutschland und die Mächte. Internationale und österreichische Aspekte des „Anschlusses" vom März 1938. Wien 1990, 131–142, hier 132 f.

27 Losová, 262 und 285.

28 Judson, 555.

29 Losová, 269.

30 Mazierska, Ewa: Between Parochialism and Universalism: World War One in Polish Cinematography. In: Paris, Michael (Hg.): The First World War and Popular Cinema. 1914 to the present. New Brunswick/New Jersey: Rutgers University Press, 2000, 192–216, hier 196 f.; Šedivý, Ivan: Die Tschechoslowakischen Legionäre: ein historischer Mythos des 20. Jahrhunderts. In: Mythen und Politik im 20. Jahrhundert: Deutsche – Slowaken – Tschechen. Essen: Klartext, 2013, 91–99.

31 Dazu unter anderem: Liehm, Mira/Liehm, Antonín J.: The most important art. Eastern European Film after 1945. Berkeley 1977.

32 Vgl. Leidinger, Hannes: Habsburg's Last War: The Filmic Memory (1918 to the present). Cinematic and TV Productions in the Neighbouring Countries and Successor States of the Danube Monarchy: Austria, Czechia-Slovakia, Germany, Hungary, Italy, Poland, Romania, Russia, Serbia, Slovenia. New Orleans 2018.

33 Leidinger/Moritz, Die Republik Österreich, 108 f.

34 Sachslehner, Johannes: 1918. Die Stunden des Untergangs. Wien 2005, 106 f.

35 Ebd., 107; Judson, 560.

36 Binder, Harald: Polen, Ruthenen, Juden. Politik und Politiker in Galizien 1897–1918. Teil II. Wien 1997, 39 f.

37 Ebd., Teil I 195; Rauchensteiner, Der Tod des Doppeladlers, 611.

38 Sachslehner, 160 f.

39 Moos, 258; Hoensch, Geschichte Ungarns, 152 f.

40 Leidinger/Moritz, Die Republik Österreich, 108–113.

41 Beller, Steven: Geschichte Österreichs. Wien/Köln/Weimar 2007, 223–225.

42 Moos, 138.

43 Dazu auch: Krag, Helen Liesl: „Man hat gebraucht keine Reisegesellschaft ...". Wien/Köln/Graz 1988, 93 f.

44 Balcar, 391–428; Puttkammer, 315–342; Judson, 571; Hoensch, Geschichte der Tschechoslowakei, 42.
45 Hoensch, Geschichte Ungarns, 106–112, 125 und 129; Suppan, 1335–1341.
46 Moos, 17.
47 Leidinger/Moritz, Die Republik Österreich, 44–48.
48 Moos, 163.
49 Leidinger/Moritz, Die Republik Österreich, 47 f. und 270; Moos, 252 f.
50 Leidinger/Moritz, Die Republik Österreich, 270.
51 Marksteiner, Franz: Where is the War? Some Aspects of the Effects of World War One on Austrian Cinema. In: Paris, Michael (Hg.): The First World War and Popular Cinema. 1914 to the present. New Brunswick/New Jersey: Rutgers University Press, 2000, 247–260; vgl. Moos, 163.
52 Zu 1918 vor allem: Dassanowsky, Robert von: Finis Austriae, vivat Austria! – The Re/Vision of 1918 in Austria Film. In: Müller, Karl/Wagener, Hans (Hg.): Österreich 1918 und die Folgen: Geschichte, Literatur, Theater und Film/Austria 1918 and the Aftermath. Wien: Böhlau, 2009, 179–195.

Was blieb, was bleibt? Die Monarchie und ihr Erbe aus heutiger Sicht

1 Vgl. Protokolle des Herrenhauses des Reichsrates, 66. Sitzung der XVII. Session am 21. Dezember 1906.
2 Ebd.
3 Vgl. Leidinger, Hannes/Moritz, Verena: Umstritten, verspielt, gefeiert. Die Republik Österreich 1918/2018. Innsbruck/Wien 2018, 236–238.
4 Vgl: https://www.wienerzeitung.at/dossiers/wald/768040_Wem-gehoert-der-Wald-in-Oesterreich.html#:~:text=An%20oberster%20Stelle%20in%20der,Esterh%C3%A1zys%20mit%20rund%2028.000%20Hektar.8: (2.6.2023).
5 Vgl. https://kurier.at/chronik/burgenland/das-esterhazy-imperium-in-zahlen/400386695 (2.6.2023).
6 Vgl. https://www.freitag.de/autoren/bvb/den-normalsterblichen-uberlegen (3.6.2023).
7 Vgl. https://kurier.at/politik/inland/welche-rolle-der-adel-in-oesterreich-noch-spielt/401771610 (4.6.2023).
8 https://www.arbeiterkammer.at/interessenvertretung/wirtschaft/verteilungsgerechtigkeit/Vermoegensverteilung.pdf (2.6.2023).
9 https://www.oenb.at/Geldpolitik/Forschung/vermoegenskonzentration-erbschaften-sind-der-schluessel.html (2.6.2023).
10 Vgl. https://www.iags-project.org (2.6.2023).
11 Vgl. https://www.ots.at/presseaussendung/OTS_20110710_OTS0001/oesterreich-17-prozent-wuenschen-sich-kaiser-zurueck (2.6.2023).
12 Vgl. https://www.news.at/a/koenig-oesterreich-umfrage (3.6.2023).
13 Vgl. https://www.sora.at/nc/news-presse/news/news-einzelansicht/news/schon-43-fuer-starken-mann-776.html (2.6.2023).
14 https://www.demokratiemonitor.at/wp-content/uploads/2022/11/2022_SORA_Presseunterlage_Demokratiemonitor.pdf (1.6.2023)
15 Vgl. Fillafer, Franz Leander: Aufklärung habsburgisch. Staatsbildung, Wissenskultur und Geschichtspolitik in Zentraleuropa 1750–1850. Göttingen 2020.
16 Vgl. Siemann, Wolfram: Metternich. Stratege und Visionär. Eine Biografie. München 2016, 722.

17 https://www.derstandard.at/story/2000137087223/corsage-darstellerin-vicky-krieps-ich-hasse-das-korsett-so-sehr; https://www.zeit.de/2022/28/vicky-krieps-corsage-film-sisi?utm_referrer=https%3A%2F%2Fwww.google.at%2F (2.6.2023).
18 Vgl. https://www.nachrichten.at/oberoesterreich/salzkammergut/badischl-feiert-eine-woche-im-zeichen-des-kaisers;art71,3870297 (23.8.2023).
19 Vgl. https://www.austria.info/de/inspiration/meister-und-meisterwerke/thomas-bernhard-eigenwilliger-denker-oesterreichs (2.8.2023).
20 Vgl. dazu: Moos, Carlo: Habsburg post mortem. Betrachtungen zum Weiterleben der Habsburgermonarchie. Wien/Köln/Weimar 2016, 159–280.
21 Vgl. https://www.welt.de/politik/ausland/article160694717/Ungarn-pflegt-habsburgisches-Erbe-pompoeser-als-Oesterreich.html (2.6.2023).
22 Vgl. https://www.diepresse.com/5137736/otto-habsburgs-nachlass-kommt-nach-budapest (3.6.2023).
23 Vgl. https://www.perlentaucher.de/buch/wolfram-siemann/metternichstratege-und-visionaer-2016.html (2.6.2023).
24 Vgl. https://www.diepresse.com/15302717/hoert-bitte-ganz-auf-mitgeschichte
25 Dazu: Rosanvallon, Pierre: Die Gegen-Demokratie. Politik im Zeitalter des Misstrauens. Hamburg 2017.
26 Vgl. Jagschitz, Gerhard: Zum Geleit. In: Leidinger, Hannes/Moritz, Verena/Schippler, Berndt: Schwarzbuch der Habsburger. Die unrühmliche Geschichte eines Herrscherhauses. Wien/Frankfurt am Main 2003, 7 f.
27 https://www.derstandard.at/story/3000000184561/so-wissenschaftsfeindlich-ist-oesterreich-wirklich (28.8.2023).
28 Vgl. dazu: Harmat, Ulrike: Untergang, Auflösung, Zerstörung der Habsburgermonarchie? Zeitgenössische Bedingungen der Erinnerung und Historiographie. In: Rumpler, Helmut (Hg.): Die Habsburgermonarchie 1848–1918, Bd. XII: Bewältigte Vergangenheit? Die nationale und internationale Historiographie zum Untergang der Habsburgermonarchie als ideelle Grundlage für die Neuordnung Europas. Wien 2018, 49–95.

Eine persönliche Anmaßung …

1 Péguy, Charles: Unsere Jugend. O.O. 1919.
2 Marx, Karl/Engels, Friedrich: Werke. Band 8: Der achtzehnte Brumaire des Louis Bonaparte. (Ost)Berlin 1972, 115–123.
3 Musil, Robert: Der Mann ohne Eigenschaften. Erstes Buch, Kapitel 54, Gutenberg-DE Edition 16
4 Siehe Jullien, François: Die Affenbrücke. Wien, S. 16–17

Hannes Leidinger, Verena Moritz
Umstritten, verspielt, gefeiert
Die Republik Österreich 1918/2018
376 Seiten, gebunden mit Schutzumschlag
ISBN 978-3-7099-7067-6

Was haben das Jahr 1945 und unsere gegenwärtige Demokratiekrise gemeinsam? Welche Parallelen gibt es in der Genese von Feindbildern zwischen gestern und heute? Was bewegt Österreich im Jahr 2018 – im Zeitalter der Globalisierung und Transnationalität – immer noch so sehr wie zu Beginn der Nationsfindung 1918? Geschickt stellen Hannes Leidinger und Verena Moritz bildgewaltige Brüche Kontinuitäten gegenüber und erzählen fundiert, anschaulich und mitreißend von Österreichs Weg in die Gegenwart.

„kompakt, plastisch, spannend“ BUCHKULTUR, Alexander Kluy

Hannes Leidinger
Der Untergang der Habsburgermonarchie
440 Seiten, gebunden mit Schutzumschlag
ISBN 978-3-7099-7066-9

November 1918: Die Habsburgermonarchie liegt in Trümmern. Die Armee löst sich auf, und Kaiser Karl verlässt Schloss Schönbrunn durch die Hintertür. War dieses Ende wirklich unausweichlich, gar verspätet? Denn mit dem Tod von Kaiser Franz Joseph war der Monarchie 1916 nicht nur die Symbolfigur abhanden gekommen. Oder war es genau umgekehrt, der Untergang lediglich eine Verkettung unglücklicher Umstände? Der Krieg hatte die Lage Österreich-Ungarns zwar keineswegs vereinfacht. Aber die Anzeichen eines völligen Zusammenbruchs hielten sich trotz sozialer Spannungen und wirtschaftlicher Krisen in Grenzen.

„Hannes Leidinger: ein kritischer Gesellschafts-Diagnostiker, ein kluger Kopf – und ein brillanter Historiker.“ Ö1, Günter Kaindlstorfer

Hannes Leidinger
Trügerischer Glanz: Der Wiener Kongress
Eine andere Geschichte
328 Seiten, gebunden mit Schutzumschlag
ISBN 978-3-7099-7064-5

Der Wiener Kongress war ein einziges rauschendes Fest – so schildern es jedenfalls die Aufzeichnungen von Zeitzeugen. Bälle, Paraden und viele andere Lustbarkeiten sollten Sieges- und Friedensstimmung verbreiten, die politischen Verhandlungen fanden währenddessen in den Salons und Hinterzimmern statt. Aber was geschah wirklich in der k.k. Residenzstadt? Umfassend beleuchtet Hannes Leidinger den Wiener Kongress, der Europa 1814/15 neu ordnen wollte, aus verschiedenen Blickwinkeln. Er erklärt die Hintergründe, die Entwicklung und die Folgen des Großereignisses für Österreich und ganz Europa. Darüber hinaus erzählt Leidinger, wie das Leben abseits der „großen Historie" aussah, und er berichtet vom Alltag der Menschen, der so gar nicht dem Klischee des „tanzenden Kongresses" entsprach.

„Ein weiteres Schlüsselwerk zum Wiener Kongress" profil

Gefördert von der Stadt Wien Kultur.

Dieses Buch ist **Cradle to Cradle** Certified® auf Bronze-Niveau. **Cradle to Cradle Certified® ist eine eingetragene Marke des Cradle to Cradle Products Innovation Institute.** Dieses Buch findet seinen Weg ohne Plastikfolie, die es unnötig einhüllt, zu dir – für unsere Umwelt und unsere Zukunft.

Auflage:
4 3 2 1
2027 2026 2025 2024

HAYMON verlag
Innsbruck-Wien
www.haymonverlag.at

ISBN 978-3-7099-8222-8

Inhaltliche Betreuung: Haymon Verlag / Katharina Schaller
Lektorat: Stefanie Jaksch
Projektleitung: Haymon Verlag / Julia Scherzer
Buchinnengestaltung nach Entwürfen von: himmel. Studio für Design und Kommunikation, Innsbruck / Scheffau – www.himmel.co.at
Illustrationen: Lenz Mosbacher
Umschlag und Umschlaggestaltung: Suse Kopp, www.susekopp.com
Satz: Dörlemann Satz GmbH & Co. KG